U0449661

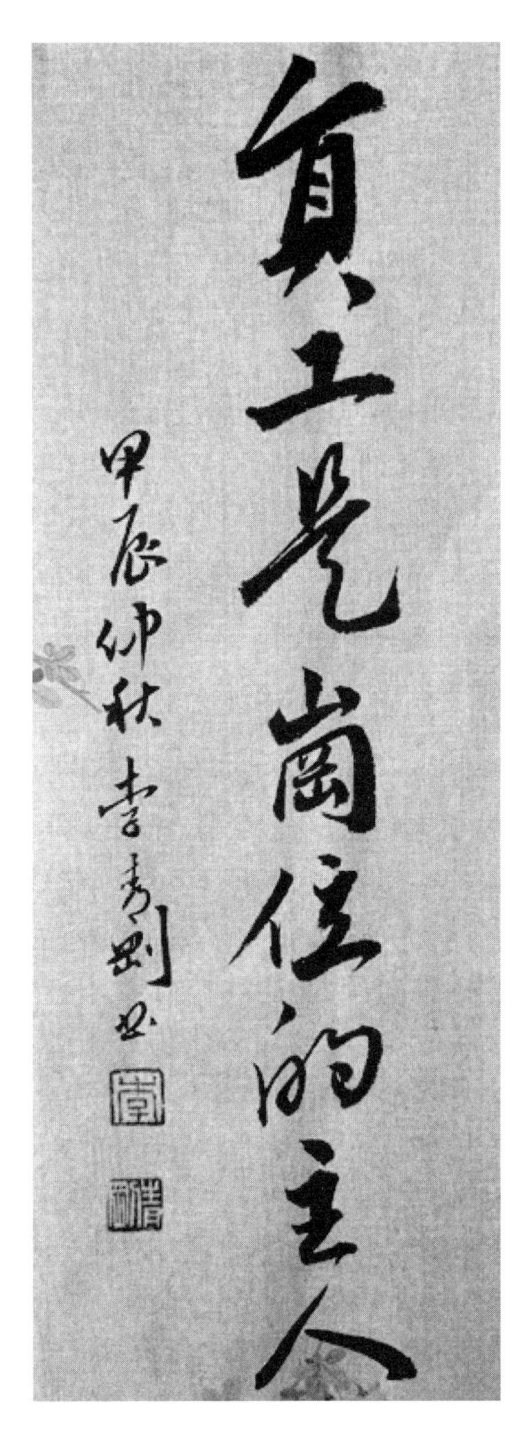

北京大学访问学者、四川天府新区书法家协会副主席兼秘书长李青刚为本书题名

人人都应是自己的主人，如何做到？

本书选取人生最重要的场景——职场，来阐述如何做自己。

如若能在职场中做到"做自己"，显而易见的理念就会闪现：

员工是岗位的主人。

员工是岗位的主人，这是岗位主体人格本来的约定。

如何做岗位的主人呢？

畅读本书，我们一起来寻找答案。

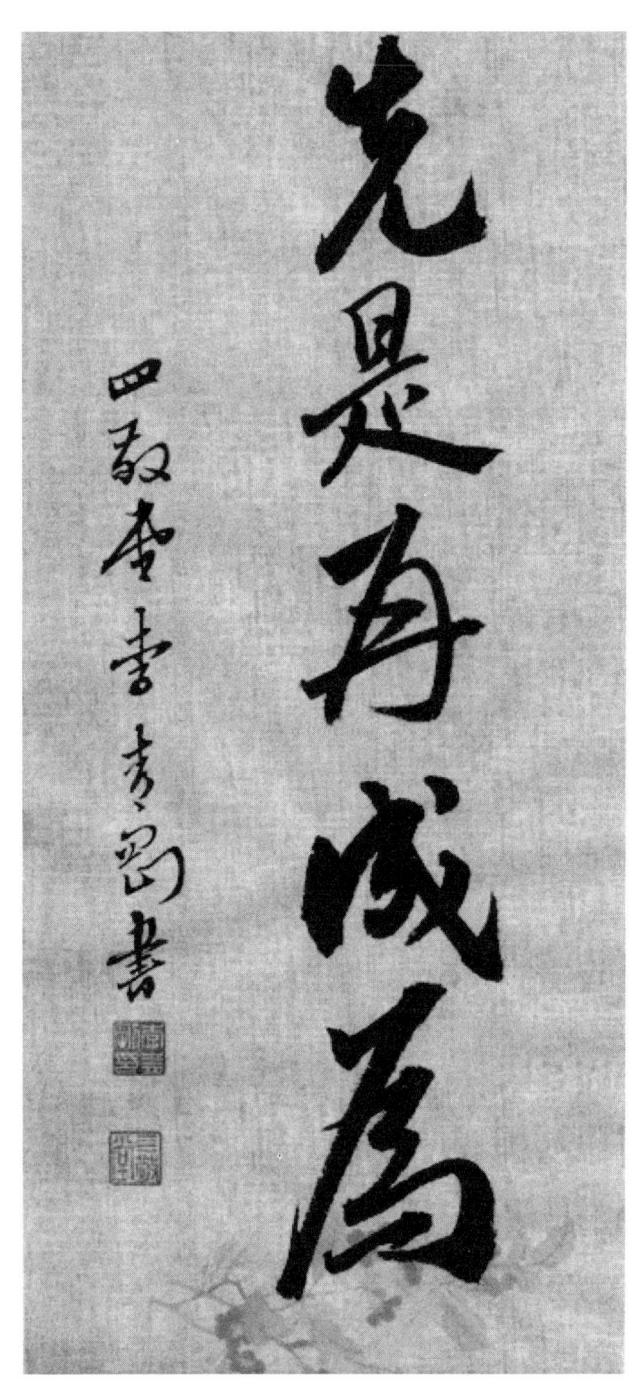

北京大学访问学者、四川天府新区书法家协会副主席兼秘书长李青刚题词

员工是岗位的主人

BECOMING
THE MASTER OF YOUR ROLE

李正治 / 著

企业管理出版社
ENTERPRISE MANAGEMENT PUBLISHING HOUSE

图书在版编目（CIP）数据

员工是岗位的主人 / 李正治著 . -- 北京 : 企业管理出版社，2025.3. -- ISBN 978-7-5164-3228-0

Ⅰ . B026-49

中国国家版本馆 CIP 数据核字第 2025MJ0936 号

书　　名	：员工是岗位的主人	
书　　号	：ISBN 978-7-5164-3228-0	
作　　者	：李正治	
责任编辑	：徐金凤　宋可力	
出版发行	：企业管理出版社	
经　　销	：新华书店	
地　　址	：北京市海淀区紫竹院南路17号	邮　　编：100048
网　　址	：http://www.emph.cn	电子信箱：emph001@163.com
电　　话	：编辑部（010）68701638	发行部（010）68414644　68417763
印　　刷	：河北宝昌佳彩印刷有限公司	
版　　次	：2025年3月第1版	
印　　次	：2025年3月第1次印刷	
开　　本	：710mm×1000mm　1/16	
印　　张	：19.25	
字　　数	：330千字	
定　　价	：69.00元	

版权所有　翻印必究　·　印装有误　负责调换

推荐序一

人人都是员工

作为管理者，我们孜孜不倦地学习——总想在汗牛充栋的管理类书籍和先贤、大师们的著作与论述中寻求方法，提高能力，找到适合自己的解决方案；我们积极加入各圈层，力图从成功者身上得到启发或"点化"；我们勇于实践——不断在工作中总结经验、教训，提炼管理方法论。然而遗憾的是，我们付出如此多的努力，却总难有"一束光"让我们眼前一亮、心头一动、豁然开朗。

李正治先生倾注多年心血写成的这本书——《员工是岗位的主人》，也许就是这样"一束光"。

"人是社会关系的总和。"在每一段社会关系中，每个人都有一个角色和身份；在企业里，每个人都拥有岗位的角色和身份。

所以，拨开企业管理的重重迷雾，本质上人人都是员工。哪怕我们是"老板"，也是某个组织岗位上的员工；哪怕我们不是某个组织岗位上的员工，也绝对是自己的员工。我们时时刻刻需要自己管理自己的思维、行为、计划、目标等。人人都要参与管理，我们几乎是没有选择的，只是场景不同、"数据"不同而已。

从一般的管理意义上来说，员工就是服从，就是执行。"员工是岗位的主人"这一重要理念的提出，让员工成为履职的责任主体。它颠覆了"员工附属于岗位"

的传统思维和模式，把作为核心生产要素的人的主观能动性充分释放和发掘出来，提供给员工作为人才自主自发、快速成长的驱动力，提供给岗位作为组织节点创造更多奇迹的可能。

既然员工是岗位的主人，就要让员工驾驭岗位，而不是简单以员工"胜任"岗位与否对其进行评判。对人力资源管理而言，是要给所有岗位找到最适合的优秀驾驭者，把员工放到首要维度考量，让员工朝着自己最优势的方向努力。

岗位的本质是数据，它是由岗位职责、权限、资源、目标、任务、流程和考核等一系列数据构成的一个集合体或概念。本书对数据做了全新、全面、系统的拆分、组合和重新建构，以利于员工和管理者实践。但这些数据要素组成的抽象概念本身并无价值。

本书特别强调人的要素，人是岗位数据要素自始至终的驾驭者。人，才是岗位的主人。如果岗位的主人对数据驾驭得不好，数据只能产生较低价值；如果驾驭得好，会产生较高价值；如果驾驭时超常发挥，则产生超常价值。"主人"还可以随着自身驾驭能力的提高，对岗位的数据进行刷新、改变或整合。

数据作为重要的生产要素，已经越来越被普遍认同。在管理中想方设法让人（员工）运营、驱动数据要素（岗位）产生更好成果，既有充分的理论依据，又是重大的实践探索，这自然为绩效提升和组织创新提供了更大动能。

所谓"大道至简""无为而无不为"，所有伟大企业的成功管理，几乎都是把"反人性"的条条框框压缩、精简到最少。优秀的机制都是让人成为责任主体而非客体，自然地激活人的活力。

李正治先生是我多年的同事和好友，他的学习、钻研和创新精神我甚为敬佩。希望本书能如他所愿，对更多个人成长和组织绩效的提升有所贡献。

张振华
曾任协和集团总经理，汇源集团执行总裁
成都市政府特殊津贴获得者
2024 年 8 月于成都

推荐序二

共生共赢：员工成长与企业发展的双引擎

从繁忙的都市写字楼到轰鸣的生产车间，关于企业管理、员工激励的讨论热烈而频繁。随着信息化与数字化对企业管理的渗透，企业的管理方式和员工的工作方式正在经历前所未有的变革。在此背景下，如何激发员工的活力，并使其自觉工作？如何高效率完成组织目标？《员工是岗位的主人》一书为我们提供了全新的视角。

今天，企业不再仅仅是指挥和管理的场所，而是一个个独立个体共同创造价值的合作空间。独立、自主才是激发员工自主性、责任感与履职担当的关键。本书的书名"员工是岗位的主人"就是作者提出的核心观点。岗位是员工在企业里的身份、角色，完成岗位上的事就是这个身份、角色本来的约定。若管理者能细化岗位上"应该做的事"，如本书提出的"岗位职责事项化"，员工就能够真正掌控自己的岗位。因为是岗位主人，他们就会在执行过程中创造性地完成任务。由此，员工将不再仅仅是执行者，而是积极的参与者和决策者，员工的潜力和企业的整体能力才能得到最大化的释放。

本书还提出了OKR-PM（目标与关键成果法－计划与衡量标准）目标路径法则。自从现代管理学之父彼得·德鲁克提出"目标管理"这一概念以来，几乎所有的管理者都认识到做管理就是做目标。但如何完成目标？如何指导大规模的团队完成目标，特别是完成高目标？实践中，管理者们常有很多方法策略，但鲜有较好的管理理念指引。OKR-PM目标路径法则告诉我们，管理者不仅要制定目标，更为重要的是要与团队一起寻找完成目标的路径。"寻找完成目标的路径"这一管理理念的提出和强化，让管理者找到了日常工作的重心，也让普通执行者知晓了工作方法论与行动方向。

"员工是岗位的主人""OKR-PM目标路径法则"等的提出，都是希望利用企业提供的舞台，为员工提供更多的支持和资源，赋予员工更大的自主工作权利，让员工拥有独立的岗位人格以便更好地开展工作，这符合信息化时代的工作特性与人性追求，也将更好地促进企业目标实现，更好地促进员工自我成长，更好地促进企业和员工的共生共赢。

这正是个人成长和现代企业管理变革的核心所在。

中国企业正处于深刻转型的关键时期，面对全球市场的激烈竞争和国内市场的复杂性，如何激发员工的潜能，如何让员工真正成为企业发展的核心力量，是每一位企业管理者必须思考的问题。

本书的作者李正治先生不仅在理论上造诣深厚，而且在企业管理实践中拥有丰富的经验。他以生动的笔触和深入的分析，探索了企业管理、员工成长的创新理念与创新实践，让我们更深刻地了解员工的需求和动力源泉，这有助于中国企业赢得激烈的市场竞争，也有助于企业与员工的共同发展。

历史上的每一次管理变革，都是个人成长、企业发展和社会进步的重要推动力。在今天，随着信息技术的参与，工作环境和员工需求不断变化，传统的管理方式亟须变迁、升级。我们正处在一个充满挑战和机遇的管理新时代。本书为我们提供了迎接这些挑战和机遇的创新的、可实践的管理新思路、新工具。

钱少君

四川国经科服人力资源集团有限公司董事长

联袂推荐

在职场的征途中，能遇良师或得益友，实乃人生幸事；若能手握一本指引方向的宝典，更是如虎添翼。《员工是岗位的主人》正是这样一本宝典，它不仅绘制了职场成长的蓝图，更是一份深入剖析如何主宰岗位、实现自我超越的行动手册。作者以其深厚的管理功底和睿智的洞察力，将抽象的管理理念淬炼成实用可行的策略，尤其是书中的"OKR-PM目标路径法则"与"1020法则"，为职场精英指明了蜕变之路。

此书是那些志在职场迅速崛起的个人和致力于塑造团队、增强组织活力的领导者的必读之作。它如同一座导航灯塔，引领你从优秀迈向卓越，让每一位读者都能汲取成长的力量与灵感。

书海茫茫，佳作难得。我极力推荐《员工是岗位的主人》这本书给每一位追求卓越、渴望成就的职场人士，它必将成为你职业旅程中的重要伙伴。

广东白云学院副校长
四川大学中国科技金融研究中心学术委员　陈春发

《员工是岗位的主人》一书的作者是资深的管理专家，作为企业高管，他数十年一直活跃在大中型企业经营管理一线，不断总结管理实践经验，从结构上去解析、用大量的数据和案例去验证，积累和建构了大量源于实践和赋能于实践的创新管理模式，并持续帮助更多的企业高效经营管理、从优秀走向卓越，也帮助更多的优秀职业经理人持续成长和成功。

《员工是岗位的主人》一书行文朴素却生动、内容易读又深刻，让人脑洞大开，其中有大量深入浅出、易懂易行的管理模型和工具方法供读者学习使用，可以快速提升个人的管理素养和管理工作成效。

安踏集团人力资源副总裁　安踏集团零售副总裁
安踏集团·斐乐儿童品牌总裁　安踏集团·可隆品牌副总裁　杨　勇

非常欣喜读到李老师的佳作，这本书不仅是多彩职涯的宝典秘籍，更是人生成功的指路明灯，书中无论是亮点路径"OKR-PM 目标路径法则"，还是高效成长的"1020 法则"，都让职场人醍醐灌顶！读懂这本书，用好李老师教给的魔法棒，做自己成功人生的 CEO，乐享职场，畅享人生！

四川百益鼎盛集团人力资源总监
四川铭德常青企业管理顾问有限公司总经理　谭志勇

少有人能在注重执行落地的方法、策略和路径的前提下，还能用易读的语句，伴着思考的理念分析，揭示个人成长、组织管理及绩效管理的复杂性与科学性。对于所有追求高效发展的个人和组织来讲，若想探究此中蕴含的科学之道及可行的方法路径，正治老师的《员工是岗位的主人》可以作为指引。

万达地产昆明公司原总经理　蓝光地产集团副总裁
和邦润达投资公司董事长　周国繁

非常荣幸第一时间拜读了李老师的《员工是岗位的主人》一书，"员工是岗位的主人"这个理念也是李老师多年前提出的理念。书中用独到的视角和丰富的案例引导我们重新审视职场角色和履行职责，没有说教，没有讲大道理，让员工成为岗位责任的主体而非客体。本书是一本能自然而然增加员工工作协作、提升工作效率的工具宝典。

四川铭德常青企业管理顾问有限公司副总经理　董锋华

作为一名具有20年职场经验的从业人员，我认为"员工是岗位的主人"这一理念非常有穿透力。随着商业竞争的愈演愈烈，如何在职场上保持竞争力，如何从岗位的被动执行者转变成主动驾驭者，以高度的责任感和使命感投入工作，最大化发挥自身的潜力，实现自我价值的同时能够为企业创造更大的效益，本书提供了全新的视角。于企业管理者，本书能够帮助他们更好地激发员工的积极性和创造力，打造高效的团队；于广大员工，它是一本激励自我成长的指南，使其在岗位上创造无限可能。《员工是岗位的主人》这本书犹如一盏明灯，为企业和员工照亮了前行之路。

华为技术有限公司原技术经理　阿里云计算有限公司原产品总监
四川省文化大数据有限责任公司首席架构师　何　毅

诚挚地推荐李老师的新书《员工是岗位的主人》，它深入探讨了"员工是岗位的主人"的理念，提供了实用的成长路径和职场管理技巧。本书通过生动的案例和有效的管理法则，引导读者在职场中实现高效成长，与优秀管理者合作，极大地丰富了职场人士的视野。这本书无疑是每位职场人士的必读之作。

成都智远创投科技有限公司总经理　陆小虎

在当今竞争激烈的职场环境中，李老师的新作《员工是岗位的主人》，以独特的视角和敏锐的洞察，通过理念、事实和案例，解析职场职责重现主人翁精神，分解目标路径实现组织和个人高绩效，探寻高效成长路径促进个人持续发展。本书如同一盏明灯，为职场人士点亮了前行的方向。我强烈推荐每一位职场人士循序渐进地阅读，相信它必会成为你职业生涯中的良师益友。

中国十大杰出商业策划人　中国管理科学研究院专家

空性管理理论创立人　ICF 国际认证专业教练

畅销书《人生六大真相》作者　**王释德**

李老师的新作《员工是岗位的主人》终于面世了！作为他多年的朋友，我深知他在人力资源管理领域的深厚造诣。这是一本深入探讨个人成长与职业发展的经典之作。本书以管理模型和实用之法，引导读者审视职场职责与角色身份。四大核心理念如星辰闪耀，指引行动方向。无论新人或资深管理者，皆能从中领略智慧之光。对员工，助其成为岗位之主，积极进取；对管理者，给予宝贵经验，助力领航。各章节内容如繁花似锦，读者可随心选择阅读顺序，采撷知识之花，践行成长之路。此书乃经典之作，愿它伴你在职场中绽放光彩，迈向辉煌人生。

四川安缇图科技有限公司董事长　**王　莉**

自　序

从个体优秀到整体优秀

多年前，许多企业主希望我写一本书。

这本书不仅能提升人们的理念认知，还能指导日常行为。重要的是，这本书一方面能帮助员工创造高绩效，轻而易举地晋升，成为不断成长的优秀者；另一方面，管理者应用这些优秀者的成长经验，能帮助组织绩效的改进，让平凡团队创造非凡成绩，促进组织整体优秀。

我期待《员工是岗位的主人》能成为这样一本书。

生活本平凡。即使我们深知这一事实，我们也羞于承认自己的平凡。绝大多数情况下，认识自己的平凡，仅仅是人们多次撞到南墙后的感慨而已。所以，认识自己的平凡，接纳自己的平凡，已是不平凡的事。

所谓平凡，平顺、安常也。**接纳自己的平凡，由此我们就会安心工作，认真生活。因为认真，所以上进、积极。这样的平凡者，平凡并不平庸。**

当然，要做到平凡而不平庸，绝非易事。其原因有如下几点。

首先，我们要了解自己的优势，知道在哪些方面才能发挥自己的长处，做自己才华允许做的事，顺手不别扭。知道自己哪些方面存在不足，需要弥补。由此，我们学会了在社会联系中与他人工作的协同与配合。

其次，我们要认知自己的角色，知道自己角色的责任与义务，自觉承担该承担的事项，完成该完成的任务。知道自己角色的边界，不做那些徒劳无益的事。同时，还要清楚自己是多种社会角色身份的集合体，不遗忘该有的角色与身份担当，因为这些身份和角色都是我们自己。平凡者，选择角色该做的事，做到做自己。

再次，我们要清楚做事的先后顺序。这一点是平凡并非平庸者的最优成长路径，也是我们认真工作、生活的高效表现。平凡并非平庸者，常常会通过平凡工作、生活的点滴积累，总结出做好一件平凡事的关键要素和效率路径，并持续改进它。最终实现每天进步一点点的成长。

所以，全然接纳自己的平凡，认真工作，认真生活，已是非凡的优秀者。

本书的书名《员工是岗位的主人》就是平凡人在职场的角色认知与担当，能实现平凡者的优秀成长。因为"员工"是职场人的身份角色，人人都是岗位上的员工，是岗位的主人，履行主人该履行的责任义务，这就是做自己。

同时，书中还提出"用优势才干工作"的方法。才干是我们的天赋，有时候看起来是我们最自然而平凡的表现，一旦持续炼就它，它就会成为我们最大的优势，用我们最擅长的才干优势做事，当然更有效率。

当然，平凡并非平庸，它还让我们明白做事的先后顺序。《大学》中"知所先后，则近道矣"已告知我们平凡中蕴含的伟大。我在书中提出"技能＝步骤＝简单的动作重复做"的理念，正是"重复做的平凡"创造了平凡者的优秀之路。所以，我期待《员工是岗位的主人》能成为平凡者炼成优秀的指导书。同样，我期待这本书能指引管理者群体、企业组织从平凡走向优秀，最终实现个人的个体优秀到组织的整体优秀。

一个职场人的晋阶，一是技能的晋级，二是成为管理者。成为管理者后的主要职责之一就是要全力帮助他人成长。

管理者要帮助他人成长，为此，本书提出了一些实用有效的方法、技术和策略。如OKR-PM目标路径法则、激动人心的目标策略、教练下属的教练技术等，期待这些方法、技术、策略能帮助管理者更好地教练下属，实现高效管理。

当然，整体优秀，更多的是指组织系统的优秀。要实现整体优秀，一个好的路径就是优秀经验的积累应用。华为创始人任正非说："最大的浪费是经验的浪费。"一个组织储存经验最好的方式，就是让这些经验融入团体成员行为和组织运营系统中。本书提到的"亮点绩效""关键路径动作"等经验提炼的绩效改进方法，早已是组织绩效改进的经典策略，期待这些方法能在中国企业开花结果。

平凡是底色，大多数人是平凡的，大多数企业组织也是平凡的。全然接纳平凡，认真工作、认真管理，我们就会成为优秀者。但"认真"谈何容易？纵使多数人都有"认真"的心，却难在了"认真"的行动上。因为缺的是方法和策略。

因此，为促使个人和组织从平凡到优秀，人们从未停止寻找方法策略、良方捷径。本书中也提出了一些经成功实践验证的从平凡到优秀的成长路径，期待这些成功的成长路径和方法能在你和你的组织走向优秀的路上，给予你肯定的力量。

当然，我更加期待的是，你也能分享你的优秀成长路径和方法，因为它是又一个成功的案例和见证。

目　　录

总　论 ‖ 001
　　如何做岗位的主人 ‖ 002
　　本书提出的四大核心理念 ‖ 003
　　关于本书的阅读和使用 ‖ 008

第1章　倒着活的人生精彩 ‖ 011
　　倒着活，人生更精彩 ‖ 012
　　　　倒着活的精彩人生法门 ‖ 012
　　　　天赋想象力，倒着活的始端 ‖ 014
　　　　天赋选择力，满足未满足的需要 ‖ 017
　　认同不同做自己 ‖ 020
　　　　做自己，"自己"究竟是谁 ‖ 020
　　　　做自己的四大组成部分 ‖ 023
　　　　怎样做才算做自己 ‖ 025
　　与对的人、物在一起 ‖ 028
　　　　共生是生命本来"最好"的状态 ‖ 028
　　　　与"人化自然"在一起 ‖ 029
　　　　与"对的人"一起干事业 ‖ 031

第2章　职场基本要求 ‖ 035
　　融入，经营活动的起点 ‖ 036
　　　　融入本土文化 ‖ 037
　　　　让产品融入任务与场景 ‖ 038
　　　　客户购买的是"去完成待办任务" ‖ 040
　　　　优秀者首先融入组织 ‖ 042
　　举手就有机会 ‖ 048
　　　　一边丢脸，一边成长 ‖ 049
　　薪酬不仅指向成果 ‖ 056
　　　　薪酬是总报酬 ‖ 056
　　　　薪酬指向未来劳动 ‖ 057
　　　　决定薪酬的基本原则 ‖ 059

薪酬追求公平，做出差异 ‖ 064
薪酬是社会符号 ‖ 065

第3章　不胜任的岗位主人 ‖ 067

岗位，身份的价值 ‖ 068
 身份是一种共识的存在 ‖ 068
 岗位，员工最本质的身份 ‖ 072
岗位上不胜任是普遍现象 ‖ 079
 企业组织是一个系统 ‖ 080
 管理的四大基本原理 ‖ 080
 岗位上不胜任是正常的 ‖ 086
 积极的不胜任晋升策略 ‖ 088

第4章　让责任心成长起来 ‖ 091

责任的理性认知 ‖ 092
自我责任 ‖ 094
 自我责任的三个意识与行动 ‖ 094
 关注圈与影响圈 ‖ 095
能力责任 ‖ 100
 工作成熟度 ‖ 100
 心理成熟度 ‖ 106
角色责任 ‖ 111
 角色共同事项 ‖ 111
 入模子 ‖ 115
 角色分工事项 ‖ 118
格局责任 ‖ 125
 灰度责任 ‖ 126
 义务责任 ‖ 129
 器度责任 ‖ 131

第5章　成为高绩效者 ‖ 135

两种任务认知 ‖ 136
 维持与创新的思维惯性 ‖ 136
 高效完成维持型工作任务 ‖ 137
 创新完成增长型工作任务 ‖ 141
目标就要激动人心 ‖ 143
 有目标就有行动的理由 ‖ 146
 制定激动人心的目标 ‖ 147
目标管理，管理中的管理 ‖ 153
 组织因目标而存在 ‖ 153
 目标管理的三个原则 ‖ 155

目标管理的五大特性 ‖ 158
　我要做事，OKR法则有答案 ‖ 162
　　目标与关键成果法（OKR）‖ 164
　　团队众筹OKR目标 ‖ 165
　关键结果（KR）制定法则 ‖ 168
　　KR的类型 ‖ 169
　　KR的制定方法 ‖ 171
　　好OKR的操作性与激励性 ‖ 173
　寻找达成目标的路径（P）‖ 174
　　寻找达成目标的路径是有效领导者的重要职责 ‖ 177
　　寻找亮点路径的步骤 ‖ 178
　　亮点路径需要关键动作来完成 ‖ 184

第6章　晋阶优秀者 ‖ 187

　用优势工作 ‖ 188
　　发现自己的优势 ‖ 191
　　优势才干理论基础 ‖ 193
　　发挥优势与弥补劣势 ‖ 194
　如何管理你的上司 ‖ 196
　　管理上司的重要性 ‖ 197
　　管理上司的误区 ‖ 198
　　向上管理的六大核心关键 ‖ 199
　　管理上司的四大技巧 ‖ 203
　优秀管理者的六大要务 ‖ 205
　　管理者的角色 ‖ 205
　　优秀管理者需要知道的六大要务 ‖ 208
　教练技术——"猴子"管理 ‖ 212
　　什么是"猴子" ‖ 213
　　"猴子"管理的两种方法 ‖ 213
　　GROW教练技术 ‖ 215
　　"猴子"管理的启示 ‖ 218
　领导力回归四件事 ‖ 220
　　呼唤领导力回归 ‖ 220
　　"出主意，用干部" ‖ 221
　　让领导力回归的四件事 ‖ 222
　权力是如何分配的 ‖ 225
　　权力的种类 ‖ 225
　　权力在组织中的分配 ‖ 226
　　企业各层级的权力侧重点 ‖ 227
　如何低成本激励员工 ‖ 230

低成本激励员工的方法一 ‖ 230
低成本激励员工的方法二 ‖ 231
低成本激励员工的方法三 ‖ 232
低成本激励员工的方法四 ‖ 233

第7章　个人高效成长的1020法则 ‖ 235

生命是完成连续一体任务的组合体 ‖ 236
个体成长的三个事实 ‖ 236
　　保守和激进具有同等价值 ‖ 237
　　社会联系促进个体成长 ‖ 239
　　模仿，最原始的学习天性 ‖ 241
个人高效成长：10法则 ‖ 245
　　10法则适用对象 ‖ 245
　　10法则的假设条件 ‖ 246
　　10法则的结论 ‖ 252
　　10法则的真正内涵 ‖ 255
个人持续进步：20法则 ‖ 256
　　20法则适用对象 ‖ 256
　　20法则的假设条件 ‖ 256
　　20法则的结论 ‖ 261
1020法则的应用 ‖ 262
　　10法则的应用 ‖ 263
　　20法则的应用 ‖ 263

第8章　职场问答 ‖ 265

为什么要拥有2~3项技能 ‖ 266
　　"有……能力，还有……能力" ‖ 266
克服拖延的有效方法 ‖ 267
　　多巴胺的学习和强化机制 ‖ 268
　　节能大脑的四种行动机制 ‖ 269
　　克服拖延的行动方法 ‖ 273
你提涨工资，为什么老通不过 ‖ 276
如何高效协作地工作 ‖ 277
　　提高协作的常规方法 ‖ 278
　　关系法则的协作方法 ‖ 278

后　记 ‖ 283

写给同路人 ‖ 284
感谢 ‖ 286

参考文献 ‖ 287

总论

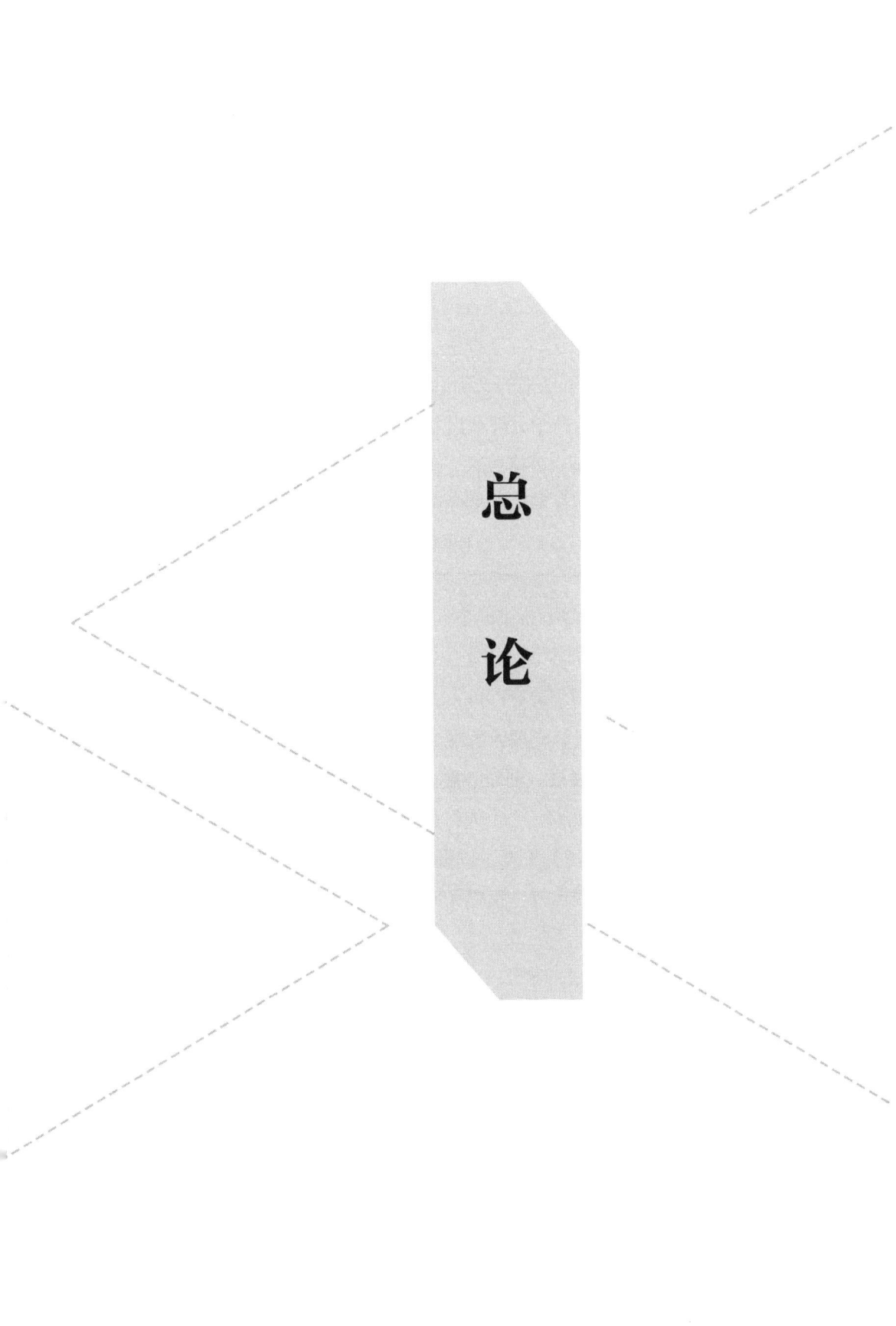

如何做岗位的主人

人的行动总是受理念的驱使。就算某个行动我们莫名其妙地去做了，事后我们也会找一个理由、理念来反证我们行动的合理性、确定性。理念指导实践，实践反证理念，并不断修正、完善理念，如此，我们才能持续进步。

幸运的是，人类几千年来的文明进化，为我们提供了丰富的理念与文化。中国古代的周公、老子、孔子、曾子、庄子、孟子、韩非子……古希腊的泰勒斯、毕达哥拉斯、赫拉克利特、苏格拉底、柏拉图、亚里士多德……他们早已创造了人类文明的基石。后人对这些文明的幼苗不断浇灌，终得枝繁叶茂、繁花似锦。

由此，人们从数千年的文明、智慧中学习模仿，习得经验，并应用经验预测未来。生存之道是也。

随着时光的流逝和经验应用场景的变迁，资源会枯竭，竞争内卷，新观念登场。正如《历史的教训》所言，新的观念总是被异议、反对、嘲笑和轻蔑，但这是正确的。这是新观念被允许进入人类赛场之前必须存在的预赛。这些新观念最终登上人类的实践场，与前人的观念一起，熠熠生辉。发展之道是也。

生存，经验有用；发展，创新必需。由此，人类文明滚滚恢宏向前。

人类文明进化恢宏如斯。于个人，却难在小小自我的认知。

我是谁？我来自哪里？又要去向哪里？这不是哲学终极问题，这是现实考量的自我探寻：如何做成自己？我的优势是什么？我究竟追求什么？如何找到实现自我的路径？

要完整地认知这一切，难呀！

所以，"人呀，你要认识自己。"这句古希腊德尔菲神庙上的留言，穿越**千年不朽，依然令人懵懂**。

我是谁？究竟哪个"自己"才是自己？怕事的我、怼人的我、积极的我、"社牛"的我还是"社恐"的我？不认识自己，"做自己"就是一个呐喊。

如何认识自己？从而做到做自己？记住，我们有选择的权利。鼓励自己选择并放大靠近那个"积极的自己"，或许才是不断做自己、完善自己的最佳路径。

本书选择人生最重要的场景——职场，来阐述如何做自己。如若能在职场做到"做自己"，显而易见的理念就会闪现：员工是岗位的主人。

如此，我们如何做岗位的主人呢？

首先，认同自己在职场的身份——岗位。岗位是自己在职场的主人格。这个主人格在职场有职责、有权限、有收益。职责、权限和收益对等，这是管理的基本原理。

在职责履行中，每一个岗位上的人都是职责履行的责任主体，而非客体；履行这些职责，你拥有相应的权利，放弃这些权利就是放弃责任，甚至放弃职场生活。

收益，企业组织不仅为你的成果在买单，也在为你的行为买单。为此，职场人与企业组织的最终责任人（老板、股东等）建立了并非简单的成果交易关系。由此超越雇佣关系而平等、和谐。

其次，寻找有效路径完成目标任务。人类的科技进步始终在寻找更优的方法、路径去实现我们的梦想。职场人当然也有梦想，为每一个目标而激动，为每一个目标设置关键成果，并持续寻找关键路径，亮点路径。本书提出的 OKR-PM 目标路径法则，或许可以助你一臂之力。

最后，追求进步，成为优秀者、管理者，帮助更多的人进步。成为管理者，帮助更多的人成长，这是职场人的管理成长路径，也是让自己的经验传承、把自己的经验融入组织经验中，成为组织竞争力组成部分的最佳策略，当努力为之。

当然，与优秀者在一起，与对的人在一起。每个人都需要持续成长，个人高效成长的 1020 法则，已实践了无数个成功的案例。

本书提出的四大核心理念

为便于大家学习本书和指导工作实践，本书提出了四大核心理念：员工是岗位的主人、"先是，再成为"、OKR-PM 目标路径法则和个人高效成长的 1020 法则。

◇ 第一理念：员工是岗位的主人

员工应该成为岗位的主人。因为岗位是员工的主体人格。

"员工是岗位的主人"是本书提出的一个基本理念。该理念很好地把职责、态度与敬业精神统一起来了。我们希望它能指导员工的实际工作，也能指导管理者规范岗位职责、做好管理基础工作事项。

事实上，员工应该成为岗位的主人。其主要原因如下。

每一位员工进入组织（公司），都是因为有一个岗位的存在。没有这个岗位就没有岗位上员工的存在。这个岗位是员工在组织（公司）中的角色身份。它有相应的职责划分。完成这个角色身份上的职责事项，就是做主体人格岗位上"分内的事"。

"分内的事"是角色员工"不得不做的事"，具有强制性的一面，因为这是组织的岗位设置的安排，但若员工仅停留在这个层面的认知，那么员工就有意忽视了自己可以把控的、内在根源的事实，即放弃了自己是自己主人的权利。

因此，我们说，选择扮演某个岗位的角色，就选择了这个岗位角色分工的事项、任务。完成这些事项、任务，就是我们做主人的义务。

所以，每一位员工都应该是岗位的主人，这是职场人的自我管理的权利意识，也是职场人岗位角色承担事项、任务的本来事实。

员工如何才能做到岗位的主人？

这就需要管理者对岗位职责进行设置，甚至把岗位职责事项化，我们在第4章"让责任心成长起来"中做了详细讲解。

同时，员工还要意识到自己是岗位的主人。本书中，我们通过大量篇幅来分析这个问题。只有当员工认识到自己的角色与身份，他们才会有更多的行为自觉，把完成岗位所规定的事项、任务日常化地履行。

所以，员工是岗位的主人，这是岗位主体人格本来的约定。

◇ 第二理念："先是，再成为"

"先是，再成为"不仅是我们先制定目标、再组织资源完成目标的组织运营流程，更是我们大脑对外界的反应机制。

根据李睿秋在《打开心智》中提出的观点，我们大脑有四大工作机制：节能、稳定、反馈和预测。

大脑是节能的，它重在求存，而非求知。为了节能它什么都做得出来。无论做任何事情，它能不思考就不思考。

大脑喜欢稳定，喜欢确定的事情。正因这一点，我们在本书中提出要建立技能体系。把技能结构化、步骤化，这很契合大脑的运行机制。对于大脑来讲，它能很好地适应结构化、步骤化，并在我们行动时自动调用它，这就提高了工作效率。

大脑还有一个反馈机制。奖赏回路、"享乐热点"、多巴胺动力等都是反馈机制在运行。它能激发我们做事的动力并增加快乐。

大脑还有一个预测机制。这是我个人特别喜欢的大脑运行机制。"先是，再成为"的观点就是预测机制在起作用。

我们都知道，大脑是一个储存系统，储存了大量信息，并通过神经元之间的连接把外部信息尽可能储存起来，并通过这些连接构建我们认识世界的心智模式。

当外界新信息出现时，大脑会根据已有的心智模式进行对比，"预测"我们可能会遇到什么，需要做出什么反应，可能产生什么后果。如果"预测"与出现的信息一切吻合，就按照预测的模式行动，反之，若预测不吻合，则产生预测误差。大脑则调整心智模式，并驱动我们进行相应的行动来修正或消除这个误差。

这里有一个事实，如果新出现的刺激或信息，我们的大脑以前没有储存过，也就是我们没有见过，大脑对这个刺激是没有反应的。我们在第 5 章的"目标就要激动人心"这一节中分享了非洲原住民观看现代城市电影短片的案例。在案例中，非洲原住民看完电影短片后，对熟悉的鸡兴高采烈地讨论，而对现代社会的高楼大厦没有一点反应。这是因为他们大脑里储存了鸡的信息，而没有储存高楼大厦的信息。

因此，我们的大脑里一定要先有信息，即我提出的要"先是"，即大脑里"先要有"那个概念，当与大脑里"先是"吻合的外界信息出现时，我们大脑才能产生吻合的行动指令。若大脑里"预先没有"这个信息储存，新的信息只会储存起来，为下一次信息吻合做准备。

大脑的"预测"机制还有一个激动人心的功效，即它可以"预先"调动"奖赏回路"，从而提前为我们的行动提供动力和快乐。就像我们一感觉饿，就想喝牛奶，当我们喝完牛奶后，马上就感觉不饿了。但是，牛奶进入体内、消化、吸收，转化为能量，并形成电信号反馈给大脑还有一个过程，我们却马上感觉不饿了，其原因就在于：大脑"预测"机制"预支"了奖赏的功效。

进一步的研究发现，我们所看到的世界，其实是 100 毫秒前的状态。

因为，光反射进入我们的眼睛，转变为电信号，再经过视神经进入初级视觉皮质，最终被我们所认知，这个过程是需要时间的，大约为 100 毫秒。也就是说，我们实际看到的世界，其实是它在 100 毫秒之前的状态。进一步讲，我们看到的世界，是大脑预测后，"播放"给我们看的。

因此，"先是，再成为"其实是我们大脑的"预测"运行机制。也就是说，大脑神经元储存的信息里，若事先储存有某种行为的状态，大脑神经元会优先启动反应，进而优先行动。若预先没有储存相关信息，则大脑不会有任何反应。

从另一个角度讲，若大脑事先有某行为的储存，大脑就会优先启动对应的行为，并预支"奖赏回路"让我们更有动力去实践这个行为。

大脑的"预测"机制让我们明白，制订计划、拟定目标，以及我们的梦想，都是事先存入我们大脑的信息，它会给予我们动力和"预支"能量。这就是目标和梦想的力量。

"先是，再成为"绝不仅仅是调动自己和团队的口号，它理所当然是我们大脑行动的基本规律。

◇ 第三理念：OKR-PM 目标路径法则

OKR-PM 目标路径法则，可以实现高目标。我们要始终寻找亮点路径和关键动作，以创造高绩效。

首先，作为一名员工一定会履行一些职责，完成目标，甚至是完成高目标。于是，我们提出高绩效的 OKR-PM 的目标路径法则。在这个高绩效目标路径法则中，第一要制定的就是激动人心的目标。这个"目标"与我们理解的常规目标有一些不同，它是结合了国际上最新的 OKR 绩效管理方法提出来的。它的最大特点是让管理者知道，不仅要设置目标，让员工有行动的方向，更为重要的是，管理者要与员工一起寻找完成目标的路径。

完成目标的最好路径，我们称为"亮点路径"。寻找亮点路径，我们提出了四个步骤。第一步是常识的应用；第二步是经验复制；第三步是MVP（最小可行模型）试验；第四步是规模推广。

亮点路径需要寻找关键动作，即亮点路径需要关键动作来完成。只要找到了亮点路径的关键动作，并努力行动，就有机会实现我们期待的高目标，创造高绩效。

传统的管理者，更多的是制定目标，而很少去寻找完成目标的亮点路径和关键动作，这就是很多企业目标难以实现的原因，也是很多管理者常常批评下属没有执行力的理由。

试想，员工不知道如何行动，不知道做到哪种程度才被视为完成了目标，执行力从何而来呢？高目标更无从谈起。所以，国外有管理专家说，抱怨员工没有执行力，是管理者没有管理能力、没有领导力的借口。而管理者的管理能力最大的体现就是与员工一起寻找到完成目标的亮点路径和关键动作。

马斯克如何把人送上太空，如何将成本降低到原来的1/20000？我们在相关章节里都有分析，大家不妨仔细阅读本书，了解其中的逻辑。

总之，目标不怕高远，甚至荒唐，只要寻找到完成目标的关键路径，再宏大的目标，只是团队的日常工作行为而已。

◇ 第四理念：个人高效成长的1020法则

本书的第7章是"个人高效成长的1020法则"，这个法则是我多年前总结的，它主要的核心思想其实是每个法则的假设。这个法则已经帮助很多创业者、企业家、职场管理者取得了长足的进步。大家可以阅读第7章内容认真体会。

在这里，我想谈谈1020法则最重要的应用条件。这个应用条件绝不是理解了1020法则的假设条件和结论那么简单，而是你能否成为1020法则的真正践行者。

有一个现象我必须得提一提，当我们身边的人成功了，我们常常会听到这样的评论：某某能力一般，他之所以成功，就是得到了某人的帮助。如果没有某人的帮助，他肯定没有今天的成功。

这种评论很熟悉，好像来自你自己内心的某个声音。

诚然，如果你对别人的成功也有这样的评论，恭喜你，你已经知晓了1020法则的真谛。因为，1020法则就是在这样的评论中植入大众心里的。这些评论，正好解读了1020法则的直白、坦然。正因为1020法则的直白、坦然，大多数人都能学会它，只是人们没有去总结而已。因此，当我们如上面评论别人的成功时，那正是1020法则的效力显现。

但，人人都学得会的1020法则，要践行它，并非易事。最大的难点是，你是否准备好了践行1020法则的心态，虔诚地、全心地践行的心态。

如你已经准备好了践行1020法则的心态，行动就是对1020法则最好的认同。

关于本书的阅读和使用

◇ 本书可以作为个人成长的指导书

生命存续的意义就在于它一刻不停地追求成长。每个人都在追求成长、追求进步。我们无法停止进步的内心需要和外部竞争的督促。职场中的人们，与其受这些力量的催促，倒不如主动一些，抓住生命主动权，掌握自己的命运，享受成长。

找到方法享受成长，内心自然不纠结，这当然是最自然、最人性的关怀。我和读者都在寻找。

好在，我们有可供参考和践行的经验，不需要自己发明智慧。继承前人的智慧也需要相当多的精力。践行之，你我都可缩短探索的路径。

所以，我们应感谢人类千年的智慧、进化和经验，当顶礼膜拜。

本书晓以奇技妙术，期待有助于你的个人成长。你可选择与你适宜的方法，并践行之。

◇ 本书可以作为管理者成长的指导书

成为管理者中的一员，帮助别人成长。职场人当有这个追求。

在第 6 章"晋阶优秀者"中，我们主要讲解了如何成为一名管理者，管理者有哪些工作要务，如何教练下属，如何激励员工，特别是低成本激励员工的四大方法，你可效仿之。

之所以说这本书同样适合管理者阅读，是因为书中有以下内容可供管理者学习。

在第 6 章中，我们介绍了成功的管理者与有效的管理者的区别。研究表明，"平均"意义上的管理者，花费 32% 的时间从事传统管理活动，29% 的时间从事沟通活动，20% 的时间从事人力资源管理活动，19% 的时间从事网络活动。

但是，不同的管理者花在这四项活动上的时间和精力明显不同。成功的管理者，在对各种活动的强调重点上与有效管理者的不同之处在于：维护网络关系对管理者的成功相对贡献最大，从事人力资源管理活动的相对贡献最小。而有效管理者中，沟通的相对贡献最大，维护网络关系的贡献最小。成功管理者和有效管理者都会从中领会管理的核心重点，从而调整自己的管理重心。

在第 6 章中，我们还介绍了优秀管理者的六大要务。第一是构筑愿景，让团队知道为什么在这里工作。第二是学会反馈，把员工的工作表现反馈给他本人，以指导员工的实际工作。第三是学会授权，知道"把对的人放到对的位置上"，并在工作任务中锻炼团队，完成组织任务。第四是培养下属，这是管理者最重要的职责之一，造就人才可以使其分担管理者的重任。第五是学会时间管理。第六是驾驭你的情绪。

优秀管理者的六大要务，正是提升管理者综合能力的方法策略。

◇ 本书的阅读顺序

阅读本书，你可以从第 1 章开始，按章节阅读，这是我写作本书的逻辑。这样阅读可以让你有逻辑地学习，还可以体会作者的思路，从而一步一步地领悟本书的内容，构建自己逻辑做事的方法。

你还可以先阅读一下目录，把自己喜欢的内容圈出来先阅读。比如，第 7 章的"个人高效成长的 1020 法则",它可以快速帮助你实践高效成长的策略。你也可以先阅读第 8 章——"职场问答",这一章介绍了大脑的运行机制,这可以帮助你认识到自己行动的底层原因,从而克服拖延的毛病。

你还可以先阅读第 6 章——"晋阶优秀者",学习管理者的基本常识,学习猴子管理办法等,以帮助自己掌握管理的基本原理,更好地管理团队。

总之,根据你的需要,你可以有选择地学习。这是你的权利。

记住,你拥有很多权利,不要放弃它们,而应享受它们给予你的选择自由。

我特别要建议的是,每学习一章的内容,你都可以找出适合你的可行动的知识点去实践。因为本书的很多观点来源于实践,来源于别人成功的经验总结,你可以模仿着去做一做,体验一下,这样你会收获与阅读普通图书不一样的感受。

期待本书能对你的职业成长有所帮助。

第 1 章

倒着活的人生精彩

倒着活，人生更精彩

"人生从80岁开始可以倒着活的话，那一定很精彩。"很多伟人都有类似的话语。

"如果我生下来就是80岁，而慢慢长到18岁的话，人生会更加快乐无穷。"美国作家、演说家马克·吐温就曾这样说过。

从80岁开始倒着活，这是多么令人向往的精彩人生。

◇ 倒着活的精彩人生法门

倒着活的精彩人生，想象一下，应该会是怎样的状态？

孔子的《论语·为政》中说："吾十有五而志于学，三十而立，四十而不惑，五十而知天命，六十而耳顺，七十而从心所欲，不逾矩。"我十五岁立志于学习；三十岁能够自立；四十岁能不被外界事物所迷惑；五十岁知道有不能由人力支配的天命之事；六十岁能正确对待各种言论，兼听各种言论还觉得顺耳；七十岁能随心所欲而不越出规矩。

从孔子的人生历程中，我们可以总结出**倒着活的人生路径。**

首先，人自有规矩原则，又不超越规矩原则，做事情则能随心随性有自由。

其次，听什么都顺耳，兼听各方言论便不逆耳了；关键是还知晓自己的使命、天命，知道哪些事情是人力不可违，哪些事情人才可为。

最后，如此这般，自然地，人就能坚定自己所坚持的信念和所坚持的事情，不被外物迷惑和左右。这就有了一份自己可以立身于世的本领和事业，此是坚定自己行动的基础。

不仅如此，他依然终日致力于学习，不断提升自己，永远追求进步。

如果我们的人生都是这样，想一想，哪有不精彩的，哪有不成功的。

仔细看看这个"倒着活"的人生路径，我们似乎找到了**精彩人生法门："原则信念、使命优势、坚持坚定、融合不同、持续成长。"**

坚持原则信念。

人类的每一个行动都是理念指导下的行动。理念可以指导行动，行动也可以总结成理念，并由此丰富我们的理念。人们持续进行某种行动，一定在他的内心保持着某种持续的理念，并由此形成他的行事原则。

故，更加精彩的人生，始于积极的原则与信念。

达晓天命，保持优势行事。

达晓天命，达晓很多事情人力不可违，并努力做自己使命该做的事，这不是人人都能达晓的。

若能达晓这些，好好做天命的使者，成功、失败、快乐、痛苦、坎坷，皆为过程而已。同时，发现自己的优势，做自己优势才华允许做的事，天助也。精彩人生"自自然然地"就会呈现。

达晓使命，以优势行事，我们就能轻而易举地坚持和坚定我们的行动。因为使命目标清晰明了，又以优势行事，这本身就顺势、顺心和顺手。旁人苦苦坚持的事，在有目标且以优势行事的人看来，仅仅是从心所欲的喜欢、心流自信的行动而已。

坚持融合不同。

君子合而不同，行事理当合而不同。承认人与人之间的差异，接纳差异，我们就拥抱了不同，也融合了不同。由此，在前进的路上，我们就整合了不同的力量，甚至整合了对手的力量为我所用。若能如此，人的成长与发展岂有不胜之理？

坚持持续成长。

孔子说："志于学。"先贤大儒立志于学习，始终追求进步和成长，常人也应如此。持续更新、持续成长是生命自然的需要，生命每一天都在死亡、再生和进化。我们知道，生命的成长就是新陈代谢。以色列魏茨曼科学研究所（Weizmann Institute of Science）的两位科学家 Ron Sender 博士和 Ron Milo 教授对人体各种细胞的更新速度做了一次大普查，他们的普查成果发表在《自然－医学》杂志上，根据他们的普查估算，一个人每天更新的细胞量为 60~100 克，约 3300 亿个细胞！也就是说，在你读这句话的一秒钟里，就有 380 万个细胞新上线。这就是生命持续成长的规则。

由此得出，我们的生命一直在更新和成长，这些身体的更新和成长，不仅包括肉体的成长，还包括精神和意识的成长。惊吓、害怕会引起身体上的反应。身体会很诚实地不断学习面对新挑战。常常有人说："很多事情长大了以后才后悔。"这"后悔"二字足见其精神与认知的成长。只可惜，大多数人因不会"倒着活"而失去了"更精彩"。

◇天赋想象力，倒着活的始端

"坚持原则信念，达晓天命，保持优势行事，坚持坚定，融合不同，持续成长"，由此开启精彩人生。在人类持续的生命成长进化过程中，还有两项天赋能量不可或缺。一是想象力，二是选择力。

我们先谈谈人类的想象力。

爱因斯坦说："逻辑会把你从 A 带到 B。想象力可以把你带到任何地方。"

想象力，人类天赋的精神能量和预见能力。

"庄周梦蝶"就寓意了这样的天赋能量。

《庄子·齐物论》中说，有一天，庄周梦见自己变成了一只蝴蝶，翩翩飞舞，四处游荡，得意忘形。过了一会儿，庄周忽然醒了，梦境依然清晰地印在脑海里，一时有些迷惘，竟然弄不清自己到底是庄周还是蝴蝶了。究竟是他在自己的梦中变成了蝴蝶，还是蝴蝶在它的梦中变成了庄周？庄周是蝴蝶，蝴蝶是庄周，多么可爱而大胆的想象力。

想象力，让我们拥有了不可多得的创造力和尽可能多的未来。

这就是人类伟大的天赋想象力。有了想象力，我们就拥有了驱使我们内在前行的能量。这种能量带着人类回到现实，人类就会努力去寻找实现美好想象的路径。"千里眼""顺风耳""一日千里""鲲鹏展翅九万里""骑龙飞上太清家"，这些都是我们对未来美好的想象。有了想象力，我们就从容拥有了"可上九天揽月，可下五洋捉鳖"的豪情壮志。不断发展的科学技术，为我们的想象不断寻求可实施的路径和方法。

令人欢欣鼓舞的是，到今天为止，我们已经实现了大部分人类过去的想象，手机、电视、互联网实现了"千里眼""顺风耳"；高铁、人造卫星、空间站实现了"一日千里""鲲鹏展翅""骑龙飞天"……

一个时期的想象、魔法，成就了下一个时期的现实，只因人类天赋的想象。

人人都有想象力，最大的想象力就是想象、预见自己的未来。想象力，天赋的能量，如果把我们的想象力与"倒着活"联系起来的话，我们就能拥有无穷无尽向往未来的行动自觉，从而拥有"看见未来，回到现实行动"生生不息的非凡能力。

想象力，人类"倒着活"的始端。

想象力，人们第一次创造的自觉表现。

史蒂芬·柯维在《高效能人士的七个习惯》中说，任何事物都需要创造两次。我们做任何事情都是先在头脑中构思，即智力上的第一次创造，然后付诸实践，即体力上的第二次创造。

想象力，是我们自觉地在头脑中的第一次创造，但"第一次创造"这种想象力，未必都是经过有意识设计的。有些人意识薄弱一些，更多地受别人或事物的影响，他的人生轨迹就更多地屈从于同事、家庭、朋友或环境的压力而受到各种外界条件的影响和制约。

人生"倒着活"的人，他们的想象力自觉性会更强烈，更有意识地去自我设计。他们会有意识地在头脑中第一次创造自己的人生，然后在现实中去实践，实现第二次创造自己的人生。由此，人生就可以活两遍，体验两遍，当然更精彩一些。

不仅如此，因为他们的人生是自己想象并有意识地两次创造出来的，头脑中创造一遍，现实中实现一遍，这两遍都是自己创造的，自我意识会让他们审视各种各样的第一次创造，并掌控自己可以掌控的那部分，由此自己撰写自己的人生剧本，这样，他们就可以指挥自己的人生。

因此，自己的人生自己创造，心里想的"做自己"就变成了现实实践，人生由此精彩。

科学家和哲学家常常做思想实验，来论证现实中无法做到（或现实未做到）的实验。所谓思想实验，就是使用人类的天赋想象力去论证一些让人感到迷惑的理念和假说，其实这些理念和假说就是人们头脑中的想象。

科学家和哲学家在头脑里实验，在头脑里想象，在头脑里第一次创造，进而形成他们的理论。爱因斯坦有关相对运动的著名思想实验就是在现实中无法做到（或现实未做到）的实验；伽利略通过思想实验批驳了亚里士多德的错误理论；法国物理学家卡诺研究热效应和热机效应时，通过"卡诺循环"的思想实验，构思了用两个理想的等温过程和两个理想的绝热过程来完成一个热力学循环。

所以，天赋想象力的伟大，就是让我们在头脑中自觉地第一次创造，把未来可能的状态想象出来，即头脑中有一个"是"的状态，然后通过现实的第二次创造，"逐渐实现"那个"是"，即让我们在现实中"成为"那个"是"。由此，想象力让我们"先是，再成为"。这就是人生倒着活的自觉态。

想象力，还让人多了一种"预事"的能力，"预则立"可照见各种未来情况，从而选择有利自己的行为，使自己处于"立"的胜境。这也是大脑的"预测"机制，在后面"职场问答"章节里我们会详解这个机制。

军事上的战前分析，常常都有"预则立"的深入分析与想象，最后形成战争方案。"围魏救赵"就有这样的"预则立"的战前想象力分析。

"围魏救赵"的想象力沙盘

公元前354年，魏惠王派大将庞涓率兵十万攻打赵国。不到一年，庞涓就攻到了赵国的国都邯郸，邯郸危在旦夕，赵国国君赵成侯只得向结盟的齐国求救。

齐威王最终决定出兵救赵。委派田忌为将，孙膑为军师，率兵八万救赵。

如何救赵？

军师孙膑战前分析建议：魏国精锐部队现在都集中于赵国，内部必然空虚。我们带兵猛插进去，占据交通要道，袭击它空虚的国都大梁，庞涓必然放下邯郸回师自救。齐军乘其疲惫，在预先选好的作战地区桂陵迎敌于归途，可大败魏军，赵国之围遂解。

孙膑这一建议，如同做了一次想象力的实战沙盘演练，清晰可见战争的过程和胜利结果，田忌欣然依计而行。

首先，为迷惑魏军，田忌派小股官兵佯攻魏国军事重镇襄陵，结果齐军大败。魏国大将庞涓受此麻痹，以为齐军弱小不堪一击，于是放下戒备心理，全力进攻赵国邯郸。

等到魏军与赵军战斗休整时，孙膑突然亲自率领齐国精锐部队，以迅雷不及掩耳之势，直逼魏国国都大梁。

庞涓闻讯，不得不急忙从赵国前线撤军，抛弃辎重，昼夜兼程回师。这么一来，齐国孙膑就成功调动了庞涓指挥的魏国军队。

在魏军回师必经地桂陵，孙膑率齐军主力设下埋伏。当魏军长途跋涉行至桂陵时，以逸待劳的齐军突然出击，魏军仓皇应战，结果伤亡过半，齐军大败魏军。

经此一战，魏国持续一年多时间的灭赵之战功亏一篑。

这就是战国时期著名的围魏救赵战术，袭击敌军要害，迫使进攻之敌撤退。围魏救赵在军事上被广为传颂和采纳。孙膑在战前通过敌情弱点分析，大胆推演战争的走势，让看得见的战前推演预想变成了可行的战斗行动，在战场上避其锋芒，攻其薄弱之处，调动敌军，真实地指挥了战场上魏军的行动。

所以，想象力是让我们把未来搬进现实中的脑袋，在头脑里第一次创造未来，因为有头脑里的多次想象，多次演练，我们很清楚未来的样子。回到现实中进行第二次创造时，未来对我们而言已经是可以把握的当下，成功已成定局。所有经历的困难、痛苦，甚至于失败，仅仅是过程。

任何事物都需要二次创造。我们只要自觉地、经常性地二次创造，生命从此从容。

◇天赋选择力，满足未满足的需要

法国哲学家、作家让 - 保罗·萨特说，**人的一生就是一连串的选择**，无论我们的存在是什么，都是一种选择，甚至不选择也是一种选择，即你选择了"不选择"。

"选择"是我们作为人天赋的独立意志。每个人都有选择的权利，并自由地做出自己的决策，请拿回我们自己的选择权、主动权！

我们从出生后自主呼吸的那一刻开始，就开始了自我生命的历程，也就开始了生命的选择。

当感到饥饿时，我们用哭闹告诉父母我们的需要；看见外面新奇的世界，我们会睁大眼睛，牙牙学语与外界交流，表达我们的好奇。更大一点的时候，

"十万个为什么"经常从我们的嘴里说出，期待他人能满足我们对未知的探索。

长大了，梦想成为厨师、教师、工程师、科学家、作家、管理者和创业者。为了实现梦想，我们努力、坚持和奋斗，一次次接近我们的目标，实现我们的梦想。**因为选择，我们有了更多更好的选择，为此，创造了自己更多更好的运气。**

因为选择，所以成为。我是我自己选择的礼物。

有人说，我"没得选"，上什么大学、读什么专业、做什么工作，甚至于谈婚论嫁，都是父母安排的，我真的"没得选"。事实真是那样吗？

事实是，你选择"让父母选"。这才是你的选择，你的意志。

选择是我们的天赋权力，它用来满足我们未满足的需要。无须回避、无须拖延、无须借口，每一次选择背后，都隐藏着我们真实的需求。

当我们认为"不得不"工作时，其实是我们"选择了"工作，因为工作满足了我们增加收入、更好生活的需要；

当我们认为"不得不"参加一些朋友聚会时，其实是我们"选择了"参加朋友聚会，因为聚会满足了我们增加朋友感情、加深朋友间联络的需要；

当我们认为"应该"做家务时，其实是我们"选择了"做家务，选择为家人分担，因为我们想为家人创造一个舒适的环境，温暖的家；

当我们认为"必须"每天送孩子去上学时，其实是我们"选择了"每天送孩子上学，因为我们想让孩子更安全地到达学校；

当我们认为"应该"陪伴父母时，其实是我们"选择了"陪伴父母，因为我们想多尽一些孝心，并与父母一起享受更多的天伦之乐；

当我们认为"不能"违反规则，"应该"遵守规则时，有时内心总感到有些无可奈何，其实是我们"选择了"遵守规则，它满足了我们要做一个遵纪守法的人的需要；

在工作生活中，大多时候，我们很容易受困于"不得不""应该""应当""必须""不能""被迫"的环境或做的事，常常感到"职责""义务""内疚"的逼迫。其实，这一切都是我们的"选择"，天赋的选择力所致。如果我们转念于自己的天赋选择力，内疚、不满、抱怨和愤怒的情绪自然就会被理性代替，从容应对的力量也就自然升腾。

当我们明白自己拥有这项天赋权利时，面对纷繁嘈杂的生活境况，理性、信心和勇气油然而生，也自觉多了一份因自己选择而承担的责任与担当，生活不再是嘈杂，而是和谐、从容、欢乐，还有意义。

天赋选择权利，意味着选择这个行动是自由的，是无条件的。**选择就是自由**。当我们面对选择时，是什么最终决定了我们"选择什么样的选择和行动"呢？

价值观和原则决定着我们的选择和行动。

倒着活的人生路径同样告诉我们，坚持原则信念，我们的每一个行动都是在这些原则信念、价值观指引下的行动。价值观是衡量我们选择的最底层的标准，价值观指导下的原则信念就是我们的指路灯塔。

当我们面临选择感到困惑，犹豫不决，不知道如何选择时，极大的可能性是我们还不清楚自己的价值观是什么。没有价值观，我们就没有选择的依据和准绳。世俗的观点鼓励我们在选择时权衡利弊，甚至于用金钱和数字来度量得失，认为人生一定要赢，不能输。赢输、输赢的思维模式普遍存在。没有自己的价值观和原则，我们的人生将会受到世俗、教育、新闻媒体及他人的严重影响，我们的"选择自由"将严重扭曲，人生精彩也将严重缩水。

拥有价值观，倒着活，是人生更精彩的坚强指引。我们由此建立自己的做事原则，给被扭曲的"选择自由"以正确的方向。

价值观非一时一刻形成，它自有特定的历练和成长，珍惜每一步历练和成长，这就是人生过程。在原则指引下，一步一步成长，一步一步成熟，最终成为你想象的那个自己。**给自己时间，选择成为自己。**

别让别人的价值观和原则指导你的人生。不要扭曲自己的"选择自由"，相信自己的选择自由和选择的权利，因为主动权始终在我们自己的手上，我们的行为都是我们自己的选择，**我是我自己的主人。**

选择，是兑现你的想象力的一种方式。生活只有一种方式，那就是你选择的生活方式。趁现在还来得及看清楚自己，我们应下决心按自己选择的生活方式生活。

有原则，倒着活，选择与内心的那个自己在一起，一起成长。我是我的选择。**我是我认为的我。**

认同不同做自己

"整顿职场"话题曾在网络上被大众关注、津津乐道,成为热点话题,具体如下。

准点下班,下班不接与工作相关的电话;

拒绝团建,拒绝周末加班;

任你是个啥领导,不合心意就开怼;

自己爽到就赚到、罚钱离职无所谓;

别"画饼",整那些虚的,没必要……

以上是一类整顿职场的现象,还有一类整顿职场的现象,具体如下。

不是抗拒加班,而是拒绝无效加班,特别需要划清工作与生活的边界;

不是抗拒接受工作任务,而是拒绝无效"磨时间";

不想成为低效赶工的"工具人";

不想团建,拒绝内耗,不想了解同事更多的其他事情,相处简单一些;

拒绝"画饼",务实地"搞点事"吧……

"整顿职场"的种种声音、种种现象层出不穷,隐藏在这些事实背后的,是新生代职场人渴望独立自主、追求公平高效、更加文明的职场生态,充分表达"我的人生我做主"的勇敢呐喊。专注地做自己想做、做自己能做、做自己该做的事,期待工作更有价值,期待自己是一个自己更喜欢的、更优秀的自己。勇敢地做自己。

如何在职场中真正做到做自己?我们需要探讨以下三个问题。

一是做自己,那个"自己"究竟是谁?

二是做自己由几部分组成?

三是在现实工作生活中,怎样才算做自己呢?

◇做自己,"自己"究竟是谁

个性崛起的新时代,人们很容易发现自己不同层次的需求。不仅是饥饿了要吃饭；身体受到伤害了需要远离危险寻求安全与保障；被群体不接受时需要归属感、建立情感纽带；更多时候，我们发现一个高级的、与强大的自我觉知一同存在的需要在疯长，尊重、认可与价值承认及从事与自己能力匹配的工作的愿望，并获得更大的满足与成就。正因为这种需要与自我觉知一同苏醒，让我们想努力找到那个"做自己"背后的"隐藏的自己"。

什么时候这个"隐藏的自己"会出现，让我们能更好地体会到它的存在？"那个时候"或许就在以下情感场景中。

当我们走进一个陌生的环境，内心有些不自在时；

当我们身临悬崖峭壁，面对万丈深渊，内心感到害怕恐惧时；

当朋友远离我们，不再理我们，我们内心感到孤独寂寞时；

当我们跟领导提建议，被忽视未得到肯定，内心感到失落时；

当我们不得不做自己不喜欢的事情，内心感到无聊时；

当我们的努力付出未得到认可和尊重，内心感到郁郁不得志时……

不自在、害怕、恐惧、孤独、寂寞、失落、无聊、郁郁不得志等，所有的情感展现，都在表达我们自己的感受。正是这些感受，让我们发现了"隐藏的自己"，观察体会这些感受，我们会发现内心那个"我"的感受，或许我们就会明察它了，这就是我自己吗？

这就是我自己吗？那么容易受外界的影响？或许你不相信这就是你自己。

大多数人都有过这样的经历：因一件小事，你骂了自己很喜欢的朋友，事后很后悔；父母用打骂的方式教育不听话的孩子，事后感到内疚；对很亲近的人，忽视他、不尊重他，想想都愧疚；对很敬重的领导，任性怼他、轻视他，事后羞愧不已……

这个骂人、打人、轻视人、任性怼人的得罪人的人是谁呢？或许你并不认为这个得罪人的人是真实的自己。

还有些情况，看到某人做了一件好事，我们就以为他是一个善良的人；看到某人做了一件不利于自己的事，就认为他是一个坏人；因一次考试失败就认为孩子学习不行；员工一次没有按时完成工作，就认为他是一个拖拖拉拉的人……

这个把所有事情简单化，不停地评价、贴标签的人是谁呢？或许你认为自己看人看事都很客观，这个爱贴标签的人并不是真实的自己。

员工是岗位的主人

那个得罪人的人、那个爱贴标签的人不是真实的你？真实的你究竟是什么样子的呢？

古希腊德尔斐神庙阿波罗神殿门前，镌刻着三条箴言："认识你自己""凡事勿过度""妄立誓则祸近"。这些话曾引起无数智者的深思，后来被奉为"德尔斐神谕"。当时就有人问哲学家泰勒斯"何事最难为"，泰勒斯回答"认识你自己"。

"认识你自己"。今天，我们依然在认识自己的路上，寻找真实的自我。真实的自我就是做自己。

做自己就是寻找真实的自我的过程。在这个寻找过程中，去发现我们的内心真实的想法、情感、价值观，并由此成就我们的个性特点。做自己最关键的因素在于我们的内在意识和需求，而不是我们的外在表现或在外在评价、社会期望中做出的扭曲行为。

现实是，人们常常受到外界的期望和标准的影响，难以真实表达自己内心的想法，总是戴着面具工作、生活，头衔越多面具越厚。感知真实的自我，直到认识自己的觉醒，往往起于无法改变现实的无力感、失败感，这些情感创伤有时让我们回避真实的自己。这就是"认识自己""做自己"难的原因所在。

但，"真实的自我"对外界的每一次反应，都是那么精确地、极度敏感地感知着我们的内心、感受着我们的感受，并小心呵护着我们的情感，让我们处于最佳状态。这种"真实自我"的最佳状态让人喜悦、神怡、难以忘怀。所以，"认识自己"再难也要"做自己"。"做自己"，人们一直渴望、一直在寻求……

怎样才能找到自我，"做自己"呢？

哈佛大学心理学硕士、哲学和组织行为学博士泰勒·本－沙哈尔（Tal Ben-Shahar）在他开设的哈佛幸福课上分享过一个找到自我的具体方法。

在一张纸上，一一写下所有你能做的事，再从中找出你想做的事。接着从你想做的事中，找出你最想做的事。看着这些你最想做的事，就去做。

这个方法看起来很简单，似乎人人都能做到。

遗憾的是，哈佛这堂幸福课在全世界公开开讲已有20多年了，当很多人试着用这种方法时，发现自己写不出能做的事，不知道自己究竟能做什么，也不知道自己内心真正想做什么。

我们还得重新认识"做自己"。

◇做自己的四大组成部分

自我心理学认为，个人有自我认知，并意识到自己是一个独立存在的个体，基于性别、种族、文化、职业等因素进行自我认同，与他人和环境联系又有区别，追求自身发展和成长，强调个体的自我发展和满意感，追求个人目标和生活意义。

从上面的理解，心理学家通常认为"做自己"由以下四部分组成。一是忠实于自己的成长历史；二是忠实于自己的身份、类别；三是忠实于自己的价值观和原则；四是追求变化与成长。

做自己，第一要忠实于自己的成长历史。

我们的出身、所有经历都是因缘和合，都算数。与其抱怨出身不好，后悔当初的选择与经历，不如接纳现实的存在，欣赏非同一般的成长。

每个人的出身都不相同：有的出身富贵、有的出身贫穷；有的出生在乡村、有的出生在城市；有的出生在北方、有的出生在南方；有的出生在中国、有的出生在国外。真实地喜欢自己拥有的，不必假装喜欢别人拥有的。

树有年轮，花有花期，总会待到绿树成荫、山花烂漫。一个"待"字解开了生命历程的从容与欣喜。我们当为树木、山花、河流、生命的自然、纷繁、生机勃勃而骄傲。做自己是一个"做与待"的过程。

而这个"做与待"的过程，就是我们"认识自己"所发现的每一个内心想法、意识，这些想法、意识时时刻刻都在与外界交互影响，并在相互作用下共同形成了"真实的自我"。也就是说我们内心的"真实自己"是与外界一起变化、一起成长的，这些变化与成长构成了独一无二的"真我"的成长经历。这些成长经历每一分每一秒都在变化、成长和丰满，使我们自己时时生机勃勃。

所以，"做自己"当要喜欢自己的出生、经历与变化。

做自己，第二要忠实于自己的身份、类别。

做自己，最重要的是要自我认同。包括自我的性别认同、民族认同、国籍认同、兴趣取向认同、文化认同、职业认同、身份认同等。认同自己的身份类别，并以本来的面貌生活，真实的内心就会感受到自洽与舒适。

正是因为对自己身份和类别的认同和自洽，投射到现实中，我们也自然地接纳了别人的身份和类别的不同。融入环境、融入群体自然多了一份归属和认同。

认同自己的身份类别，认同别人不同的身份类别，认同不同做自己，我们就会拥有自洽的舒适，并与周遭环境生态自相适应。

做自己，第三要忠实于自己的价值观和原则。

我们凭什么决定做这件事而不做另外一件事？我们又凭什么说某个人做的某件事是对的还是错的？拖拖拉拉的工作作风为什么让你很反感？公司规定的假期因领导一句话就取消、内心不满又因何而起……

所有这些对人、事、物评判好坏的标准、情绪与态度的反应，都来自我们的价值观和原则。

正因为价值观与原则相对持久、稳定，才让我们在个体与环境的交互中保持了个人的个性和人格。当外界的行动、态度与我们的价值观和原则发生冲突时，内心自然流露出防御保护或冲击等心理反应。当我们被强制做出与我们价值观原则不一致的行动时，抗拒的心理就不可避免。

而要做自己，就要清晰地明白自己的价值观和原则。

当然，有一些人并不清楚自己的价值观和原则究竟是什么，对自己选择做什么或不做什么只有一些模糊的感觉，并没有清晰的指导原则。前面谈到的哈佛大学教授泰勒·本－沙哈尔提出通过做自己最想做的事来寻找自我的方法，结果好多人并不清楚自己最想做什么，其中大部分原因与价值观和原则有关。

美国社会心理学家、精神病学家米尔顿·罗克奇（Milton Rokeach）把价值观分为终极价值观与工具价值观。终极价值观是一个人一生中想成就的最终目标状态，如人类解放、富裕的生活、家庭幸福、自由快乐、平安顺遂、真正的友谊、智慧等。工具价值观是为了达到终极价值采取的手段或行为方式，如负责可靠、独立自主、乐于助人、宽恕他人、能力强、有效率等。工具价值观我们也称为行事指导原则。

当自己的价值观和行事指导原则清晰后，我们的行为就要忠实于这些价值观和原则。一旦我们的外在行动忠实内在坚守的价值观和原则，"做"的行为与"内在自我"就保持了一致而不违和。

有原则，就有自由，做自己，随心所欲不逾矩。

做自己，第四是追求变化与成长。

生命在变化，人体细胞一直在新陈代谢，在更新，在成长。

生命的持续更新，伴同催生了我们持续的好奇心与想象力。正是生命的更新、好奇与想象，促使我们的内心不断追求成长、追求进步。这些更新、成长与进步，构成了我们个体生命的真实内在需要。这些真实内在的需要就是我们个体的成就需求。

做自己，就是回应自己的内在需要。

综上所述，当我们忠实于自己的历史经历，忠实于自己的身份、类别，忠实于自己的价值观和原则时，我们就能做到对自己全然接纳、全然回应，我们就会进入真实的"自我"最佳状态，这就是专家们常常念叨的"进入了心流态"。此时，我们会全力以赴地做我们期待的创新与成长的事情。"做自己"，真实地回到我们的现实工作和生活中。

通过以上对"做自己"的分析，再回顾"整顿职场"的种种表现，我们体会到，大多数年轻一代职场人期待职场更加文明的真实情感表达，但与做自己还是有很大的不同。

做自己首先要忠实于我们的成长历程，忠实于我们的身份、类别，忠实于我们的价值观，并与环境相伴相依成长。整顿职场的言语和行为，其结果并非都能带给我们做自己的那种自洽与舒适，往往事后徒增更多的痛苦与不自在。这说明这些行为并非是真我做自己的表现。

◇怎样做才算做自己

首先，要明白真我是不断改变的，做自己是一个持续终生的过程。

每个人都有独一无二的自我身份，这一身份区别于其他人。荣格心理学"自性化"（见图1-1）提出"个体有意识地以一个人的身份存在于这个世界上"，而这个有意识的感觉，就是做自己的自我感觉。而在这一过程的不断进展中，自我感觉不停地在做一个阶段的目标，即一个阶段的自己，直至持续终生。

每一个阶段都有做自己的使命。 如果我们按"前半生"和"后半生"来看，我们前半生的发展任务是为了安身立命,为自己在社会上找到一席之地,融入社会,满足社会外在对我们的期待。后半生,我们更多的是去追求内在的需要,成就更多以内在为导向。

可能有人会说,做自己、听自己内心的声音,怎么还要在前半生满足外在环境对我们的期待呢?这是因为,我们生活在环境中,每一秒的成长和变化都是与外在环境互动共同作用的结果。

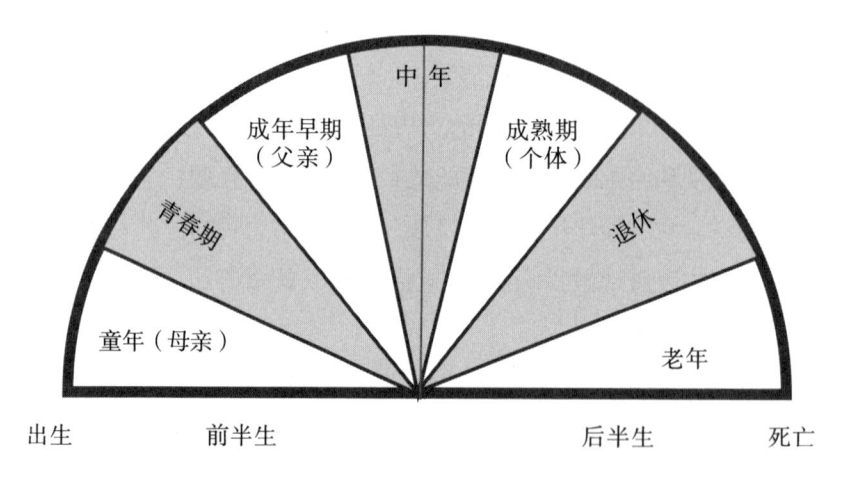

图 1-1 荣格心理学"自性化"图示

因此,真我是一个持续变化的过程,一个不断延续的状态,是自己某时某刻遵从自己内心的选择,而不是一种固定的某个特征。由此我们可以得出,做自己并非一个遥不可及的目标,而是渗透在日常生活每一个阶段的一个又一个选择。真我会改变,也会升级,正是因为它的改变和升级,才能让我们不断地去接近最好的自己。

其次,真我的变化与升级特点,说明了真我一定是多方面的。 也就是说,某一方面是你,它的另一面也可能是你。不善言辞的你,依然可以在面试时侃侃而谈,因为你渴望这份工作;不善炒菜的你,依然可以周末在网络上边学习边炒出一道可口的佳肴,因为你想让家人享受周末一起吃饭的幸福时光;喜欢做技术不喜欢做市场的你,因为客户的需要,你愿意花时间与客户交流,因为你想让更多的客户用上自己开发的产品。如果你非要认为这些外在行动表现出来的你不是你自己,你一定会感到痛苦。

天赋选择权，一个不可避免的事实是，这些行为最终都是我们自己的选择。所以，勇敢做自己，我们就要有意识地把任何好的习惯当作是自我的一部分，并一直不停地鼓励自己放大并靠近那一部分积极的自我，这是自我成长的必然过程，也是不断做自己的最佳路径。

最后，在工作中做自己，最重要的是把工作看成使命。工作本身就是目标。 选择某份工作，是因为我们想要这份工作，这正如积极心理学老师建议我们找到自我的方法：做自己有能力做、最想做的工作，减少那些不想做的工作。

既然把工作看成使命，工作本身就是我们内心的选择，我们自然在工作中就能感受到充实与快乐，从而对工作充满热情，并在工作中实现自我，做到做自己。

积极心理学专家提出了 MPS 模式，如图 1-2 所示，这一模式能让我们更好地把工作当成使命。在 MPS 模式中，意义（Meaning）、快乐（Pleasure）和优势（Strengths）三者的交集是我们最佳的成功因子。当我们把工作定位为使命的时候，工作已经超越了事业、工作本身；我们就选择了带给我们快乐和有意义的事情。在快乐和有意义的事情上，我们更能发挥自己的天赋、才干，顺着自己的天赋、才干做事，它会反作用于我们所做的事情，让我们乐此不疲。由此，我们就越会在感兴趣的事情或热衷的事情上更努力。越做我们就越有实力和底气去做自己。如此良性循环，我们终究会感受到自我实现的自由。

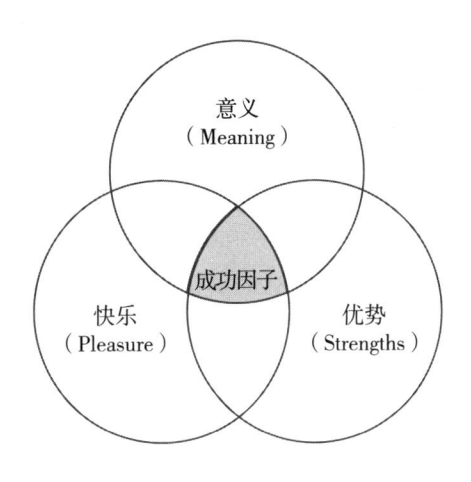

图 1-2 积极心理学 MPS 模式

真我总是期待真实表达情感、想法和需求，并不被他人的期待和评价扭曲。

做自己始终忠实于自己的历史、环境、身份、类别及价值观和原则。

每个人都是独一无二的存在。所以,我们要尊重自己、做好自己,也要尊重他人选择的做他们自己。越是尊重他人的不同,我们就越有更多自由的空间做自己。

与对的人、物在一起

人,大自然中的生灵,自然世界的一员。人与自然有着种种割裂不开的关系。无论外界对我们是友好还是破坏,我们都在主动选择不停地进化与适应,以保持与外界环境最自然、最恰适的关系。

◇共生是生命本来"最好"的状态

共生关系是自然界最恰适的关系,是生物演化最重要的机制。俄国地理学家克鲁泡特金曾提出,**互助和互争都是动物生存法则,但前者较后者要重要得多。**

地衣、真菌、苔藓植物的共生关系:地衣靠真菌的菌丝吸收养料,靠苔藓植物的光合作用制造有机物。

犀牛与犀牛鸟的共生关系:犀牛皮肤皱褶之间又嫩又薄,一些体外寄生虫和吸血的蚊虫便寄生于此。犀牛鸟是捕虫的好手,它们成群地落在犀牛背上,不断地啄食着那些企图吸犀牛血的害虫。

鳄鱼与牙签鸟的共生关系:牙签鸟喜欢在鳄鱼身上寻食寄生虫,鳄鱼吃饱后喜欢张大嘴巴以利于鸟在它口中觅食。对于鳄鱼来说,鸟可以帮其去除寄生虫、食物残渣等;对于小鸟来说,可以获得现成的食物。

树懒与蛾的共生关系:热带雨林中的树懒,它的毛发成了特殊蛾类的温馨家园。这些蛾类不仅为树懒提供了关键的微生物助力其消化,同时也在这个安全的环境中繁衍生息。

白蚁和肠内鞭毛虫互利共生:白蚁以木材为食,但本身不能消化纤维素,必须依靠肠内鞭毛虫分泌的消化纤维素的酶才能将纤维素分解,分解后的产物供双方利用。

人和肚子里的大肠杆菌共生：大肠杆菌有益于我们的消化，长期与人体相互依存。据统计分析，正常人的肠道菌群有 40 多个菌属，400～500 种菌种，数量达 100 万亿之多，是人体细胞的 10 倍，重量上相当于一个人的肝脏，占健康成人每日排出粪便的 1/3～2/5。

自然界有这样一种现象：当一株植物单独生长时，显得矮小、单调，而与众多同类植物一起生长时，则根深叶茂，生机盎然。抱团、共生是生命本来"最好的"的成长状态。

自然界的生命，一方面在自我成长，更好地是与外界共同成长。我们的生命一直都在追求与外界共生共存。

所以，生命不是孤独的个体，人类也不例外。我们是自然界的组成部分。为了成为更好的自己，我们努力与外界友好相处、平等合作，一起更好地成长。

由此，我们始终倡导合作、协同的理念，并在工作生活中与同事协同、与客户协同、与供应商协同，协同我们的工作、产品及可以协同的一切。协同让我们成为一体，共生共荣。

◇ 与"人化自然"在一起

人，选择与自然共生，选择与自然相互依赖、相互助力，就会与自然、与环境友好相处。

人总是会选择与外界环境自洽。当人们去一个风景优美、自然空旷的地方，心情就会愉悦欢喜；当人们来到一个树木枯萎、空气浑浊的地方，心情就会感到压抑；来到欢乐谷，空气中都有欢笑；来到学校，书香气息、琅琅之声默默熏染；去到军营，阳刚之气、坚韧奋进，油然而生英雄的荣耀；来到寺庙，寂静虔诚、香烟缭绕，感受远离尘世的静谧与信仰的庄严。

如果我们的心境与外界环境不相融、不自洽，压抑、紧张、焦虑、担忧、恐慌、闷闷不乐等身体不适状况就会如影随形。

人产生于自然，人的机体始终保持与外界环境的适应以及相互作用、相互影响，进而选择与外界环境的统一。"天人相应""天人一气""天人合一"就成了生命运动最本真、最朴素的原样。生命运动规律与自然运动规律是协作、是共生，本就是一体。

生命本来就选择与自然环境的合作与协同。实践中不断积累的人与建筑、环境的生态，即现代发展起来的时空环境学，就是人们对居住环境的选择和处理的生存实践，是人与自然环境协同生活过程中不断发展起来的人与时空环境共生效应的学问。

在《周易》《堪舆泄秘》《阳宅撮要》中，都有先人们如何与环境相融共生的实践的总结。

人、建筑与环境的相融实践

早在六七千年前的远古时代，我们的先民们对自身居住环境的选择与认识已达相当高的水平。半坡遗址即是"依山傍水、两水交汇环抱的典型上吉格局"。一是靠近水源，便于生活取水和农业生产；二是位于河流交汇处，交通便利；三是处于河流阶地上，不仅有肥沃的耕作土壤，而且能避免受洪水侵袭；四是在向阳坡的山坡面。先人们的原始聚落选址已经具有非常讲究的"环境选择"倾向。

中国建筑物常常强调"面南朝阳"，这不仅是我们的文化背景，更有非常合理的科学依据。《周易·说卦》曰："圣人南面而听天下。"即谓帝王统治国家的方略为"南面之术"，即源于此。其次因中国处在北半球，阳光大多数时间都是从南面照射过来，人们的生活、生产是以直接获得阳光为前提的，这就决定了人们采光的朝向必然是南向的。再者面南而居的选择亦与季节风向有关。中国境内大部分地区冬季盛行的是寒冷的偏北风，而夏季盛行的是暖湿的偏南风，这就决定了中国建筑的环境生态模式的基本格局是坐北朝南，其西、北、东三面多有环山，以抵挡寒冷的冬季风，南面略显开阔，以迎纳暖湿的夏季风。

中国建筑生态中有"左青龙，右白虎，前朱雀，后玄武"的定位，由于我们是"面南而居"，因而"玄武垂头，朱雀翔舞，青龙蜿蜒，白虎驯俯"的居住环境就被称为好的居住生态。用今天科学的角度解释：背后靠山，有利于抵挡冬季北来的寒风；面朝流水，即能接纳夏日南来的凉风，又能享有灌溉、舟楫、养殖之利；朝阳之势，便于得到良好的日照；缓坡阶地，则可避免淹涝之灾；周围植被郁郁，即可涵养水源，保持水土，又能调节小气候，获得一些薪柴。这些不同特征的环境因素综合在一起，便造就了一个有机协同的生态环境。

人与环境理应相适相融。我们发现,当人与环境相适相融时,人就会拥有生机与生气而盎然生长。同时,因为人的积极参与,也让这一方自然风土有了灵气,由此,外界的环境也融入了人类的实践烙印,环境自然就被人化了。于是,"人化的自然"就成了人与自然紧密互利、不可分割的生命共同体。

"人化的自然"因人的积极加入而拥有了更多生气。但我们不会陶醉于对自然界的胜利,而是认同人是自然界的一部分。热爱自然,为自然加入人的社会性,正如热爱我们的生命,我们当与自然和谐共生。

热爱"人化的自然",我们就会努力创造社会性的自然环境、工作环境、生活环境,主动融入自然,与自然的环境共创共生,这是生存的需要,也是生存的智慧。

正是因为自然加入了人的社会性,当下的环境就是我们"人化的自然"环境。所以,不要抱怨当下的环境,包括生活环境、工作环境以及与之一切的关系,它都是我们"自己的""一部分",接纳自己的"这一部分",为它创造一个安身的空间,我们会为自己创造的"这个空间"而感到自洽和舒适。

因为人的融入和创造,所有的环境都是好风景。

◇ 与"对的人"一起干事业

生命持续成长,注定人们追求自我实现的永恒需要。

在追求成功的路上,无论大成就、小成就,还是伟人们的建功立业,总有一群志坚道同的人,与我们风雨同行,孜孜以求。当然,这群同行的人,也是我们选择的"对的人"。

汉高祖用"对的人"打天下

汉高祖刘邦打下天下后,一天,在洛阳南宫摆酒宴,招待文武百官。他问百官自己能得到天下而项羽不能的原因是什么。百官纷纷夸赞他大仁大义与天下人共享。刘邦却说,运筹帷幄,决胜千里之外,我不如张良;镇守都城,安抚百姓,供应军粮到前线,保持粮道补给畅通,我不如萧何;联合百万大军,战无不胜,攻无不克,我不如韩信。这三个人,都是贤士,我能任用他们,这就是为什么我能取得天下。项羽手下只有一个范增而且还不能任用,这就是为什么他被我打败了。

所以，建功立业者，都有一众贤能之士聚在一起奋其智能、筚路蓝缕。云台二十八将，助汉光武帝刘秀一统天下、重兴汉室江山；凌烟阁二十四功臣，筑牢大唐江山，从而取得了李贺在《南园十三首》诗中所写的功成名就，即"男儿何不带吴钩，收取关山五十州。请君暂上凌烟阁，若个书生万户侯"。

当然，并非每个决心要"济苍生""安黎元"的贤能之士都能功成名就。如未能遇到可跟随的人，就算如诗仙李白坦荡磊落，早早立志要"奋其智能，愿为辅弼"的无我牺牲志向，终未能实现让其一展才华、建功立业的抱负。

诗仙李白未遇"贤王"，难建功业

天宝十四年（755年），一身豪气、仗剑天涯、一身抱负的诗仙李白迎来了人生的"高光"时刻。

这一年安史之乱爆发，李白被永王李璘三次相招，类似当年刘备三顾茅庐拜请诸葛亮。他不顾夫人的反对，欣然下山入幕，去施展那蠢蠢欲动的远大抱负。

哪知永王李璘别怀异志，想替代早已登基的他的哥哥李亨唐肃宗，甚至还想割据江东自己称帝。李白热血沸腾，特地写诗纪念，"祖龙浮海不成桥，汉武寻阳空射蛟"，把永王李璘夸成远超秦皇汉武的牛人。

人人都看得出永王李璘的反相，纷纷离开永王，只有李白舍不得走。"更喜贤王远道来"，他自认为遇到了"贤王"。事实却给了他当头一棒。

在永王李璘的部队抵达丹阳时，永王的军队未战即溃，李白仓皇南逃，在逃跑途中写下《南奔书怀》一诗，诗中云"主将动谗疑，王师忽离叛……南奔剧星火，北寇无涯畔……"，从中可以看出他仍有不平，仍称永王的军队为"王师"，称忠于肃宗的军队为"北寇"。看得出他太想立功，太想跟随永王建功立业，他拥戴永王态度坚决。为此，李白因从逆入狱，被贬夜郎。要不是名将郭子仪等人相救，他甚至连被贬的机会都没有。

现在看来，满腔热血、一心报国的李白，并未遇到可以让他"济苍生""安黎元"的"贤王"。他不仅没有建功立业，反而生命从此至暗，颠沛潦倒，徒添悲剧色彩。

所以，应当与"对的人"一起干事业。

刘邦与他的贤能们、刘秀与云台二十八将、李世民团结凌烟阁二十四功臣，赢得天下、一统江山；拳拳死心如范增、李白皆未创建功业。选择与"对的人"一起干事业，当有"对的人"，还当有不死的"选择"。

很多伟大的公司创业初期都是找到了"对的人"一起创业。

比尔·盖茨和他的好朋友保罗·艾伦创建了微软公司。盖茨对艾伦在微软创建过程中的作用高度认可，他曾说："艾伦在微软创建和发展过程中居功至伟，没有他就没有微软。"

乔布斯联合了他的好朋友技术天才沃兹尼亚克和商业奇才马库拉共同创立了苹果公司；任正非通过朋友找了5个人共同创立了华为；百度的李彦宏，找来他的好朋友徐勇一起创业；我们熟悉的小米公司也是当年雷军通过1年半的时间，找到了7个联合创始人创立的。

与"对的人"一起干事业，与"对的人"一起才创业。

那么"对的人"有哪些特点呢？

"对的人"有以下四大特点。

首先，"对的人"与你和你的公司有共同的价值取向。这些价值取向当然不是"躺平"那样的少有进取，而是积极向上的、为生命努力喝彩的创造。这些人与你一样，相信努力、相信贡献、相信团队在一起的力量。

其次，"对的人"都是承担责任者。他们非常清楚自己的职责与角色定位，清楚自己的工作职责与工作任务。他们是角色的主人，无须他人交代便自我努力完成工作，他们的工作一定会真正增加价值。若有工作自己还不能胜任，自我学习是他们经常的行为。他们会努力提升工作所需要的技能，并使自己的操作技能达到工作标准，达标是他们的最基本要求。他们一直追求把工作做得更好，会全力以赴把目标完成。

再次，"对的人"强调自由。这种自由并非没有限制，而是在允许的范围内给他们自我决定的自由。他们可以选择完成目标任务的路径，还可以创新完成目标任务的方法，以期不断提升工作效率。所以，他们的自由包含了不固守经验的创新，在知识经济的新时代，他们追求永不落伍。

又次,"对的人"是一群合作者,他们努力与他们共事的人协作,他们追求双赢、多赢而非简单的公平。他们追求更长远的合作互利。"对的人"不仅是公司内部的同事,也包括外部的合作者和客户与家人。他们是一群群用实际行动支持大集体、大自然环境的一员,他们相信与"对的人"在一起的高能与奇迹,他们是"对的人",这一群、那一群。

最后,"对的人"是一群生命热爱者。他们对未来充满希望,始终保持对工作的热情,对生活的热情。他们是美好工作、美好生活的创造者。

《荀子·劝学》中说:"蓬生麻中,不扶而直;白沙在涅,与之俱黑。""对的人"会创造生机盎然、"天人合气"、价值共振的"对的"环境、"对的"氛围、"对的"成果。与"对的"人在一起、与"对的"物在一起,当是生命最诚实的生命力行动。

与"对的人"一起干事业,"对的人"在呐喊,在呼朋唤友。

第 2 章

职场基本要求

融入，经营活动的起点

企业经营最重要的三项活动：拓展市场、研发产品、组织团队。此三项经营活动，无一例外都需要融入场景，需要深入地与场景融合。

拓展市场：从分析市场状况、理解市场需求开始。目标市场的民族特征、文化传统、价值观念、宗教信仰、教育水平、风俗习惯、人口规模、年龄结构、收入分布、消费结构、消费习惯等因素，每一项研究活动都需要企业深刻地理解和深深地融入，才能更好地拓展市场。

研发产品：从分析产品需求开始。做成什么样的产品、在什么场景下消费、谁是客户、如何定价，都需要分析考虑。这些分析包括产品的功能定位、包装风格定位、市场定位、价格定位、客户定位、销售模式定位等。特别在客户定位上会重点分析客户痛点、客户需求、消费场景等。这些分析与研究，无一不是对准备研发的目标产品特性、准备投入的目标市场特性进行彻彻底底的洞察，这些洞察正是企业经营活动必须认真、仔细、融入其中的真实活动。融入产品研发之中去理解并设计产品，融入市场特性之中去理解并引导需求，这正是产品研发的源点。

组织团队：从认同和接受团队开始。首先，组织需要什么样的团队就招聘什么样的团队，适合团队需要的人才是最好的人才。评估一个成员是否融入团队，可以参照以下几个重要的因素：认同团队做的事情、认同团队价值观文化、接受团队分配的任务并努力完成、愿意与团队协作并能高效达成目标、愿意与团队共同成长等。由此，只有成员认同了团队，才能真正融入团队。员工只有融入了团队，他的能量才能得到团队的加持，团队之间才能更好地相互助力，共同铸就企业最真实的经营活动。

企业里的一切经营活动，都是从融入开始的。

◇融入本土文化

优秀企业应学习跨国公司拓展国际市场，融入本土文化。

在我国的大街小巷，常常会看到这些品牌：碧浪、海飞丝、红牛、佳洁士、金龙鱼、三得利、宝洁、宝马、奔驰等，这些品牌是中国品牌？还是外国品牌？无一例外地，他们都是我们耳熟能详的外国品牌，地地道道的外国品牌。但我们常常误认为它们是中国品牌，并几乎毫无抵触地接纳了它们。

为什么会是这样？又是什么原因让我们乐意接受这些品牌呢？

不必说营销学上的市场分析、受众分析、占领消费者心智等销售策略与方法，单单看这些跨国企业进入中国市场，为品牌取的"很中国"的名字，就特别迎合我们讨彩、吉祥的心理。有人说，我们中国人喜欢把好的字、好的名字大方地送给外国品牌，甚至把美好、英俊、品德等我们文化中特别尊敬、吉祥、喜欢的字，用作外国国名。当然，从经营市场的角度讲，一些外国公司为开拓中国市场，他们更愿意融入中国文化。

大家都知道，经营一家企业，开拓一个市场，特别是像中国这样的大市场，没有哪家企业不重视，更不用说市场竞争成熟的外国企业了。这些企业为了进入中国市场，会努力研究中国市场，理解中国文化，关注中国消费者，进而融入中国市场。

"中国化"的外国公司融入中国文化

宝洁公司进入中国市场较早，在改革开放之初就开始在中国市场进行大规模的市场调研，1988年正式成立广州宝洁有限公司，后来又陆续在其他城市成立若干分公司。在品牌数量和市场占有率方面都处于市场更有利的地位。

在我国改革开放后重返中国市场的可口可乐，2023年其有糖汽水饮料销售份额依然占据首位，成为龙头饮料品牌，并且在中国内地建立了大约30家装瓶公司和数十家厂房。中国已成为可口可乐全球六大市场之一。

还有宝马公司，1994年进入中国市场，一直是典型的高档豪华车型的代表。宝马秉持"家在中国"理念，保持、弘扬中国传统文化，自2003年在中国设立合资公司以来，已有4家生产工厂，生产多个系列的汽车。多年来，中国保持着宝马全球最大单一市场的地位。

肯德基是一家国际连锁快餐公司，1987年进入中国市场，并且迅速在中国市场取得了成功。在2021年的食品服务零售总额中，肯德基以12%的市场份额居首位，其在中国的门店数2023年已突破10000家。"肯德基是中国人的肯德基。"这个宣传标语的策划正符合一句中国古话：入乡随俗。为了融入中国元素，肯德基的产品名称都进行了中国化转换，如在西方称为"大桶鸡"，到了中国改为"全家桶"。这个名称强调了家庭这个概念，符合中国人最重要的价值观之一——与家人分享幸福。"玉米杯"的名称改成了"金玉满堂"，金玉满堂是一个成语，寓意家中人丁兴旺；还有推出的用中国酱料的老北京鸡肉卷、川香鸡肉堡和牛肉卷。为了迎合中国人吃大米的习惯，肯德基推出黄金咖喱猪肉米饭和蘑菇培根鸡翅米饭等。每年肯德基都会推出超过20种符合中国人口味的新品。肯德基，现已成为一家地地道道融入中国本土的跨国公司。

这些跨国企业之所以在中国能取得成功，一方面与其市场优势地位有关，另一方面得益于融入了中国人的生活，洞察中国市场特性、文化特性实施的本土化策略。正是因为他们对我们的文化与市场的融入与深刻理解，才让这些品牌走入我国大众心中。很多跨国企业到中国后，都强调"做一个地地道道的中国公司"。

所以，理解本地文化，并融入本地市场是企业经营活动最根本的认知和行动。

作为企业经营者，要拓展市场，首先要做的就是融入本地市场。不仅要理解市场需求、消费习性，更为重要的是融入本地文化，把本地文化作为企业经营的一部分，并化作自己企业的一个重要组成部分，这样，企业才能在新市场健康地成长和发展。

◇ 让产品融入任务与场景

优秀组织，应创新产品设计，学习优秀组织的产品研发设计，融入任务与场景。

学习优秀企业的产品研发，苹果公司的智能场景产品研发实践当是最好的标杆。

苹果公司产品研发理念：融入场景，引入创新

苹果公司开发产品，总是追求极致的简洁，"至繁归于至简。"至简的出发点，正如苹果公司打造 Mac 电脑创造出"桌面"概念时，苹果公司创始人乔布斯所说："人们直观上就知道该怎么处理桌面。你走进办公室，桌子上有一堆文件，放在最上面的就是最重要的，人们知道怎样转换优先级。我们在设计电脑的时候引入桌面这个概念，一定程度上就是想充分利用人们已经拥有的这一经验。"乔布斯的这句话，真实地阐释了苹果公司开发产品的核心理念：融入场景，引领创新。这一理念在 iPhone 4 的产品开发上展现得淋漓尽致，这种淋漓尽致地展现最终体现到 iPhone 4 犹如艺术品一样的外观与功能中。

iPhone 4 是苹果公司 iPhone 手机历史上最值得纪念的一款跨时代产品，被很多果粉认为是 iPhone 外观设计上最出色的产品，是乔布斯的经典之作。

在外观上，iPhone 4 设计了一个暴露在外的不锈钢框架，这个设计后来被各大手机制造商所效仿。屏幕方面，iPhone 4 也向消费者展示了视网膜显示技术和 IPS 屏幕技术，无论是屏幕的 UI 设计，还是分辨率，它都达到了当时行业的顶尖水准，326ppi 的像素密度高于印刷常用的 300ppi 标准，让人难以看出屏幕像素点。而为了实现这个像素点，苹果公司将 HVGA 屏幕的分辨率提高了四倍，这也让当时的 iOS 4 系统能够快速升级现有的应用。用手机玩游戏正是开始于苹果的这个配置。随后视网膜屏幕逐渐成为业界标准，所有智能手机的屏幕纷纷向视网膜显示屏看齐，从此进入高清显示屏时代。

iPhone 4 首次加入前置摄像头。启用新的 FaceTime 视频通话功能，这是苹果公司自己的解决方案，而不是当时的 3G 视频通话标准。

当年，中国的电子品消费市场，到处都是山寨品牌，iPhone 4 一上市，就像是往一潭死水里扔了一颗炸弹，激起了万丈波涛。iPhone 4 凭借着出色的外观设计、创新的技术和极高的性能，受到了无数消费者的青睐，排队购 iPhone 4 手机的壮观场景，在世界各地纷繁呈现。

当然，人们排队购买 iPhone 4，不仅是因其精致外观和极高性能，而是购买 iPhone 4 高性能带给人们使用手机时的智能场景应用。这些应用场景人们早已在

生活中熟悉于胸，iPhone 4并非凭空想象，而是融入智能生活真实场景任务需求的完美呈现。

引用一句话："iPhone重新定义了手机，iPhone 4重新定义了iPhone。"苹果，开启了一个崭新繁荣的智能时代。

◇客户购买的是"去完成待办任务"

客户购买的不是产品，而是去完成待办任务。

所以，优秀的产品，正是在设计上融入了使用场景，思考了场景下客户所思考的问题和客户所需要解决的场景任务，由此诞生。

哈佛商学院克里斯坦森教授提出"待办任务"设计产品，即客户购买的不是产品，而是去完成待办任务。这一理念创新地诠释了"融入消费场景"的产品研发设计新思维。

"用户要的不是钻孔机，而是墙壁上的洞。"这是20世纪美国营销界广为流传的一句话，这句话解读了客户购买产品的真正目的，即购买产品是为了完成在某个场景下的任务。如果我们是从用户待办任务的角度去思考，设计产品的逻辑就会变成：客户使用钻孔机的具体场景是什么？用户在其中真正要完成的工作任务是什么？什么是用户真正的需求？产品创新到底应该从哪里入手？功能、品质、性能到底哪些才是用户最在意的东西？

从客户待办任务的角度出发，设计产品就变成了深度融入消费场景的分析与解析了。产品创新与研发的卖家提出三种方向解析。一是功能任务；二是情感任务；三是任务场景。

功能任务主要思考的并非增加某个具体的实用功能，而是在某个消费场景下更加清晰、明确、简单、直击人心的产品定位。

"去完成待办任务"的购买行为案例

克里斯坦森教授举过一个经典案例：一家连锁快餐店如何能将奶昔卖得更好？普通的想法是如何创新产品，如加奶盖、换口味、换包装、各种上套路。

后来对这家店的调查发现，每天集中两拨人来买奶昔，一拨人是早上九点之前，顾客一般是独自一人，匆匆进店买一杯奶昔带回车里，不买其他食物；而另一拨人是在下午下班之后，不少家长带着孩子来购买。在这两个时间段购买奶昔的顾客，他们的待办任务完全不同。

早上购买奶昔的顾客，他们还不太饿，但要开很长时间的车去上班，估计到了公司就会饿，于是，他们想在开车时喝点什么，一方面可以给无聊的通勤时间增加点乐趣，一方面也可以抵挡上午的饥饿。这是他们的待办任务，奶昔便成了他们的最佳选择。下午下班后购买奶昔的顾客是什么情况呢？他们是想为孩子买点零食，同时又不想买垃圾食品，选来选去，也选择买奶昔。所以，这才是快餐店奶昔这款产品的真实创新空间。

John Deere，美国最大的农用拖拉机制造商。一个制造农用拖拉机的，自然我们想到的创新是把拖拉机造得越强劲越好。但是，John Deere 的首席技术官（CTO）说，用户买拖拉机，一是为了省力；二是为了多产粮食，进而多赚钱。所以，John Deere 公司帮助农民做种植决策。他们帮农民分析数据，结合种子的情况、天气情况、期货市场的农作物价格，帮助农民做决策，教农民明年应该种什么。这种数据分析服务既解决了用户的需求，也为企业带来了收益。这才是拖拉机这款产品融入农民生产场景的创新地带。

情感任务的产品设计，是在产品设计时充分融入客户的心理，完成客户心理最想成为的那个精神需求。

鸿星尔克卖"情感任务"

2021 年 7 月，郑州遭遇特大暴雨灾害，鸿星尔克通过慈善机构捐赠 5000 万元物资驰援河南灾区。这一善举引发了消费者的强烈共鸣，鸿星尔克的直播间在短短两天内实现了超过 1 亿元的营收，一段时间里大家疯狂购买鸿星尔克。是因为鸿星尔克的衣服变得好看了，好穿了吗？这是我们（客户）在表达自己的善举和爱国情怀。

所以，融入客户的心理，解析客户内心的自我认知，用产品表达出来，我们也就创造出各种精神和文化产品了。

融入任务场景是任何产品创新设计的表达基础，也是洞察产品创新的绝好机会。

大多数中国人会选择在春节期间消费，送礼是我们传统的春节习俗。很多厂家此时就会专门设计此场景下的产品包装。大红、金黄，喜庆、吉祥都是春节礼品的最恰适的正装。这些都是融入消费场景的最好表达。

有一个场景，家里的墙壁多多少少都会有痕迹或者剥落，怎么办？有多少人会选择主动处理这些问题，比如重新粉刷墙壁？很多人不想刷，怕麻烦。

如果你选择开一家油漆公司，是不是要把油漆做好？比如更亮丽、更环保、颜色丰富，甚至是故宫联名款等。

但是，像上面家里墙壁剥落的场景，客户不想刷，怕麻烦。所以，油漆厂宣传口径不是油漆有多好，而是帮你解决家具移动、复原等问题。等你旅游一圈回来，家里既能焕然一新，又能保证布局风格没变。

好的产品是融入客户消费场景，帮助客户克服完成任务当中的障碍，于是就有了新的产品与服务。

所以，当我们在设计产品时，如果仅仅思考设计什么样的产品、功能、品质，我们会发现产品的差异很少，"卷"得厉害，市场几乎没有空隙。这才是真正的"内"卷。我们要像优秀产品研发那样，融入任务、融入消费任务场景，从多个角度思考，帮助客户完成待办任务，我们或许就能发现更大更多的产品与服务空间，从而像优秀产品创新一样，拥有持续不断的生命力。

◇ 优秀者首先融入组织

优秀者入行要践行优秀人士的成功经验，融入组织。

企业经营最重要的活动——拓展市场和研发产品都需要融入场景，需要深度融入用户体验。正如约翰·斯卡利（曾任苹果公司首席执行官）所说，乔布斯总是从用户体验的角度去考虑问题……他把用户体验贯彻到整个端到端系统中去，不管是打印机还是iTunes，用户体验都是端到端系统的一部分，它关系着生产过程，关系着供应链，关系着营销体系，关系着零售店。关注用户体验就是组织经营活动最直接的融入。

组织团体作为企业经营最为重要的要素组成，也是企业经营活动的最终承接者，融入组织、认同组织是对其的最基本要求。之所以是最基本的要求，是因为只有团队达成一致，有共同的理念和分工协作的任务，才能高效完成经营活动最重要的市场拓展、产品研发以及其他经营活动任务。

融入组织是经营企业、打造团队的出发点，也是团队成员真正成为团队的前提认知和组织行动。

能否融入一个组织，一个企业，有三个最为突出的表现：第一，是否认同组织或企业所做的事；第二，是否认同这个组织、这个企业所采取的行事方式，即是否认同价值观，是否与自己的行事方式一致；第三，是否接纳一起做事的成员，大家能否形成一个真正的团队。

首先，职场人应该理解企业的经营事项，认同企业所做的事。

当一个职场人决定加入某家企业时，首先他应该清楚这家企业是干什么的，是否为自己想从事的工作，这是一个职场人最应该明白的。这一点，从职业规划上来讲，每位职场人越早知道自己能干什么，应该从事什么样的工作，对自己的职业成长就越有利，就越能在后期的职业发展中找到自己的位置和成长方向。

若一个职场人已经进入某家企业，隐含的前提是，你知道并清楚这家企业是从事什么行业的，知道自己在企业里会从事什么工作，这就表明你已认同这一切，并很重视这份工作带给你的意义甚至于使命。

乔布斯的工作使命：活着就是为了改变世界

"你是想卖一辈子糖水呢？还是想抓住机会，改变世界？"这是苹果公司乔布斯1983年邀请百事可乐公司的总裁约翰·斯卡利加入苹果公司时说出的青史留名的话。

当时，乔布斯正在寻找苹果公司CEO的合适人选，几经周折，他找到了名满天下的百事可乐公司的总裁斯卡利。乔布斯不遗余力地游说斯卡利加入苹果公司。斯卡利面对这个比自己小16岁的年轻人，内心一直在犹豫，直到乔布斯对他说出"你是想卖一辈子糖水呢？还是想抓住机会，改变世界"的使命意义时，斯卡利才坚定决心加入了苹果公司。

乔布斯曾说，活着，就是为了改变世界。他一生创办的企业改变了7个行业，包括：个人电脑、动画电影、音乐、移动电话、平板电脑、数字出版及连锁商店行业。正是乔布斯极富魅力的工作使命传递，吸引了大量全球最优秀的人才加入，让他们相信自己正在参与一项极其伟大的事情，一起改变世界，并为之激动奋斗。

被称为"雷布斯"的雷军，也有类似的工作使命。

雷军的工作使命：让每个人都能体验科技的乐趣

一次，在央视纪实访谈节目《云顶对话》里，雷军说，他37岁就带领金山公司完成了IPO，虽然实现了财务自由，但他想创办一家技术公司，影响全世界。他要改变中国产品在消费者心中的普遍印象，让每个人都能拥有高品质的科技产品，享受科技带来的便利，让每个人都能体验科技的乐趣。

带着这样的使命感，他创立了小米公司，以优质的产品，亲民的价格，极大地普及了智能手机，并显著提升了中国市场的科技水平。营收过千亿元，小米仅仅用了7年时间。2017年10月，小米提前实现了年初提出的目标，跨过千亿元门槛。在国际科技巨头中，营收过千亿元的公司中，华为用了21年，苹果用了20年，阿里用了17年，腾讯用了17年，Facebook用了12年，Google用了9年。

在小米创业初期，雷军花了大约一年半的时间打造创业核心团队，联合了7个志同道合的创始人，用共同愿景与使命，推动了小米的快速成长和成功。

其次，在一起共事，职场人应认同组织的价值观与行事风格，这样才能更好地形成一致行动。

每一个行为背后都是价值观的指使，每一个企业经营活动背后也是企业价值观的显现。价值观是什么？是人们思维感官之上而做出的认知、理解、判断或抉择，也就是人们认定事物、辨别是非的一种思维或取向。

企业价值观，是企业经营活动中所推崇的基本信念，是企业决策者对企业性质、目标、经营方式的取向所做出的选择。既然是企业经营活动的基本信念、行动原则和行动方式的选择，期待团队形成高效的组织效能的企业经营活动，自然会把企业价值观定义为员工应接受的共同理念和行动准则。

那么，价值观在一家企业公司里是如何体现的呢？

企业价值观最为重要的体现是作为企业文化的重要组成部分。

现代管理学之父彼得·德鲁克说："管理以文化为基础。"企业文化是企业的灵魂，是推动企业发展的不竭动力。价值观就是其核心理念。之所以称为核心理念，是因为这些理念将深深地融入企业经营理念、经营目的、经营方针、行为准则，以及企业制度、文化环境等。无论一家企业经营情况如何，其经营活动必然融入企业的价值观理念。越是成功的企业，对其自己的价值理念越深入骨髓。

华为核心价值观是"以客户为中心""以奋斗者为本""长期艰苦奋斗""坚持自我批判""开放进取""至诚守信""团队合作"，指引华为"构建万物互联的智能世界"。

"用户为本，科技向善"是腾讯公司的价值理念，这个价值观包含"正直、进取、协作、创造"，指导着公司的日常运营和员工行为，也造就了腾讯公司极致的"社交互动"的优势长板。

每一个成功的企业都有其核心的价值理念。若一个企业要进行重大变革，必然从调整核心价值观开始，概不例外。

企业价值观是员工共同持有，而不是一两个人所有的。为了实现员工共有价值观目标，大量企业在招聘员工时，都会重点考察应聘者的价值观取向。只有价值观取向趋于一致、能力基本达到企业要求的人，才是企业合适的招聘对象。

在打造核心团队时，很多企业创始人都会亲自面试。小米公司的创始人雷军不惜花数十个小时和候选人沟通，前100名员工都是他亲自面试沟通的。国外高端人才招聘大平台领英公司中国总裁在创立领英中国时，同样也亲自面试了100多位员工。所以，字节跳动、今日头条创始人张一鸣说，一个好的CEO先是一个好的HR。

当新员工进入企业后，"新员工培训"是必修课。

华为新员工培训分三个阶段。预备培训阶段1~2周，主要了解学习华为公司的发展历程、核心价值观、战略和核心业务等方面的内容。岗前实习阶段1~3个月，与其他团队成员合作，了解和熟悉自己的工作职责。岗位培训阶段3~6个月，主要是针对各岗位的专业知识和技能进行培训。

一家大型网络公司的招商和客服人员须培训3个月。培训的内容有企业文化、工作流程、产品培训、实战演练等，特别是将有工作意愿的挖掘作为重点内容，培训的淘汰率达 15% 以上。

大多数企业的新员工培训，重点都以核心价值观为主线，以快速融入公司为目的，故新员工培训常常又被称为"刷颜色"，让新员工快速认同公司文化价值理念，融入大集体。

正是因为期待企业价值理念成为全体员工的共同理念，很多企业都建立了企业大学、培训中心。在企业大学里，不仅对员工进行相关技能培训，更多的是输入企业文化价值理念。所以，有企业家提出这样的新员工培训原则，"无论你是本科生、研究生，在我们这里，都得从小学生开始"。

认识到这一点，对一个职场人最重要的指导意义如下。

当你加入一家企业时，无论如何都要去认真理解这家企业的核心价值观。对于企业表象的企业制度、行为要求规范，或许你有些许不认同，这个时候你应该多去思考这个制度、要求背后的企业价值指引。只有理解了企业的价值指引，你才更容易接受企业价值观，并融入职场行为中。也只有这样，你才能在执行公司制度和要求时，心里顺畅不纠结。

公司极端重视企业价值观，员工理应极端重视企业价值观。对那些认同公司价值观，并按公司价值观行事的员工，公司会大力支持，甚至给予更多的晋升机会。

所以，职场人应理解企业的价值观，融入企业文化中，全然成为组织的一员，开开心心地工作。

如此这样，**融入就更有收入**。

最后，职场人应融入团队，分工协作，共同组成协同高效的集体。

苹果公司创始初期，有三位核心人物，乔布斯、沃兹尼亚克和马库拉。乔布斯是苹果的商业领袖；沃兹尼亚克是技术专家，早期担任产品研发的工作；马库拉是一位天使投资人，他投资并加盟了苹果公司，帮助初创的苹果公司制订了完整的战略计划和经营计划。当然，苹果公司早期还有负责财务的马丁；苹果公司的第一任秘书 Livingston，做了早期所有的琐碎工作；设计师 Holt，开发了 Apple II 的电源；等等，他们组成了苹果公司早期的核心团队。

小米的创业团队：八大金刚

小米公司创业初期，雷军也打造了一支创业团队，被称为"八大金刚"，他们相互协同，一起创造小米品牌。黎万强，原金山词霸总经理；林斌，原谷歌全球工程总监，负责小米供应链；洪锋，原谷歌产品经理，负责MIUI技术开发；周光平，原摩托罗拉RND研发部高级总监，负责手机硬件开发；黄江吉，在微软工作13年，曾担任微软中国工程院开发总监，负责"米聊"业务；刘德，曾创办北京科技大学工业设计系，担任系主任，负责小米工业设计与生态链业务；王川，曾创办"雷石"卡拉OK设备公司，产品曾占中国市场70%以上，负责开发小米盒子。

苹果公司的早期团队；小米公司的"八大金刚"；腾讯公司创业有五虎将；华为创业有意气风发的6人团队；等等。一个创业公司做事，团队成员拥有创业精神，相互分工协作，相互信任支持，构成1+1>2的组织力量，进而才能铸成超强竞争力的商业企业。

我之所以把这些当今成功的商业企业初期创业时的团队组成分享给大家，重点突出的并非他们个体的优秀，而是突出这些优秀的个体还能一起共事，并能做出伟大成绩，这才是我们向优秀企业学习和借鉴的关键。

作为一位职场人，无论你是优秀也好，平凡也好，我们都要学会与人平等相处、分工协作，共同努力共创绩效，这才是大家共同的荣耀。就像当年苹果公司首任秘书一样，他做了公司早期所有的琐碎工作，虽然这些工作微不足道，但他依然是促使公司成功的一员。

每一位职场人都要全然融入公司，成为团队的一员。就像一家创业公司的团队一样，相互欣赏，肯定每个岗位上的员工贡献。当同事需要支持时，竭力支持配合；当同事有困难时，共同担当，分享经验；当同事成长时，为他鼓掌喝彩。

"胜者举杯相庆，败者拼死相救"当成为卓越团队的普遍原则。

我们要像创业公司一样团结奋斗。因为，身处当今激烈竞争、内卷的商业洪流中，每一家商业公司都如创业初期般战战兢兢、如履薄冰，每天都要思考怎样生存下去。所以，永远保持创业精神，永远保持高凝聚力，对于当下企业和员工来讲，显得尤为珍贵和重要。

职场人认识到以上这些，自然应拥有创业者一样的情怀，把工作视为创业一样的事业，融入团队，做好协同，做出成果。

综上所述，我们说，融入是企业一切经营活动的起点。

在企业经营活动中，最重要的活动是市场拓展，企业要向优秀企业学习，了解本地市场、消费习性，融入本土文化，把本土文化作为经营的一部分。

在重要的经营活动产品研发方面，融入任务环境和消费场景，从多个角度思考，帮助客户完成待办任务。

在组织团队建设方面，打造一个有核心价值体系的组织，吸引有共同价值趋同的成员，创造高效的组织效能。职场人应认同企业所从事的事业，认同企业价值体系，融入企业大集体里，按企业价值理念标准做事，自然就会收获"融入更有收入"的成果。

诚然，在企业经营活动中，最大的融入应是融入时代中。黑格尔说："每个人都是他那个时代的产儿。"时代的魅力就在于它总是会造就时势英雄。恰好生于当代，"生逢其时"而不是"生不逢时"，我们就会油然而生地把握住时代趋势的更多机会。

关注大势、理解时代、融入时代，时代赠我岁月安然，我将试有宏图契遇。

融入时代，做顺势而为的事。

举手就有机会

毛遂自荐的机会

一位面试过百人、千人的领导，笼络人才3000人，自认为没有看错过人，却差点错失了一位有才能的人。

这位领导就是2000多年前战国末期赵国的平原君。其门下有食客能士3000多人，当秦兵围困邯郸，赵国派遣平原君到楚国求救并签订"合纵"盟约。平原君约定与门下既有勇又文武兼备的20位能士一同前往，结果竟然只招到19人。平原君正犯愁时，门下有一个叫毛遂的人，在平原君门下已有3年，便大胆走上前，向平原君自我推荐说："我愿意以后备人员身份与将军一同前行。"

平原君看了一眼毛遂，说："贤能的士人处在世界上，好比锥子处在袋子里，它的锥尖立即就要显现出来。现在，你在我这里已经3年了，没有人称赞过你，我也没有听到过别人对你的赞扬，说明你没有什么才能，你就不要一道去了。"

毛遂抓住机会，说："我今天才请求进到袋子中的呀。如果早有这样的机会，那我就不只是露出锥尖，而是早就显露出才能，锋芒毕露了。"

平原君见毛遂再三要求，勉强同意一道前往楚国。毛遂到了楚国，面见楚王，直陈利害，三言两语促使楚王出手援助，签下盟约，解了邯郸之困。

这就是家喻户晓的毛遂自荐的典故。正因为毛遂的自告奋勇，大胆举手自荐，才能使以国为重的平原君没有错失贤能，没有错失报国的机会。

◇一边丢脸，一边成长

工作中常常有下面的场景。

领导给下属小张布置一项任务，说："小张，你去完成某某任务。"

小张一听，要完成这个任务，好多资源都不配备。于是小张说："这个任务无法完成，还有好多资源都不具备，第一，第二，第三，第四，第五，等等都不具备。"

领导转身就跟小李说："小李，你去完成某某任务。"

小李一听，要完成这个任务，需要配备至少三项资源。于是他说："领导，我领下这个任务。但要完成这个任务，我希望得到领导的支持，一、二、三。"

如果小张、小李岗位相似，都有能力完成这项任务，因为两个人对这项任务的不同看法，最终这项任务分配给谁呢？

不言而喻，结果可想而知。

完成任何任务都需要配备资源，包括人力、物力、财力及社会资源等，这是基本常识。人人都明白，小张明白，小李明白，领导也明白。在职场中，当我们考虑是否接下某个任务时，作为执行者，首先应该考虑不是缺少哪些资源，而是如何整合资源，这才是一个合格职场人的基本要求。同时，我们也要敢于向领导提出要求，甚至提出自己的见解，那自然就拥有了争取机会的自信和勇气。这样我们就会拥有更多成长的机会。

还有一个事实是需要职场人充分理解的，经营企业就是经营资源，而资源永远是稀缺的。一个企业无论规模多大，盈利情况多好，人才配备多么强大，始终都存在资源不够花、人才不够用、市场资源不足的事实。当一个员工被分配去完成一个任务时，自然会占用一部分这些稀缺的资源。永远记住这个事实：去完成一项任务就是在占用公司稀缺的资源。当领导给你布置一项任务，就是在分配资源给你，就是把公司稀缺的资源分一部分给你。接受这个任务就是接受了这部分资源的使用权。

所以，作为一位执行者，当上级给你分配资源、布置任务时，你可以自信地举手获取这个占用资源的机会。

在工作中，举手获得机会。所谓"举手"，可以总结为机会来了不放过，甚至自己为自己创造机会，这样你就会拥有更多的机会锻炼自己的能力，实现公司的目标，同时也实现自己的梦想。

"举手"的行为很多，积极主动、积极沟通、积极协同等都是主动举手获得更多机会的意识和行动。在这些可以获得更多机会的意识行动中，概括起来，有以下三种意识和行动较为重要，一是责任担当的精神；二是积极准备的状态；三是大胆行动的执行。

首先，谈谈责任担当精神。

每一个人都在生活工作中扮演不同的角色，在家里或许你是爸爸妈妈的儿子或女儿、爱人的丈夫或妻子、孩子的父亲或母亲、兄弟的哥哥或姐姐；在朋友中是朋友的朋友、在工作中是下属的上级、是公司的创业元老……这些都是我们人生中无数的角色身份。因为这些角色身份，我们就要承担这些角色身份对应的责任和义务。这是社会法则、道德法则，也是心灵契约法则。

这些角色责任，就是我们对角色对应的人、对应的事承担的责任与担当的义务。正是这些角色和角色对应的责任和义务，组成了我们责任承担的生活场景和工作场景。更为直接地讲，这些责任就是我们的生活。逃避这些责任，就是逃避生活，放弃生活。承担这些责任就是承认这是我们选择的生活。

因此，面对我们的角色责任，我们理所应当主动一些，积极一些，无须找借口、更不用退缩。其实，在角色责任中，有些责任（事情或任务）并不需要很费力就能完成，做与不做之间的差距仅仅取决于我们对这项责任（事情或任务）的认知和意识。承担责任的意识越强，我们就越担当、越坚毅、越刚强。

在工作中，每个人都有一个角色，就是岗位角色。总经理、副总经理、部门经理、技术工程师、研发工程师、会计、出纳等角色，还有一些临时岗位的角色，如轮值清洁等。每一个岗位都是该岗位上员工在公司当下的角色。履行该岗位的职责就是承担该岗位的责任。

所以，每个岗位上的员工，都应自觉承担起自己岗位上的责任。所谓"承担起"岗位上的责任，不仅是指主动去完成这些工作职责任务，而且是指当出现问题时，理当"负责任"，此处的"负"是"正负"的"负"，即过失。把这个"负"的责任担起来，这才叫履职担当精神。

关于如何高效履行岗位职责，本书后续章节还将继续讲解，此处不再赘述。

职场中除了岗位职责担当外，职场人还应关心高一级的责任，如部门职责、组织责任等，进而关心社会、国家和民族的责任。中华民族有家国情怀的优良传统和肥沃土壤，陆游讲"位卑未敢忘忧国"、顾炎武说"天下兴亡，匹夫有责"，"天下为公"是儒家文化积极入世的态度。我们倡导胸怀天下、经天纬地、利济苍生的担当精神，这就是更高级的责任担当精神。

其次，始终保持积极准备的状态。

有人讲，在职场中我也想举手争取一些机会，但我的能力不够，也没有足够的信心完成这项任务，不敢举手。

不得不说，当我们自己没有准备好的时候，机会来了也抓不住。机会转瞬即逝，想要抓住机会，唯有始终保持积极准备的状态才行。

如何做到积极准备的状态？

一是工作场景推演。

我们要训练自己，思考在这个工作场景下有哪些工作步骤，一步一步推演下去，当有一步推演不动、有阻碍时，立即寻找可实施的路径和需要提高的技能，然后继续推演，直至完全达到。这样的场景化推演思维会帮助我们在真实执行中，达到"果然重演"的境界，从而陡升执行信心。

工作场景推演方法，在军队的模拟训练、体育竞技训练中常常采用。

中国国家女子排球队前总教练郎平，做运动员时以绝对主力的身份获得"四连冠"，作为教练带队获得3次世界冠军和无数奖牌。她在训练队员时，常常采用场景推演法。如为了实现高效拦网对手核心球员的扣球，在训练中，她会带着队员一遍遍看对手的比赛录像，仔细研究对手球员的扣球习惯，并一次次让队员练习重点防范的位置和方向。正式比赛时，当那位球员果然按我们训练时判断的扣杀方向扣球过来，我们的球员怎么拦防呢？伸出手，按训练时拦防的位置和方向出击，比赛就变成了训练的重演，这大大提高了拦网成功率。

二是做好时间的"四象限"管理。

如何做到始终保持积极准备的状态？还有一种方式就是做好时间管理，做好工作计划，花更多精力做第二象限里的事情。

美国的管理学家柯维提出了时间"四象限"管理法（见图2-1）。根据柯维的时间管理法，工作任务可以按照重要和紧急两个不同的程度进行划分，一共分为四个象限。

	紧急	不紧急
重要	第一象限：重要紧急 ➢ 立即做 ➢ 尽量减少，多则压力山大 ➢ 精力分配25%	第二象限：重要不紧急 ➢ 从容安排 ➢ 多花精力 ➢ 精力分配50%
不重要	第三象限：紧急不重要 ➢ 授权别人做 ➢ 先记录，用边缘时间做 ➢ 精力分配20%	第四象限：不重要不紧急 ➢ 为什么要做？ ➢ 能不做就不做 ➢ 精力分配5%

图2-1 时间"四象限"管理法

第一象限是重要又紧急的事情。

比如，消防救火、限定时间必须完成的工作、住院开刀等。

重要且紧急的事情，需要立即处理，通常称为"危机"或者"问题"，对某些人来说，这类事务会消耗掉大部分的时间和精力。因为他们经常整天都在处理危机，被危机牵着鼻子走，疲于奔命，常常成了救火队员。

做第一象限的事情，很考验我们的经验和判断力。需要用心来完成。当然很多重要的事情都是因为一拖再拖或事前准备不足，而变成迫在眉睫。

第二象限是重要不紧急的事情。

这类事情主要是指对我们的长期目标、价值观、使命和愿景等至关重要的事情。包括深度思考、制定中长期目标、制订工作计划、团队能力培养、建立人际关系、定期进行问题的发掘与预防、学习一门新技能、向上级提出问题处理的建议、运动等。人人都知道这些事情很重要，却因尚未迫在眉睫，反而避重就轻。

根据彼得·德鲁克的观点，高效能人士会花更多的时间和精力做第二象限的事情。他们的脑子里装的不是问题，而是机会。他们不会在各种各样的问题上浪费时间和精力，他们的思维定式是预防型的，是准备型的，总是能够做到防患于未然。当然，他们也有真正意义上的危机和紧迫事件需要马上处理。但这类事件相对来说很少。他们能做好事先的规划、准备与预防措施，将更多时间和精力集中在重要但并不紧急的事情上，即第二象限的事情上，完成这些事情能提高个人的处事能力。所以，**高效能人士又被称为"活在第二象限"的成功人士**。

第三象限是紧急不重要的事情。

比如，电话、会议、突来访客都属于这一类。因为迫切的呼声会让我们产生"这件事很重要"的错觉——实际上就算重要也是对别人而言，对自己就不一定了。有些人整天忙于应付一些自认为十分重要的紧急事件，表面上看在处理第一象限的事务，事实或许是紧急并不重要的事情。

第四象限是不重要不紧急的事情。

比如，阅读令人上瘾的无聊小说、看肥皂剧或电视节目、在办公室聊天等。简而言之这些事就是浪费生命，所以根本不值得花半点时间在这个象限。但我们往往在第一、第三象限来回奔走，忙得焦头烂额，不得不到第四象限去疗养一番再出发。这个象限的事情倒不见得都是休闲活动，因为真正有创造意义的休闲活动是很有价值的。

根据以上四象限的时间管理原则，一位高效能人士常常花更多的时间在第二象限。第二象限花 50% 的时间，往往会取得 80% 的成果。所以说，人生中大多数重要的事情都发生在第二象限，所以要"活在第二象限"。

职场人如何在工作中做到"活在第二象限"，成为一个高效能人士？

我们总结了两个策略。一是日常工作时间分配法；二是拟定长期目标。

第一个策略，日常工作时间分配法：8=6+2。

按一天工作 8 小时计算。我们的工作时间分配方法是：安排出 6 个小时为正常工作事务，如正常流程上的事务、普通的工作事务以及工作衔接时间等。如果我们的工作效率高的话，这 6 个小时的时间还会节约一些。

还有 2 个小时做什么呢？其中 1 小时安排做重要却紧急的事，即第一象限的事情。高效把它完成，因为它重要紧急。另外 1 小时，用于计划、思考和总结。即第二象限要做的事务。

通过这样的日常工作时间安排，我们就会养成有计划的工作习惯，这个工作习惯，兼顾了正常任务、紧急任务的履行，同时，还兼顾了重要不紧急事项的日常行动。即始终保持了对日常职责的履行，始终保持了对未来的关注和思考。

第二个策略，为自己拟定一个长期目标，并持续实践。

第二象限的事务还有一个关键事项是拟定规划，也就是为未来做目标，做计划。由此，我们总结出活在第二象限的窍门，即在工作中，我们除了制订短期目标计划，还应制订一个长期目标，如三年目标、五年目标、十年目标或者一生的使命。

在企业战略管理中，企业短期规划时间一般为 1 年，中期为 3 年，中长期为 3~5 年。企业之所以做规划，旨在规划企业在较长时期内的发展方向、发展规模和主要技术经济指标。作者带团队做企业管理咨询时，首先要了解的就是企业的中长期规划是什么，规划目标是否清晰，其次是调研企业 1 年内的短期规划。若有短期规划，则检查其年度目标是否分解到了季度、月度，甚至每周。分解到月、周的目标计划我们称为短期目标计划。

有一个现象：**短期目标计划要么完成，要么打折完成（或者叫未完成）。而长期目标一直在执行中，一直有事干。**如果我们制订一个长期目标计划，因为是长期目标计划，它属于重要但不紧急的事务，这些目标计划就会在较长时间里执行。因为较长时间里一直都在执行，这些"执行"的动作就变成了自我行动的一种自觉，慢慢地凝固成自我的一种习惯、一种品行。

记住：执行长期的目标计划就会凝聚成习惯。习惯练就我们的品行。坚持我们的习性，我们不就成长为自己想要的（长期目标实现的）品行，想要的那个自己吗？

所以，**为自己制定一个长期目标，让自己成为想要的那种品行的那个自己。**如此持续行动，我们就有更多机会在职场中做到"做自己"。

最后，谈谈大胆行动。

如果一个人一直在准备，总认为自己还没有准备好，就一直不敢行动。或者想尝试做某件事，怕自己做不好，害怕丢脸、害怕失败，不敢"举手"，不敢迈出行动的那一步。

就这样，我们总是在做与不做之间挣扎，总觉得自己还没有准备好，怕自己做不到。挣扎过后，最终还是决定，再等等吧或以后再说，就这样想着想着，我们放弃了，机会也就溜走了。

有人说，这是"被动型无欲"，即想做一件事，又怕做不到，所以从来不会表现出想要的样子。别人以为是看淡一切，其实是无奈。

人生需要准备，但人生永远没有"准备好了"的时候，只有用行动才能验证你的准备程度。所以，如果你想要，就要时刻准备着，准备着丢脸，准备着失败，因为真正的成长，就是从"丢脸"、从"失败"开始的。

我们的成长过程，就是一边丢脸，一边成长，甚至一边还在创造奇迹。失败乃成功之母，不是安慰，而是我们成长的真实底色，也是我们一次又一次成长的力量。

有时候我们不敢行动，是对自己感到不满意。这种对自己的不满意，大多源于内心的不自信，因为不自信，很多时候都会陷入自我怀疑中。

克服对自己的不满，只有准备，在准备中行动。相信自己的准备，相信自己的能力，大胆地进行"丢脸"行动，如果这次失败了，只是暂时的失败，多次这样的行动表现，自然地我们就会从失败中、丢脸中真正成长起来。

相信自己的准备，成就自己的准备，成长是嘘声与掌声的和声，大胆行动。

薪酬不仅指向成果

薪酬，是上班一族必定关心的重要问题之一。职场人认识薪酬的内涵是必修课。我们在做众多的管理咨询项目中，50%的项目就是薪酬绩效优化项目。

有一个问题，我们需要探讨：薪酬是用人单位购买劳动者的劳动成果还是劳动行为？

其实，薪酬不仅指向劳动成果，它还指向劳动行为。这是薪酬的内在逻辑。

当员工行为没有成果时，是否意味着员工的薪酬收入要降低？降低多少才合理？如果不降低，企业所有者是否要承担这部分没有成果的员工行为的成本？这个风险是否应该由企业来承担？

还有，一个员工在企业里工作，公司为什么给他薪酬？是他的劳动成果决定的，还是市场薪酬水平决定的？给员工薪酬的标准是多少？同一岗位为什么薪酬水平不同？

在这一节里，我们就来探讨员工薪酬概念的本质、员工收入水平的决定机制以及收入与风险之间的关系等问题，揭开薪酬收入的秘密。

美国心理学之父、哈佛大学教授威廉·詹姆士研究发现，在缺乏科学、有效激励的情况下，人的潜能只能发挥出20%~30%；在受到充分激励时，其能力则可发挥至80%~90%，即可以提高3~4倍。而薪酬激励就是广泛采用、最容易操作和衡量的有效激励机制。所以，薪酬及其激励的问题，员工关心，企业更为关心。

◇ 薪酬是总报酬

员工在企业的收入有不同的说法，工资（Wage）、薪水（Salary）、薪酬（Compensation）、总报酬（Total Reward）等。核心内容是用人单位（企业）以现金或现金等价物的任何方式支付给员工的报酬，包括员工从事劳动所得的工资、奖金、提成、津贴及其他形式的各项利益回报的总和。

常有员工说："做多少事，给多少钱。"这种观点暗含支付方（企业）与被支付方（劳动者）之间的一种"等价交换"关系，即劳动者为企业付出劳动，

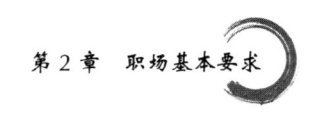

企业支付给他们报酬，员工拿自己的"绩效"去换企业支付的"薪酬"。事实是，薪酬的内涵远非等价交换这般简单。

按照前文对薪酬的定义。**薪酬可分为货币薪酬和非货币薪酬。**

货币薪酬是用货币或货币化的服务衡量的劳动报酬，又可分为直接薪酬和间接薪酬。对一般企业来讲，直接薪酬包括基本工资、绩效工资、奖金、津贴和补贴等，一般以现金形式支付；间接薪酬则包括员工福利、社会保险以及有些公司实现的激励如股票、期权等，一般以非现金形式支付或延期支付。

非货币薪酬则是指由工作本身、工作环境和组织特征带来的愉悦和满足感等，主要是一种心理效用。比如人们喜欢在大公司上班，因为有良好的工作环境、喜欢的工作任务、良好的企业声誉等，甚至还有更多的晋升机会、自我发展等。这些都是非货币薪酬的一部分。

薪酬各组成部分内容不同，功能也存在较大差异。其中，基本工资作为固定收入，主要是保障员工基本生活需要；津贴与补贴作为一笔小额补偿，主要体现企业对一些艰苦劳动的提倡；奖金则主要是激励员工更加努力工作；员工福利主要起辅助作用，充分发挥"感情色彩"作用；社会保险帮助员工应对生活中的突发危机；股票期权主要起长期激励作用，确保人力资源能够参与企业的收益分配。

有员工说，自己上班的企业没有奖金、津贴，更没有股票期权，只有死工资。干多干少都一个样，没有什么激励。这个现象一方面反映了企业的薪酬结构设计，另一方面反映了员工思考薪酬水平以及薪酬公平性的事实，接下来，我们将重点讨论这几个问题。

◇ 薪酬指向未来劳动

薪酬的实质指向劳动行为和未来劳动，注定了员工收入的相对稳定和企业用工的一定风险。

第一，薪酬是以雇佣为前提条件的，没有雇佣关系，也就不存在薪酬关系。

如果一个人完成某项任务，企业给他支付一定的费用，并没有建立劳动关系，这笔费用就不能称为"薪酬"，这种如合同一般的采购关系，称为商业交易行为。这种关系并非简单的商业采购关系，而是员工与企业建立劳动关系后的报酬范畴。

第二，薪酬指向劳动行为。

薪酬关系是一种交换关系。关系双方用来交换的，一方是薪酬，另一方是劳动。所以，薪酬是劳动报酬，而非其他的报酬。这种劳动报酬所指向的对象是劳动行为，而不只是劳动的结果。这是薪酬最为突出的特性。

正因为薪酬指向的是劳动行为，而不只是劳动成果，员工的劳动行为没有成果展现或者成果并没有达到企业的要求、客户的要求，企业依然要支付给员工一定的报酬，只不过因为绩效考核不合格支付的报酬可能会少一些而已，但企业不得不支付，这是由薪酬的特性规定的。

薪酬指向劳动行为的特性，还体现在任何国家对企业用工都有最低工资标准的规定，这是各个国家的法律规定的，企业必须遵守。因为薪酬是劳动者的劳动报酬，而劳动过程也是劳动者的生命存在过程，无论劳动者选择任何一种生命存在方式（含劳动过程）都需要衣、食、住、行等物质资料加以保证。所以，各国政府规定最低工资标准符合薪酬的内在逻辑。**企业为员工的劳动行为付薪是法律保障的，是必须的。**

薪酬指向劳动行为，不仅是劳动成果，即员工在企业里无论是否生产出劳动成果，企业都须支付给员工一定的报酬，而且最低不得低于当地政府规定的最低工资标准。薪酬的这一特性，对员工来讲，使上班具有稳定性且风险小；对于企业来讲，经营企业存在一定风险，**因为客户购买的是"劳动成果"即产品而非"劳动行为"的过程。**

如果某种报酬指向的对象不包括劳动行为，那么这种报酬就不属于薪酬范畴。比如，自由职业者（如帮网店拍摄平面广告、酒店试睡员业务、餐饮店试吃后写网络好评业务等）取得的一些收入就不属于薪酬范畴，因为他们用以交换的不是劳动行为本身，而是劳动行为的结果，是自由职业者通过劳动形成的广告图片、方案、好评文章等。

第三，薪酬约定的是未来劳动，而非现实劳动。

既然薪酬关系是以雇佣关系为前提的，而雇佣关系又是一种约定关系，所以，薪酬关系是劳动者与用人单位之间就劳动报酬达成约定的产物。但在双方约定薪酬时，劳动过程还没有发生，双方所约定的劳动报酬即薪酬所指向的对象，就不可能是已经发生或者已经实现的劳动，而只能是在未来发生的劳动行为。因此，

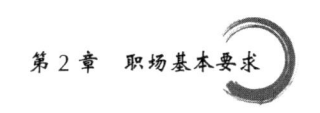

薪酬也可称为是用人单位（企业）为了得到劳动者未来的劳动而对劳动者作出的物质承诺。所以，**薪酬的对象是预期的劳动，而非现实的劳动。**

第四，货币形态，即现金是薪酬最基本的形态。

作为一种劳动报酬，薪酬有货币形态即现金，也有非货币形态。但货币形态是其基本形态。

从逻辑上讲，凡是能够满足人们某种需要的东西都可以作为薪酬。例如，住房、食品或者带薪假期，为员工自主选择的外部培训项目提供学费资助，甚至某些体面的职务头衔等。但除货币形态外，其他任何实物的或非实物的薪酬形态都不可能满足所有人的需要；只有货币是人人都需要的东西。所以，货币形态是薪酬的基本形态。

正因货币能满足人人的需要，大多数企业的薪酬都体现在现金上，这就是被一些员工称为仅有工资，没有其他补助、福利的原因。有的企业有其他福利，如员工的培训、优良的办公条件、在著名企业工作的优越感，尽管这些福利项目确实可以满足一部分员工的需要，但它们并非被另一些员工称为薪酬的组成部分，而是只被看作员工得到的薪酬约定之外的额外"收益"。

薪酬以雇佣为前提，以货币为主要形态，其实质指向劳动行为和未来劳动。作为一名员工，因有薪酬收入的保障，而使上班有了稳定感受，特别是在经济不景气时，人们更愿意有一份稳定的工作；从企业的角度讲，因有薪酬必付的责任，无论员工是否有工作成果，企业经营都有风险。所以，有些人老是认为企业享受了员工创业的"剩余价值"，而很少说企业承担了更多的劳动风险、经营风险和市场风险。企业正是承担了更多的风险，才有资格享有更多的"剩余价值"。从这个意义上讲，**"剩余价值"是企业承担了更多风险的补偿，这也是薪酬的内在逻辑。**经济景气向好时，有更多人愿意去创业，是因为市场景气，风险小，创业者有分享更多"剩余价值"的机会。

◇ 决定薪酬的基本原则

常常听到企业说招不到人，甚至高薪都难以招到人。另一个相反的现象：大量应聘者找不到合适的岗位，就业困难。

员工是岗位的主人

在企业内部，感觉有些人能力并不强，工资却很高；有些人业绩贡献也不大，收入却不低。员工感觉很纳闷，如何努力才能涨工资？"门路"究竟在哪里？

这就不得不说说决定薪酬水平、薪酬标准的基本原则了。

第一个原则，以市场为导向确定薪酬水平，也基本决定了员工的收入上限。

所谓薪酬水平是企业支付给员工的平均薪酬。企业薪酬水平是相对于其他竞争对手的薪酬支付实力，其高低直接影响企业在劳动力市场上获取劳动力能力的强弱，它是企业薪酬竞争力的直接表现。

这里还有两个概念，需要大家明白，一是劳动力市场，二是薪酬支付实力。

劳动力市场可简单理解为劳动者与用人单位完成就业与劳动交换的地方。劳动力市场的影响因素包括地理区域、劳动力供求、失业率以及政府政策、工会等影响因素。比如，一线城市与在三、四线城市相比，对科研人员的需求数量明显更多，所以一些大型企业总是把科研机构设置在一线城市，如北京、上海、深圳、广州、成都等，甚至有国际化企业把科研机构设置到美国硅谷等。不仅因为这些地区的科研水平突出，一定程度上也有区域劳动力市场的高供求关系。

劳动者要明白的是，你的薪酬水平并不完全由你的劳动付出决定，而是由劳动力市场在起调节作用。企业劳动力需求、劳动者数量等都是重要的影响因素。

影响员工薪酬水平的第二因素是企业薪酬支付能力。企业薪酬的支付能力主要包括：经济效益、管理取向、员工规模与人力配置效率等。

我们常常看到一些企业正处于行业发展阶段，经济效益好，员工收入自然就高，如现在的智能制造、生物科技等行业；有些企业所在行业正处于衰退期，经济效益不好，员工收入也相应降低，如当下的房地产行业。

企业的管理取向也决定了不同岗位员工的收入水平。如事业类和集团管理类企业，其管理岗位上的员工薪酬水平就较高一些；以业绩为导向的竞争类企业和业务类企业，其经营口岗位上的员工薪酬水平就较高一些。

员工规模与人才配置效率可以简化为人均产值对薪酬水平的影响。当人均产值高于行业平均水平，员工薪酬水平同样高于行业平均水平；反之，如果人均产值低于行业平均水平，企业只能采取低薪酬水平了。

对于大多数职场人来讲，干同样的工作，总希望得到更高的薪酬收入。因此，薪酬水平的高低就成了劳动力市场流动配置的方向标。通过薪酬的调节，从而实现劳动力资源的优化配置；薪酬的变化，也调节着人们对职业和工种的评价，协调着人们择业的愿望和就业的流向。所以，企业要吸引人才、留住人才，有吸引力、竞争力的薪酬水平充当了不可或缺的角色。

第二个原则，以岗位价值为导向，确定了岗位的相对薪酬标准。这决定了员工在企业里的薪酬等级。

我们常听说，某个大厂薪酬有22级，某个互联网公司管理层薪酬就有15级，P7以上管理者薪酬如何高，很不错。这些薪酬等级是怎么定出来的？晋升到高一级薪酬其决定因素是什么？作为职场人，当然应该了解这些，以利于自己晋升提薪。

从人力资源专业来讲，岗位价值决定了员工的薪级。

以岗位价值为导向的薪酬，被称为岗位薪酬机制。岗位薪酬机制是应用最为广泛，同时也是最为稳定的薪酬体系类型。请职场人记住，这是"最广泛、最稳定"的薪酬体系。"最广泛"意味着职场人在不同的公司几乎都会碰到，"最稳定"意味着在以岗位薪酬为主的公司里，薪酬调整需要更多的流程和程序，甚至需要做出不一样的贡献才能实现。在这样的公司里，论资排辈可能会是普遍现象。如果企业岗位明晰，职责清楚，工作程序性较强，那么就比较适宜采用岗位薪酬体系。

岗位薪酬体系一般通过岗位价值评估来确定薪酬等级。

因为不同岗位承担着不同的职责，要求具有不同的知识、技能和能力，不同的工作量和不同的工作环境，其承担的责任范围、责任大小，对企业的影响程度也不同，因而其对企业的价值和贡献也不一样，通过评分确定岗位在企业里的相对价值，进而把岗位放入不同的薪酬等级。

岗位导向的薪酬体系，通过岗位价值评估确定的薪酬等级，评价的是岗位本身，而不是岗位上的人。所以，岗位导向的薪酬体系是对事不对人，无论谁在这个岗位上，都是这个薪酬等级，充分体现了薪酬的公平性。

第三个原则，以个人能力为导向，确定员工的薪酬水平和等级。在企业的生存越来越取决于员工素质能力的当下，以能力为导向的传统薪酬体系已焕发新生。

以能力为导向的薪酬体系，是企业根据员工从事某项工作所需要具备的能力来确定其基本的薪酬水平。传统的能力导向薪酬体系，主要考虑职称、专业、学历等因素；新的能力导向薪酬体系，以专业分工为基础，以岗位胜任力模型为评估体系，建立区别于岗位等级的独立的专业体系，为专业人才提供更多的成长发展通道，管理上也更加扁平，更有利于管理效率的提升。能力薪酬体系蕴含了更多的人性关怀，直指人自身能力的提高与发展，被认为是一种充满了温情的、以人为本的薪酬与激励机制。

在大学、科研单位能力为导向的薪酬体系的使用最为广泛。助教、讲师、副教授、教授的级别划分就是能力区分的表现。企业里根据工作性质和职责进行职位种类划分，如财务、人力、技术以及市场等，并设置不同的等级也是能力区分的表现。如技术职位序列设置技术员、助理工程师、工程师、高级工程师、正高级工程师等。

能力薪酬体系设置能力等级后，就需要建立每个等级的能力模型，也称胜任力模型，它是能力薪酬体系设计的基础。

能力模型是企业评价员工能力的一套标准，是统一的，这是企业统一人才使用语言的具体表现。能力模型客观公正地评价出不同员工的能力大小，更公平、更有信服力。

如一家网络的通用能力模型，它包括：4个维度、15个能力因素，如表2-1所示。

表2-1　某网络公司通用能力模型

序号	某网络公司通用能力模型	
	维度（4个）	能力因素（15个）
1	综合能力	学习能力、沟通能力、办公技能、合作精神、执行力
2	行业认知	行业基本认识、技术理解、行业融入感
3	营销能力	需求理解、用户调研与分析、运营数据分析、营销与推广
4	领导与管理能力	带人的能力、激发能力、影响力

由表2-1可以看出，员工完成工作所需要具备的知识、技能、职业素养构成了能力模型的基本要素。通过对不同层次的定义和相应层级的具体行为的描述，确定核心能力的组合和完成特定工作所需要的程度，设计出不同等级的能力模型，以此构成能力导向的薪酬体系。

基于能力导向设计的薪酬体系，因薪酬体系导向于员工个人能力的提升，更有利于人才积极性和潜力的发挥，直接促进员工个人技能或能力的提升，驱使个人发展目标与组织目标的高度统一。

第四个原则，以业绩为导向的绩效薪酬，确定员工的薪酬水平。这种薪酬体系以业绩贡献为主，是工作成果与薪酬收入的直接挂钩，具有较强的激励性。

绩效薪酬原则，将员工个人或者团体的工作绩效与薪酬联系起来，根据绩效水平的高低确定薪酬结构和薪酬水平。"干多少、得多少"的结果导向就是对其最直白、简化的表达。

员工工作绩效主要体现为完成工作的数量、质量、效率、效益，以及对企业的其他可以测评的贡献。在绩效薪酬体系下，企业需要建立一套客观、公正的以业绩为导向的绩效考核体系。因此，这种以业绩为导向的薪酬体系适合大多数企业，其中对于工作程序性强、规则性要求高、绩效指标容易量化的岗位或团队更具成效。如营销业务岗多采用此类薪酬体系，以此配套的是企业同时还建立了目标责任体系与绩效考核机制。

另外一类企业则通过员工薪酬的固定和浮动的比例来实施绩效薪酬体系。如一些竞争类的国有企业实施绩效薪酬体系，其领导班子成员收入构成中，与业绩挂钩的绩效工资（浮动薪酬）占比达70%以上。绩效工资考核发放方式为：完成绩效目标100%以上，员工可获得全额绩效工资的1.1倍；完成绩效目标90%以上，员工获得全额绩效工资；完成绩效目标80%以上，获得90%的绩效工资；完成绩效目标70%以上，获得80%的绩效工资；完成绩效目标60%以上，获得70%的绩效工资；完成绩效目标60%以下，则绩效工资为0，即浮动工资全部取消。

从以上这家国有企业的业绩绩效薪酬体系来看，绩效薪酬体系多采取以个人绩效为基础，这种模式操作简便，有利于促进个人工作的积极性。当然，也有企业采取以团队为基础的绩效薪酬模式，这种团队绩效模式既体现了组织发展的目标和要求，同时强化了组织内部的合作与协同。

综上所述，决定薪酬标准的四大原则。第一大原则是以市场为导向的薪酬体系，其薪酬水平由劳动力市场与企业薪酬支付实力决定，这个薪酬水平基本决定了员工收入上限，也影响了市场上劳动力的流动与配置。第二大原则，以岗位价值为导向的薪酬设计原则。这种薪酬体系应用最为广泛，同时也是最为稳定的薪酬体系类型。在以岗位价值为导向的薪酬体系的公司里，论资排辈可能会是普遍现象。如果企业岗位明晰，职责清楚，工作程序性较强，那么就比较适宜采用岗位薪酬体系。第三大原则，以个人能力为导向的薪酬体系。专业序列的绩效体系为专业人才提供了更多的成长发展通道，被认为是一种充满温情的、以人为本的薪酬与激励机制，有利于促进个人发展目标与组织目标的高度统一。第四大原则，以业绩为导向的绩效薪酬，根据绩效贡献确定薪酬结构和薪酬水平，"管理以结果为导向""干多少、得多少"。

四大薪酬体系就是四大薪酬设计原则，不同的企业可以采取不同的薪酬体系，或者是几种薪酬体系混用。如有企业对一般管理岗位和操作岗位采用岗位薪酬体系；对中高层管理者和研究开发人员采用能力薪酬体系；对销售人员，则采用绩效薪酬体系。

无论是哪一种或几种薪酬体系的设计，都体现出了企业在支付员工薪酬时的统一标准。这提醒职场人，一个企业采取什么样的薪酬体系，是其企业经营管理的取向，也是企业的薪酬支付理念。企业里的员工对薪酬理念的深度认识和理解，有利于员工职业发展和提高让企业认同的职业能力，从而实现更多的职业贡献。

◇薪酬追求公平，做出差异

企业设计薪酬体系时，无论是市场导向、岗位导向、能力导向还是业绩导向，都在采取统一的标准。之所以要采取统一的标准，最重要的是要体现薪酬的两大公平原则：一是薪酬的外部公平性，二是薪酬的内部公平性。

薪酬的外部公平性。

薪酬的外部公平性主要体现为企业员工的薪酬水平与市场薪酬水平相比应具有竞争力，这样才会吸引优秀的求职者，同时留住优秀的员工。为了实现薪酬的外部公平，企业需要对市场薪酬水平进行调研，确保员工的薪酬不低于同行业、同地区的平均水平。

对薪酬的外部公平性的调研，过去主要集中在对其他企业中从事同样工作的员工所获得的薪酬水平的调研。现在因为跨行业的竞争加剧，同一地区类似工作特征的岗位，企业管理者都可拿来进行比较，如餐饮服务员与酒店服务员，甚至门店销售员都会纳入比较范畴。薪酬的外部公平性，主要强调薪酬体系设计时的市场导向问题，是企业薪酬是否具有吸引力、竞争力的重要表现。

薪酬的内部公平性。

薪酬的内部公平性考虑的是同一企业内部不同职位、不同能力、不同贡献的员工之间的薪酬相对公平。企业应建立合理的薪酬体系，确保员工的薪酬与职位、能力和贡献相匹配。

根据亚当斯的公平理论，当员工取得一定的成绩并获得了报酬以后，他不仅关心报酬的绝对量，而且还关心报酬的相对量，即是否公平，也就是"不患寡而患不均"。

在通常情况下，员工首先要横向比较。即员工将自己的报酬与投入的比值（投入教育、努力以及耗费在工作上的时间等，薪酬包括货币薪酬、工作安排以及获得的赏识等）与公司内部其他人做比较，如果自己的报酬与投入的比值小于其他比值，则他认为报酬不足，就会产生不公平性；如果自己的报酬与投入比值大于或等于其他人的比值，则报酬合理，就不会产生不公平性。

员工纵向比较时，即自己目前的薪酬与目前的投入的比值与过去薪酬与过去的投入的比值，若前者大于或等于后者，员工会感受到公平的对待。

为了体现薪酬的内部公平性。企业会建立统一的薪酬设计标准，如前面所说的岗位薪酬体系、能力薪酬体系以及业绩薪酬体系等。

同时，管理者还应经常了解员工对薪酬体系的意见，以便及时做出调整。

虽然企业的薪酬设计体系始终追求外部公平性来增强企业的薪酬竞争力，追求内部公平性来保持全员的工作积极性，但为了持续地激励员工的创造力，优秀的企业会采取适度的薪酬差异化体系（适度不公平）来激发员工活力，从而保持企业持续的竞争力优势。这种差异化的激励更多地体现在突出业绩和创新发明上。所以，职场人可抓住这样的机会，实现自己收入的更大提高。

◇ 薪酬是社会符号

薪酬是社会符号，遵循保密。

随着现代社会的流动性，传统的代表社会地位的那些符号，如年龄、家族势力等，逐渐变弱，而薪酬作为流动社会中的一种市场信号则很好地说明了一个人在社会上所处的位置。换言之，员工所获得薪酬的水平高低除了其所具有的经济功能以外，它实际上还在向其他人传递一种信号，人们可以根据这种信号来判定员工的家庭、朋友、职业、受教育程度、生活状况、社会地位甚至宗教信仰以及价值取向等。在企业内部，员工的相对薪酬水平高低往往也代表了员工在企业内部的地位和层级。薪酬是员工个人价值识别的一种符号。因此，员工对这种符号的关注实际上反映了员工对于自身在社会以及企业内部的价值关注。

当然，这里我们得谈一谈，一位员工，生活在工作圈、生活圈、朋友圈的社会人，他的薪酬最低多少才会有激励性呢？（这是企业薪酬设计激励性与经济性可考虑的问题。）

要回答这个最低水平激励性的问题，需要回到这位员工的社会圈，特别是他的朋友圈和同学圈去找答案。这里我不想写出一个具体数值，读者可以自己想一想，在朋友圈，最低多少薪酬可以激发你更自信、更多地参与社交圈？那个不多不少的数值，就是答案。

回到薪酬的社会符号特性，它与公平性有着"不见面"的关系。薪酬是社会符号，这就是为什么到现在为止，真正重视员工激励的企业没有一家不强调薪酬、奖金保密的原因。因为除了保密，企业没有别的选择，假如你把薪酬奖金数额告诉别人，马上就会出现一个认为薪酬、奖金不公平的员工而泄气的问题，这已是人力资源领域的共识。

第 3 章

不胜任的岗位主人

岗位，身份的价值

当一个人去找工作时，有三个问题是他最关心的，排在了所有问题之前，这三个问题是：岗位是什么？干什么？工资多少？

为什么首先关心这几个问题，这与"身份、岗位与价值"有关。

下面我们先谈谈对"身份"的认识。

◇ 身份是一种共识的存在

身份是一种存在，也是一种共识。每个人都有多重身份，如影随形。

每个人一出生，都有第一个身份：父母的孩子。我来自哪个家庭，是普通家庭，还是富裕家庭，这就是我们最初的身份。当人们说某个孩子是张家的、李家的，背后可能隐藏着某种共识。

每个人还有地方身份，如北京人、上海人、四川人等。一说起某人是四川人，我们头脑中可能就产生某些认识：爱吃辣、不怕麻等特点。

当然，现代人还有很多身份，如学生、教师、医生、工程师等；还有一些社交身份，如朋友、闺蜜、老乡、会员等；在公司里有技术员、部门经理、总监、总经理、董事长等。

所有这些身份，成了我们的标识，都是我们自己的一个社会角色，这些标识也是我们的共识。多元化的价值体系与个体不同的优势，驱使我们期待并维护着自己的多重身份。

身份，与我们如影随形。正是这些多重身份，让我们在现实生活中成了一个身份丰富、多种角色的社会人。

社会交往都依赖于"身份"。

作为社会组织中的一员，我们常常与"身份"打交道。和社会打交道都依赖于"身份"，正如我们不会随便借钱给别人一样，我们需要清楚自己正在与谁即哪个身份打交道。

买东西时，我们与平台、卖家打交道。我们是消费者，平台的商家是供货商。或许这样的商品交易不一定需要更多的身份证明，但若此商家的商品有很多不好的评价，或许作为消费者的我们就会谨慎选择其商品了。

在经济社会中，身份包含着成本和价值。我们到银行去贷款，银行要对我们进行"信贷5要素"的调查，即偿付能力（Capacity）、性格（Character）、收入（Income）、抵押（Collateral）和经济形势（Condition）这5个衡量指标，确认是否符合银行信贷的"身份"要求及金融属性。

开车我们需要驾驶员身份；出国需要护照身份证明；银行账户、微信账号、支付宝账号，都需要实名认证我们的身份。在创建这些账号时，你需要填写：姓名、性别、年龄、职业、收入等身份证明。正是因为有了这些身份证明，你就可以在花呗上借钱，在银行贷款。

这是一个"身份"的世界，"身份"在帮我们建立联系，协调关系，建立信任。 "身份"协调着人与人之间的距离，它是人们与外界的协调机制。

当你拥有某个身份后，就拥有了相应的权益。

当你拥有驾照就可以开车，这就是驾驶身份及相关属性给你的权益。所以，身份具有权益性。

正是不同身份的不同权益属性在社会组织中引导着众多的社会成员去追求拥有更大权益的身份标识。

这一特性给企业经营管理者提出了启示，管理者可以在组织中创造拥有更多更大权益的身份标识，让组织成员去努力奋斗。企业里的岗位名称管理、多重身份管理就可以成为一种管理方法和手段，如荣誉董事长、创业元老、功勋员工等都很好地利用了"身份"的管理措施。

一个身份就有一种权益属性，每一种权益会有对应的收益，换句话说，我们拥有某个身份，就拥有这个身份赋予的财务权。即人们可以为自己增加一些身份来为自己背书，同时也多了一个身份的收益。这就是身份的第一个来源和权益。

例如，从专业和社会背景的角度上讲，人们可通过企业管理咨询"声称"自己是一名管理咨询师，相关的咨询合同可以证实这一点。同样地，人们还可以通过参加公益活动证明自己是舍得付出的爱心人士；通过参加马拉松跑步活动证明自己是热爱运动的健康生活者；通过创业培训，为创业者辅导，证明自己是创业导师，有相关创业培训活动图片、视频作证；通过参加音乐剧表演，证明自己是音乐爱好者，同样有相关视频、图片为证……这些自己为自己创造的身份，可能为我们创造出意想不到的效果。因此，我们要努力创造并珍惜那些增加权益的身份标识。

"身份"的另一个来源是他人，甚至是在未通知你或是未经你许可的情况下产生的，它来自他人的主观判断。那些被社会排斥的少数派或是信用等级差的"老赖者"都是有"身份来历"的，这些"老赖者"的身份是别人给他增添的新的身份，具有负收入权益，他们的行动和消费都会受到限制。

别人给的身份，无论你喜欢还是不喜欢，都是他人对待我们的方式。这些身份都会或多或少地影响我们在社会、工作中的表现。

身份还有一个特征是"身份"是有成本的。

无论是我们自己增添的身份，还是别人给我们增添的身份，要么自己为了获得并保持这个身份要付出时间、精力甚至财力，要么别人为我们的身份付出过时间、精力或财力。这些都是成本。

同时，前面我们已经讲了身份作为我们与外界互动和协调的载体，这种由身份提供的协调机制不是免费的。比如，银行贷款提供无数的资料——需要成本；审核这些资料——需要人工成本，身份验证同样是需要成本的；在企业工作时，为了维持优秀员工的身份，同样需要付出比其他同事更多的贡献和努力；为保留优质客户，我们会提供更多的优惠政策和额外服务。

还有，我们愿意为某些标识即身份买单，甚至愿意付出高价钱。例如，食物生产过程中的农药大量使用，食品安全问题出来后，我们愿意为"土家菜、有机、无农药、无农残"标识的高价食品买单；为了避免买到假冒伪劣产品，我们愿意到大商场、大网站平台上购物；为了维护高品质生活，我们愿意为LV、Gucci等奢侈品买单。

身份的另外一种成本，是以一种资源的形式出现。我们要拓展产品，需要寻找具有我们目标客户标识的客户的信息，获客成本就产生了。当今数据科技时代，"身份资源"得到前所未有的重视和开发。物联网、区块链中，身份标识、客户标识都具有不可替代的特殊地位和价值，甚至是企业估值、企业数字资产的重要组成部分。

归纳起来讲，**我们被身份包围——拥有多重身份，我们常常与"身份"打交道，社会交往都依赖于"身份"，这是一个"身份"的世界。**

"身份"协调着人与人之间的距离，它是人们与外界的协调机制。身份具有权益性，我们要努力创造并珍惜那些增加权益的身份标识。当然，身份是有成本的，验证身份也需要成本，维护身份也需要成本。**在数字经济时代，身份的成本特性往往以身份资源出现，从而获得前所未有的特殊地位，甚至成为资产组成的关键要素。**

身份有两种来源。有些身份源自我们自己，有些身份来自他人的主观判断。但是几乎所有的身份都会影响你在社会、工作中的表现。

基于人们"身份"标识的重要性，于我们有什么启示呢？

第一，接纳自己的起点身份。包括我们的出生、性别、年龄、民族、文化等。这是我们每一个人的背景和底色，这些身份标识为我们撑起了基本人格。

第二，创造并珍惜那些增加权益的身份标识。因为身份成本的存在，我们需要为自己创造一些可以增加收益的身份标识，多几项技能、多几项贡献，自然就会积累更多社会认同，从而为人际交往降低身份成本，增加收益机会。

当然，因为身份的另一个来源是别人给我们的，一些可能产生负收益的身份标识之前的行为，我们应及时避免。

第三，赞扬那些为你增光增彩的身份所对应身份的人或物。比如，当你面对一群人，自豪地讲自己是某个大学毕业的大学生时，一定记得赞扬你毕业的这所大学。因为这所大学已经成为"你毕业的大学"的身份标识而与你有"不可避免的事实"的身份相交，甚至于形成"联合制造的商品"，这种**身份相交、相互背书的协调构成了"身份信任网络"，增加了交往信任，降低了身份成本。**所以，我们应该永远赞扬那些为我们增光增彩的身份所对应身份的人或物。

第四，在企业里，岗位就是员工的身份，如何为这个身份赋能，充实岗位身份的内涵，为企业创造更多价值，也为自己创造更多收益、获得成长的机会，当是每一个职场人的基本行为。

◇ 岗位，员工最本质的身份

前文我们谈到人们的身份特性，以及每个人都拥有多重身份，我们要与各种各样的身份打交道是事实。那么，作为一个职场人，其最重要的身份究竟是哪一个？

回到人们最初到一家企业应聘的时候，我们最关心的排在最靠前的三个问题：岗位是什么？干什么？工资多少？

最关心的三个问题首先提到的就是岗位。**岗位就是职场人的首要身份，也是最重要、本质的身份。**

岗位是职场人在企业里最重要的身份标识，是职场人在企业的官方身份证明。它象征着你在公司的位置、价值、贡献和收入。

这就是职场人的第一性原理。所谓第一性原理，即"在任何一个系统中，存在第一性原理，它是一个最基本的命题或假设，不能被省略，也不能被违反"。这是古希腊哲学家亚里士多德提出的。作为职场人，首先得有一个岗位，一个位置，如若没有岗位、没有位置，也就是说这位员工没有职责，他在这家公司就没有存在的可能。所以，**企业因目标而存在，员工因岗位而存在。**

无论如何，作为一名员工，你得先有一个岗位。

从企业管理的角度讲，岗位又是怎么来的呢？

这就不得不从企业管理的分工谈起。

1776年3月9日，英国人亚当·斯密的《国富论》面世，一部影响现代经济社会发展深远的思想从此诞生，它奠定了西文经济学的基石。

亚当·斯密认为，技术进步、各种机器设备的发明，甚至投资，实质上都是由分工引起的。社会分工、专业化是影响经济进步和发展的巨大源动力。

标准化生产和规模化发展要求促进组织进行分工协作。以前一个人要完成多项工作，生产效率不高，于是就产生了分工，分工促进了专业化、责任分担，从而大大提高了工作效率。20世纪初亨利·福特强调标准化和大规模生产，把生产一辆车的工时分成8772个工时，生产效率得到了大幅提升，从1906年的一年生产100辆汽车提高到1921年每分钟生产一辆汽车，再到1925年平均每10秒生产一辆汽车的速度。

通过专门化和分工，企业可以在某个特定产业或领域集中资源和技术，员工可以从事几个相关的专门化技术和工种，因不断地熟练操作，大大提高了生产效率和产品质量。

分工，成了企业管理最根本的方法，由此也就产生了不同的工作岗位。

岗位的概念是什么？其基本组成要素又有哪些？

岗位概念与岗位名称激励。

岗位，最初是指军警守卫的地方。在组织中，岗位因分工而设立，它是指对某个或几个具体工作指定和安排的地点及职责范围。

从岗位的概念来看，设置岗位的目的是完成某项或多项工作任务。有哪些职务与责任？又有哪些权利？在什么地方完成？这些都是因分工规定的。所以，**岗位在本质上是要分配责任和权利的**。因岗位与职位联系在一起，多数情况下我们也称岗位为职位。我们在这里所谈的岗位是与职位相同的概念。

正因为岗位与职位一致，因分工而获得，为了完成任务而设置，首先岗位得有个名称。如生产技术员、操作工、部门经理、财务总监等。不难看出，岗位与职位一致时，这个名称就具有了身份意义。每一个岗位就成了该岗位员工的身份。身份拥有权利与收益的特性，该岗位上的员工同样拥有这个"岗位身份"的权利和收益。

既然岗位与职位有关，还是身份的象征，岗位名称就显得尤其重要。一般来说，国与国之间的交流，部长级之间的对话，双方出席人员的身份一般都是对等的，如果一方出席人员身份高于部长级，说明这个国家对这次对话很重视。因此，岗位、职位是身份象征就不言而喻了。

既然岗位的身份意义如此，在企业里设置岗位时，就要考虑岗位名称对身份的影响。有网络销售平台公司，其部门经理的岗位被称为"部门总经理"、销售部门称为"战区"、人力资源部称为"组织干部部"、行政经理称为"大管家"等，这些岗位的称呼体现了公司对该岗位的重视及重要的职责定位。试想，当一位"部门总经理"与公司之外的人或组织交往时，介绍自己的身份为"我是XXX部门总经理"，是否比"我是XXX部门经理"时更加自豪呢？

所以，**岗位名称就具有了激励性。**

岗位的核心内容。

员工是岗位的主人

岗位因分工而设置，分工的目的是一个团队共同完成的组织任务。因此，岗位的核心内容一定涉及工作内容、职责、职权、工作关系，以及完成工作任务所需要的相关技能要求。当然，全面的岗位信息还包含工作地点、薪酬水平等内容，这些要素共同构成了一个岗位的基本属性和特征。

企业发布招聘信息一般都会发布这些岗位信息，应聘者应聘同样也关注这些内容，思考自己是否胜任、是否有相应的技能、是否满意薪酬水平等。

第一，工作职责，是岗位的核心内容。每个岗位都有其独特的工作职责和任务，这是一个员工在公司的基本义务，即要承担的责任。按公司要求完成这些职责和任务，是对该岗位员工基本的要求。没错，是基本要求，很多员工所期望的契约关系、劳动关系，其核心内容就是岗位职责和任务。

不同的公司对岗位职责和任务的书写表达不一致。但通常的表达都是一些抽象的描述。如一个贸易公司采购部经理的职责如下。

（1）负责组织优化公司采购仓储管理流程，完善采购仓储管理制度；

（2）组织日常采购实施工作，保质保量完成采购任务；

（3）负责建立合格的供应商管理库，保证公司原材料的供应；

（4）负责本部门的工作布置，并组织完成；

（5）负责仓储管理工作，严格把握先进先出原则，保证货物无积压；

（6）负责本部门团队管理工作，提升团队工作能力和凝聚力；

（7）协助其他部门工作，并承办公司领导交办的其他工作。

以上采购部经理的职责描述，大家肯定看到过类似的，在招聘网站上普遍都是这样写的。这种职责描述方式，是大多数公司采取的模式。每一条职责都是概括性的，某一条职责具体有什么要求，完成哪些工作任务，并没有表达出来。

如果是一位主动性较强的员工，看到这些职责，他会积极主动去开展自己的工作，需要协调相关人员时他也会主动行动。若是一位主动性较弱的员工，可能对职责的履行就会大打折扣。

关于如何让岗位职责更好地指引员工的工作行为，后面的章节我们还会进行说明。

第二，工作职权，即该岗位上员工完成工作所具备的决策、执行的权力。明确员工完成工作所配备的职权范围和边界，有助于员工更高效、自由地完成工作，有利于提升工作的责任感和自主性。

工作职责与职权常常是连在一起的。这两项岗位要素组成了员工在岗位上所承担的义务、责任和权利。大多数公司对职责有概念性的描述，对做事的权力没有明确约定，员工做事具体职权边界模糊，这在机制上就很难调动员工的主动性，因为员工确实不知道干某件事情究竟有多少权利可以自己做主。结果就变成了岗位上的员工只有通过"悟性"、不停地与上级沟通来理解和执行工作任务，在一定程度上影响了工作效率。为了弥补职责上设置的不完善，很多公司会通过会议、高频的沟通来组织工作。因此，就出现了管理者总抱怨"员工执行力不够，主动性不强"等管理现实。

如果一个公司能把职责任务化，明确完成这些任务的权力边界，员工自然就知道这项工作完成的标准、完成的程度，以及工作中的权限范围，员工就不需要有更多的"悟性"了。岗位上的员工就成了岗位职责事项的决策者、执行者，就可以实现华为创始人任正非所说的"让听得见炮火的人做决策"的管理要求了。

因此，作为管理者，我们要向优秀的公司如华为学习，先完成岗位职责优化的基础管理工作。

第三，技能要求。要完成岗位上的任务，不同的岗位对员工的技能要求不同。技能要求可以包括专业知识、专业技能以及沟通和协作能力等多个维度，很多公司采用岗位胜任力模型来确定员工的技能要求。

例如，一家餐饮公司的人力经理岗位的技能要求如下。

（1）大专及以上学历；

（2）5年以上相关工作经验；

（3）熟练掌握人事及行政各模块工作；

（4）具备独立完成工作的能力，抗压性强；

（5）具有良好的执行力及团队协作能力；

（6）有服务意识、责任心强；

（7）具有餐饮行业经验者优先。

以上是比较常规的岗位技能要求。也有以胜任力模型来建立的岗位技能要求。如一家科技公司产品经理的技能要求有七大胜任力模型，如表3-1所示。

表 3-1 一家科技公司产品的胜任力模型

序号	胜任力	技能要求	能力描述
1	业务理解能力	工作	了解公司的业务模式和战略；熟悉行业的发展趋势和竞争格局；掌握产品所涉及的前端技术、后端技术、移动开发技术、数据分析技术、云计算与大数据技术等
2	用户洞察能力	工作	有意识的市场调研和用户调研；分析用户需求和行为；理解用户需求和痛点
3	产品规划与设计能力	专家	制定产品策略和路线图；定义产品功能和特性；产品原型设计与交互设计
4	项目管理能力	从业者	制订项目计划和进度安排；协调跨部门的合作与沟通；管理项目风险和变更
5	数据分析和决策能力	意识	收集和分析产品数据；有效数据分析；数据驱动的决策和优化；追踪产品的关键指标和业绩
6	团队合作和沟通能力	从业者	领导和激励团队成员；与各方利益相关者进行有效沟通；良好的人际关系和解决冲突的能力
7	学习与创新能力	工作	持续学习行业和技术最新动态；提出创新的产品理念和解决方案；不断优化和改进产品的用户体验和功能

以上这家科技公司产品经理的胜任力基本模型表把技能要求分为了四个等级：意识、工作、从业者和专家。根据技能要求等级，从七大胜任力维度区分产品助理、产品经理、高级产品经理、产品总监等岗位级别。

所以，岗位概念应该包含对员工所需技能的明确要求，以便组织能够在招聘和人才培养中更好地满足岗位需求。

如果你是这家科技公司的产品研发人员，根据这个胜任力模型，了解到自己的技能差距，你就会有方向地去学习、练习并积累相关的技术，以达到相应岗位技能等级的要求。

第四，工作关系。完成岗位上的任务，通常岗位与岗位之间会形成工作关系，共同协作完成组织的工作目标。

工作关系包括上下级关系、同级关系及跨部门合作关系。上下级关系一般是划分权限；同级关系多为协同作业关系；跨部门合作关系多为工作流程节点上的服务与支持关系。良好的工作关系有助于提高协作效率，实现组织绩效的最大化。

如果从原材料采购、生产加工、销售到用户服务，完全由一个人完成，那就不需要工作关系的协同。正是因为分工，让不同的岗位完成不同的产品组件，工作协同也就不可避免。所以，工作关系是工作协同的组织安排，也是员工工作自觉协作的主动意识。

工作关系表面上是上下级关系、同事或跨部门合作关系，若加入信息化工具的使用，如生产数据的共享、流动，则工作关系更多地表现为工作流和信息流在生产过程中的流动与服务。即应用数据化管理的组织，工作关系会变得更简单直接，工作效率会极大提高，工作关系也会简化为数据之间的关系，而非仅是传统的人与人之间的关系。

当然，就算更多地应用数据化管理，人与人之间的情绪关怀依然存在。工作关系或许就变成了组织信任、组织授权与人文关怀。

第五，工作地点，即员工在此岗位上班执业的具体工作场地、工作场景。

工作地点对工作的影响是多方面的，涵盖了职业发展、生活品质、心理状态等多个层面。

某些地区、城市可能拥有更多的行业资源和就业机会，如一线城市比二、三、四线城市拥有更多的公司和机构，为职业发展提供了更广阔的空间。

不同地区的薪资水平存在较大的差异。大城市、经济发达地区薪资普遍较高，会吸引更多的求职者。

不同地区的生活成本、文化与娱乐存在显著差异。生活成本对生活品质有较大的影响。

在同一个城市，工作地点离居住地的远近同样是决定求职者的重要因素。

工作场所是否安静、舒适；噪声、污染等因素影响一个人的心理状态和工作表现。

因此，对于求职者来讲，选择工作时，除了考虑工作本身的性质和要求外，他们同样会考虑工作地点，权衡工作地点对个人发展、生活品质和心理状态的影响。对一个企业来讲，提供一个舒适、安逸的工作环境和生活环境，也会改善员工的工作状态。很多跨国公司的工作环境堪称表率，管理者不妨学习借鉴。

第六，薪酬待遇。招聘岗位上的薪酬待遇一般是一个范围，这个范围就是该岗位上的薪酬级幅度。具体到某个应聘者会定位在薪酬级幅度中的哪一个档位（现行企业实行的薪酬标准一般是分级分档，同一个级别有几个不同的档），会根据员工的工作能力、工作成绩来确定。

很多人认为，薪酬要体现个人的价值，即希望员工个人成长所收获的能力成长在薪酬中有所体现，这没有错。但薪酬是一个公平因素，企业需要公平地对待所有员工的收入水平。期待一加入公司就有与众不同的薪酬水平，企业多半不支持。**企业会选择公平、稳定的薪酬水平来激活更多的人。这一点，作为职场人应谨记。**

岗位身份的意义。

通过前面的分析，我们清楚了岗位的概念及岗位的核心内容，明白岗位在组织中的重要地位和作用。当员工有能力胜任某个岗位时，我们说这个员工就名副其实地拥有了实实在在的岗位身份。这个岗位身份赋予了该员工岗位职责和职权，也为该员工提供了明确的工作目标和职责范围。这就是岗位身份的意义。具体来说有以下三点。

一是员工在企业的岗位身份是公司授予的。

公司作为一个权力机构，对员工在"企业里的身份"具有垄断地位。请注意，某个岗位、某个身份、授予谁，员工没有自治权。

另一方面，员工可以凭自己的经验、能力获得这个岗位。这也可以说岗位身份源自员工自身的能力。

所以，**分工就是分配岗位，分配身份**。一位员工获得一个岗位，若是部门管理者、负责人，其名称可以定为"部门经理"，也可以定为"部门总经理"。前者是岗位，后者是身份。部门经理和部门总经理对员工的影响是不一样的。后者的身份效应让员工有更高的荣誉感。

身份的影响力大于岗位本身。

二是分配岗位职责，也要分配职权。

员工在岗位上最关心的是分配到什么工作任务。一个公司的高层制定战略，中层组织实施，基层岗位上的员工负责执行。不能搞反了，高层做了很多执行组织的事，而基层员工因高层、中层抢了执行，不停地对公司的战略指手画脚。这就是岗位职责分配的错位。

员工履行应该履行的事情，总得要有些权限。总不能让一个承担职责、担当责任的人，没有一点处置权。

因此，职权，这也是员工应该关心的，关心以什么权限来完成这些职责任务。

最好的权力分配原则是：权力能放到下一级的，尽可能地放到下一级。这就是授权到底的原则，不要剥夺员工的自觉性。

三是岗位和身份是不确定的，其身份收益也是可变动的。

岗位和身份是可以变动的，也可以是不确定的。华为公司的轮值制实行高层管理者轮值管理，追求岗位管理的可变动性。因为，人在不确定中会努力追求稳定，而在稳定中慢慢滋生懒惰，轮值与可变，让员工感受到竞争和压力，这样才能始终激活组织活力。

所以，无论你处在公司哪个岗位上，始终保持对岗位的足够敬畏，方有热情并持续进步。

岗位、身份、角色、人格交织在一起，**岗位身份是员工在企业里的角色人格。**

岗位上不胜任是普遍现象

每个职场人都有一个身份角色，就是岗位。每个岗位有相应的职责，要完成这些职责，就需要有一定的能力要求，同时也需要配备一定的权力，以便岗位上的员工拥有做事的自主权。职责任务完成后，岗位上的员工就应该获得相应的收益。

职责、权利、收益及能力，构成了岗位的四大基本要素。它们之间有什么样的关系？又是如何匹配的？这就要从管理的基本原理谈起。

◇企业组织是一个系统

一个组织就是一个系统,由人、物和信息组成,他们之间相互联系、相互作用,形成一个集合体,具有整体性特点。一个组织系统至少由两个子系统组成,如生产企业系统通常由研究开发子系统、生产子系统、销售子系统、管理子系统等组成。

从一个系统功能的整体性来说,系统的功能不等于要素功能的简单相加,而是往往要大于各个部分功能的总和,即**整体大于各个部分的总和**。这里的"大于",不仅指数量上大,而是指在各部分组成一个系统后,产生了总体的功能,即系统的功能。所以,管理上常常要实现1+1>2的效果,也是组织系统整体性的要求。

组织作为一个运动的有机体,其稳定性是相对的,也是动态的。同时,一个组织持续地与外界进行物质、能量和信息的交换,以适应环境的变化。所以,员工进入一个企业,就加入了这个组织,需要保持不断成长之心,没有"保险箱",更没有"躺平"的说法,而需要与组织系统一同成长才有可持续的发展。

为了对组织这个有机系统进行有效管理,管理研究上总结了四大基本原理:人本原理、适度原理、效益原理及责任原理。

◇管理的四大基本原理

一是人本原理。

企业管理发展的百年经历告诉我们,企业的任何经营活动都离不开人的努力、人的劳动与人的管理,企业管理以人本为主体进行管理。

劳动是企业经营的基本要素之一,劳动者是创造价值的主体。**企业管理既是对人的管理,也是为人的管理。**

要实现对人的有效管理,就要探讨人的工作源动力。有三种理念应用最为广泛:X理论、Y理论及Z理论。

X理论和Y理论是由美国行为科学家道格拉斯·麦格雷戈(Douglas Mc Gregor)于1960年出版的《企业中人的方面》一书中提出来的。

X理论认为,大多数人对工作不感兴趣,缺乏动力和自主性,有消极的工作源动力。基于这一假设,企业管理者采取严格控制、监督员工和激励手段,以确保员工遵循规定并履行职责。

Y 理论认为，人本质上具有动力和自我实现的愿望，人们有积极的工作源动力。根据这一理论，管理者采取激发员工的创造力和积极性的措施，给予员工更多的自主权和责任，并给予他们发挥个人能力和才华的机会。

Z 理论由日裔美藉管理学者威廉·大内（William Ouchi）在 1981 年出版的《Z 理论》一书中提出来的。他把人与企业、人与工作的关系作为研究对象，反映了日本企业管理中重视人际关系的特点，是一种典型的东方式管理方法。其精髓在于关心人、理解人、相信人、尊重人、培养人，通过培养员工的责任感、团队精神和组织文化，从而提高组织整体效能和绩效。

由此我们可以看出，无论是 X 理论、Y 理论还是 Z 理论，都是基于对人性的假设，以及人与企业、人与工作关系的假设。在实际管理工作中，很多企业都会综合利用这些理论（无论是不是有意识利用）的复合应用。

"无绝对意义上的完美的理论。"也就是说，没有哪一种理论可以完美地指导企业管理实际的方方面面，综合利用并制定适合自己企业的具体管理制度才是适合的。

所以，我们常说，**管理没有对错，只有选择。选择适合的即可。**

二是适度原理。

管理没有对错，只有选择。选择适合的即可。一方面说明人性理论不完美的事实；另一方面也阐释了管理要切合实际，面对组织内部各种矛盾、协调各种关系的复杂性及不确定性的适度原理。

首先，管理活动中存在大量相互矛盾的选择。必须在相互矛盾的两个极端之间选择一个合适的点，实施适度管理。

例如，在业务活动范围的选择上，专业化与多角化的矛盾对立。专业化经营可以使企业拥有稳定的业务方向和顾客队伍，它有利于企业完善管理，改进技术；而多角化经营则可以使企业有广阔的市场，从而承受较小的经营风险。

又如，在组织结构的安排上，有管理幅度宽窄之分。较宽的管理幅度可以减少管理层次，从而加快信息的传递速度，提高组织高层决策的及时性，还可以避免上级对下级工作的过多干预，有利于发挥下级在工作中的主动性；而较窄的管理幅度则可以减少每个层次的管理者需要处理的信息数量，从而有利于有价值的信息被及时识别和利用，还可以使管理者有更多的时间去指导下属，从而有利于下属工作能力的提高。

再如，在管理权力的分配上，有集权与分权的矛盾。集权可以保证组织总体政策的统一及决策执行的速度，分权则可增强组织的适应能力，提高较低层次管理者的积极性。

在这些相互对立矛盾的选择中，前者的优点恰好是后者的局限之所在，而后者的贡献恰好构成了前者的劣势。因此，组织在业务活动范围的选择上既不能过宽，也不能过窄；在管理幅度的选择上，既不能过大，也不能过小；在权力的分配上，既不能完全集中，也不能绝对分散，必须在两个极端之间找到最恰当的点进行适度管理，实现适度组织。

其次，管理实践面对的众多矛盾和不确定性需要管理实践的艺术性选择，这也是适度管理的要求。

管理是科学，还是艺术？这个问题一直在管理研究中存在争议。事实是，管理理论、管理工具和管理方法毫无疑问是科学的，而管理实践明显地表现出个人的艺术性特征。因为在管理实践中，管理者个人需要根据活动环境、活动条件、活动对象等因素的特征及其变化，艺术性地运用那些科学的理论、手段和方法，解决具体的管理实践问题。不同的管理者面对同样的问题和选择，其利用的理论、手段和方法可能大相径庭，甚至相互矛盾，这就取决于管理者的个人能力与直觉判断了。所以，管理上不能精确量化处理问题时，经验和直觉往往起着非常重要的作用。

德国军事学家卡尔·菲利普·戈特弗里德·冯·克劳塞维茨（Karl Philip Gottfried Von Clausewitz）在分析拿破仑战略思想时曾指出，拿破仑许多战略行动的成功建立在他广泛阅读历史战例、思维沉淀的基础上，在关键时刻能够结合当时的自然地理环境特点"灵感闪现"。美籍奥地利政治经济学家约瑟夫·熊彼特（Joseph Can Peter）曾经强调，"个人的直觉与力量"是企业成功的钥匙。

所以，**适度管理，是管理者展现自己管理艺术的活动，也是管理的魅力所在。**

三是效益原理。

效益是管理的重要目的，**管理是对效益的不断追求**。虽然我们说员工的薪酬并非都是成果或效益的体现，但管理对效益和成果的追求是孜孜不倦的。

首先，管理效益的直接形态是通过经济效益得到表现的，即从劳动者的劳动效益及其所创造的价值来度量的。因为劳动效益和创造的价值是可以统一的、公平的评价机制。

当然，对劳动效益的评价，不同主体从不同的视角思考可能会有不同的评价标准。用不同的评价标准和方法，得出的结论也会不同，甚至相反。有效的管理首先要求对效益的评价尽可能公正和客观，结果越是公正和客观，组织对效益追求的积极性就越高，动力也越大，客观上产生的效益也就越多。

不论采用哪些具体的指标，企业效益的高低最终决定了企业的生存与发展能力。企业处于不同的发展阶段，其对生存和发展能力的要求也不同。企业需要做出自己生存和发展的能力指标。有一个指标最能体现公司的生存和发展能力，那就是市场评价指标，它通常以客户数量和经济效益来体现，所以这两个指标常常被特别强调和显现。

其次，追求局部效益必须与追求全局效益相一致。全局效益是比局部效益更高的一个管理目标。如果全局效益很差，局部效益的提高就难以持久。反过来，局部效益又是全局效益的基础，没有局部效益的提高，全局效益的提高也是难以实现的。局部效益与全局效益是统一的，有时又是矛盾的。因此，当局部效益与全局效益发生冲突时，管理必须做到局部服从全局，即低目标需要服从于高目标。

再次，管理要追求长期稳定的效益。不要只追求眼前利益，不要因眼前效益可观而躺平不去创新、研发，这样就有可能在激烈竞争中落败，失去未来。

最后，效益原理不仅让企业的管理积极进行企业技术改造、产品开发、人才开发，也间接地告诉职场人，无论当下自己的能力如何，保持持续成长之心，不断进取才有未来。

所以，**管理的效益原理是企业生存发展的永恒主题。**

四是责任原理。

管理追求人本原理、适度原理及效益原理，最终都需要劳动主体来实现管理目标。而要实现管理目标，**责任原理是不得不完全贯彻和彻底执行的。**

管理是追求效率和效益的过程。在这个过程中，要挖掘人的潜能，就必须在合理分工的基础上明确规定这些部门和个人必须完成的工作任务和必须承担的相应责任，同时设置合理的授权，让其能自主处理有关责任履行时的事项，提高工作效率。当然，员工付出了并且有为企业创造的价值，相应的收入匹配也需要确定，让员工有利可图。

于是，**管理最根本、伟大的原理就被设计出来。即责、权、利对等的基本原理。**

员工在岗位上，其职责、权限、利益是对等的。员工承担了相应的职责，履行了责任，那么也需要让员工具备处理事情相应的权限，员工付出后也应有对等的收益。

先谈责、权、利对等中的职责问题。

在"岗位，身份的价值"一章中，我们提到员工进入企业都有一个岗位，岗位来源于分工。分工是管理最根本的方法。

在合理分工的基础上，我们需要进一步明确规定各岗位应承担的责任，这就是职责。职责是组织整体赋予岗位上个体的责任，也是维护整体正常秩序的一种责任划分，具有组织的行政力和约束力。

分工一般只是对工作范围做了形式上的划分，但对职责在工作的数量、质量、完成时间、效益等要求上比较模糊。后文我们会讨论利用岗位职责事项化来细化职责。

一个组织如果其职责在事项化上越清晰，能明确在数量、质量、时间、效益等方面有严格规定和要求，员工就越能更好地履行职责。

岗位是落实到具体的责任人的，职责划分的目的就是让事事有人负责。主要职责界限需要清楚。在实际工作中，员工负责的程度、大小可根据其工作岗位离实体成果的远近来确定。

工作职位离实际成果越近，职责越容易明确；工作职位离实际成果越远，职责越容易模糊。所以，在建设职责体系时，应按照与实际成果联系的密切程度，划分出直接责任与间接责任、实时责任和事后责任。例如，在生产第一线的，应负直接责任和实时责任；在后方部门和管理部门的，主要负间接责任和事后责任。

岗位职责中还要包括横向联系的内容，即明确规定该岗位同其他单位、个人协同配合的要求，以提高组织整体的功效。

再谈谈责、权、利对等的权限问题。

在管理咨询的过程中，我们常常听到管理者抱怨下属员工工作效率低下、没有执行力。调研后发现，员工做每件事情都需要跟上级请示汇报，没有得到上级的允许只能停下来。久而久之，员工就只听从领导的安排了，领导安排什么工作就做什么工作，领导不安排就不做事，效率自然大打折扣。

划分岗位，明确岗位职责，其目的就是要让岗位上的员工自觉自动行事，如若事事都请示、汇报，员工完全没有被授予相应的处理事情的权力，就失去了管理分工的初衷。

所以，划分岗位职责后，就要授予员工相应的权力。如果没有一定的人权、物权、财权，任何人都不可能对任何工作实行真正的管理和履责。

职责和权限虽然很难从数量上画等号，但如果有责无权，责大权小，许多事情都得请示上级，由上级决策、批准，当上级过多地对下级分内的工作发指示、作批示的时候，实际上等于宣告此事下级不必完全负责。所以，明智的上级管理者必须克制自己的权力欲，要把下级完成职责所必需的权力全部委授给下级，由他去独立决策，自己只在必要时给予适当的帮助和支持。

我们在"岗位，身份的价值"一章中已经提到，职权是员工特别关心的，他关心自己是否有权处理哪些事情。在餐饮行业，海底捞的服务做得很不错，有人说："海底捞的服务，你学不会。"其实，从管理的基础逻辑讲，就是授权处置的权限如何分配到一线的问题。如果这个授权让员工真正成了岗位责任的主体，服务到位只是职责正常履行而已。

所以，我们说，**要授权到底，把权力分到一线去。要"相信答案就在现场"。**

再谈谈责、权、利对等的利益与分配问题。

权限的合理委授只是完全负责所需的必要条件之一。完全负责就意味着责任者要承担全部风险。职场人在承担风险时，都自觉不自觉地要对风险与收益进行权衡，然后才决定是否值得去承担这个风险。为什么有时上级放权下级反而不要呢？原因就在于风险与收益不对称，没有足够的利益可图。

所以，责、权、利对等原理，一定要设置相对应的收益匹配。"重赏之下必有勇夫"，勇夫是因为有重赏。

当然，这种利益不仅仅是物质利益，也包括精神上的满足感和成就感。所以，企业要建立多元化激励机制，让所有员工履行职责、完成任务后，可以获得自己想要的收获，由此，所有的员工履职后都会有赢的体验。

责、权、利对等原理是管理最根本的原理。企业管理做好了岗位责任、权力与收益的平衡分配，就能很好地激发劳动者，从而实现企业经营目标与员工成长的根本目的。

◇ 岗位上不胜任是正常的

岗位上不胜任是正常的，也是普遍的。

前文我们讨论了管理最根本的原理，责、权、利对等原理。在这个原理中，职责、权限与利益是匹配的，是对等的。所以，职责、权限、利益和能力之间的关系应遵守等边三角形定理。责、权、利对等的管理原理（见图3-1），也称为责、权、利对等的等边三角形原理。

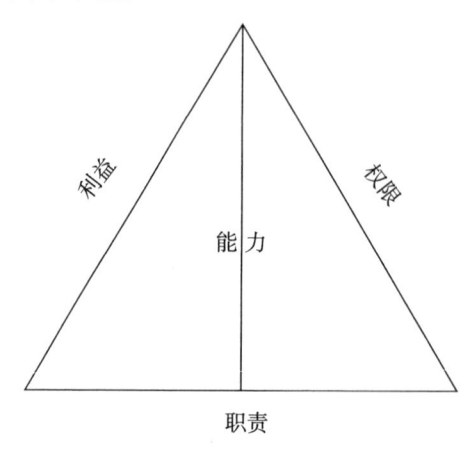

图 3-1 责、权、利对等的管理原理

在这个等边三角形中，职责、权限、利益是等边三角形的三条边，它们相等。能力是等边三角形的高。直角边小于斜边。能力略小于职责。

也就是说，在责、权、利对等的管理原理设计体系中，能力是小于职责、权限和利益的。

换句话说，在责、权、利对等的管理原理模型中，三角形的高小于斜边长，即能力是允许小于职责的。

这个事实告诉我们：在责、权、利对等的管理原理中，岗位管理中设置了对应的职责，也匹配了相应的权力，同时还给予了相应的利益（或者是待遇、荣誉等），但该岗位的员工能力是允许低一点的，即允许员工的能力仅能履行岗位上所有职责中的部分职责，或者说员工在履行职责时，允许员工的能力不完全胜任（三角形高小于斜边长）。

因此，我们得出这样一个用人事实：**岗位上不能胜任是正常现象，也是普遍现象**。当然，这也是责、权、利对等的管理原理允许的现象。

为什么我们要这样设计呢？

理由有三：一是让工作具有挑战性；二是谨慎使用权力；三是让员工感受到被重视和培养，保持持续学习的心态。

首先，在责、权、利对等模型中，能力小于职责的设计，让工作本身具有一定的挑战性。 在招聘和后期管理中，有非常好的效果。

比如，如果公司有一个岗位价值10万元。根据责、权、利对等原理，这个岗位的职责也是10万元，权利也是10万元。

假设有一个应聘者的能力值10万元，根据责、权、利对等原理，这个应聘者的能力肯定大于公司岗位所需要的能力。该应聘者自然能胜任该岗位职责。该岗位职责对他有没有挑战性？当然没有挑战性。一旦这样的应聘者进入公司，岗位上的职责任务对他没有挑战，正常工作就可以完成。他会认为，到这个公司是来贡献经验和能力的。管理者要激励这样的员工，难度就会大一些。

假设有第二个应聘者，他的能力值8万元，根据责、权、利对等原则，这个应聘者的能力刚好略小于这个岗位职责（职责10万元），其能力正好符合责、权、利对等所需要的能力水平。这时，岗位职责任务大部分他能胜任，有一小部分职责任务，他还需要学习才能完成。而公司给他的收益（或者是薪酬待遇）是10万元，超过了他的能力值（8万元）水平，一定程度上超过了他的预期值，他会很满意。正因为工作的挑战性和收益都超过了能力值和预期水平，员工上班后的努力程度自然会提高。他的工作自觉性就此也得到了提升。

不仅如此，工作本身的挑战性会激发员工内在的活力，使员工大大提高工作热情，员工会更加努力，甚至想方设法完成工作任务。

所以，"**工作本身就是激励。**" 苹果公司的创始人乔布斯始终这样说。我们千方百计寻找的快乐工作源泉，原来就在我们最根本的管理原理中：**责、权、利对等，能力略小于职责就是激励的源泉之一。**

学习并应用这个基本原理，是管理者的基本技能。

其次，当岗位职责有一部分不为员工所熟悉和胜任，工作本身带来的挑战性让员工在使用权力时保持谨慎。小心翼翼让权力发挥效力。

正因为责任者对部分职责的不胜任，企业在授权时，要遵循谨慎原则。同时，责任者接受授权从事不胜任的某项岗位职责时，也要小心谨慎，慎重用权。在决策这类事项时，要多方寻求帮助，征询更多人的意见。这种征询、集合更多人意见的过程，自然就增加了决策的慎重和透明，也避免了责任者的骄傲自大、自以为是，从而促使责任者更加感恩和谦卑，从而慎重用权、慎重决策。

这样的工作挑战与谨慎授权原则让责任者获得利益时也会产生更大的动力和约束。

最后，工作本身的挑战性促进责任者保持学习心态、空杯心态，向身边同事学习、向成功者学习。 正是有这样的学习氛围，让每一位参与者都能感受到自己在公司被重视、被培养。一同培养起来的团队，更有凝聚力和战斗力。

所以，责、权、利对等，能力略小于职责的管理原理，让岗位职责始终对责任者有挑战，虽然看起来岗位上的人不胜任是普遍的现象，但也是正常的管理原理设计。正因为如此，才让工作本身产生持续的激励效力。

当然，在设计能力略小于履职要求时，能力也不能太小，否则就会形成"担不起"职责的后果。这样不仅没有把人的潜力挖掘出来，反而把人"逼走"了。

◇积极的不胜任晋升策略

岗位上的不胜任现象是普遍现象，是责、权、利管理原理设计产生的，是正常现象。如果一个岗位上的员工，其能力始终都不能完全胜任职责，那这个员工合格吗？如果一个员工在岗位上通过学习培养已经能完全胜任了，岗位职责还有挑战吗？能否晋升完全胜任的员工到更高一级的岗位？

要回答上述问题，我们先来看看美国学者劳伦斯·彼得（Laurence Peter）提出的不胜任晋升原理，就能从中找到答案。

不胜任晋升原理，也被称为彼得原理，该原理指出，在组织层级中，员工倾向于晋升到自身不胜任的职位。具体来说，当员工在某个岗位上表现出色时，他们可能会被晋升到更高的职位，但往往没有足够的能力或经验来胜任新的岗位。这种现象在职场中普遍存在，导致的后果是，企业中的每个职位最终可能由不胜任的员工占据。这样就陷入了"升迁不胜任"的管理陷阱。

比如，将一个优秀的工程师提拔到管理岗位，因为没有相关的管理经验，很难做好相应的工作，对公司来说，失去了一个优秀的工程师，却增加了一个管理庸才。

出现"升迁不胜任"管理陷阱的原因是，大量企业因员工在某层级岗位上表现突出，工作业绩优秀，该员工就得到了提拔。这种单纯基于贡献决定晋升的员工晋升机制是"升迁不胜任"的罪魁祸首。

在"岗位，身份的价值"一章中，我们讲到企业要建立岗位胜任力模型，根据岗位胜任力模型对候选晋升员工进行分析、评测，能达标晋升岗位能力要求的候选者才有机会晋升，而不仅仅是凭某位员工在现级别岗位的业绩贡献来晋升。

以岗位胜任力要求达标来晋升，对这个原则企业经营者要保持清晰的认识，并严格做到，才能避免"升迁不胜任"的管理陷阱。

当然，新晋级的员工在新的岗位上因经验不足，能力履行上某些职责还有所欠缺，这是责、权、利对等原则的能力"略差"的部分，而不是能力差距太大而"担不起"，是可以通过后期在岗位上的培养和训练胜任的。

还有一部分人，他们完全能胜任现有岗位的职责，岗位职责的挑战性对他们来说已经不大。他们也有能力胜任更高的职位，但公司没有更高的晋升职位提供。对于这些优秀者，怎么办？

有两种方法可让这些优秀者继续保持优秀，而不至于在组织中显得"鹤立鸡群"受到排挤。

第一种方法是强迫性不胜任。

优秀者往往不会满足于已有的成就，而是执意要寻找更有挑战性的事情做，甚至于跨界发展。本书在后面"职场问答"的章节里提出"拥有2~3项技能"的策略，来帮助人们变得更加优秀。

第二种方法是在现有的岗位上持续精进，不断创新。寻求更多的能力空间，去完成更有挑战性的职责至高领地。

我们在某个领域待的时间长了，很难发现更高的创新空间。就像当年苹果公司要从电脑领域进入手机市场一样，乔布斯让工作人员把市面上最好的手机都买回来进行研究。通过研究分析，他说，市面上的手机都是二流货、三流货。当年的摩托罗拉、诺基亚、爱立信等手机品牌，都曾占据手机市场的霸主地位，拥有相当的市场份额。但苹果手机颠覆创新，一面世就达巅峰，抢占了手机市场的至高位。这说明了一个事实，创新时时刻刻都是存在的，就算已经是世界第一，也还有攀登的空间。所以，在岗位上持续精进，同样不失为一种挑战精神和进取的力量。每个岗位都存在"不胜任"的空间，等着我们去创新、创造。

所以，**我们认为"不胜任"现象具有积极性**。认识到自己的"不胜任"，始终追求上进。晋升不一定晋级，但不断精进就会收获技能的晋升、精神的晋升，从而实现自我价值和自我成就。

第 4 章

让责任心成长起来

员工是岗位的主人

当代著名伦理学家汉斯·约纳思（Hans.Jonas）说，**20世纪伦理学的核心问题是责任问题。**

人是自然人，更是社会人。人与人之间在一定意义上说是一个命运共同体，也是一个责任共同体。

进入职场，是人作为社会人最重要的生命节点。职场人从此拥有了一个重要的角色——岗位角色，这是一个人最重要、最接近直接收入来源的角色，影响重大。有此岗位角色，它就确定了职场人在职场中的社会关系，有角色就有关系，反之有关系也有角色。有角色就有责任，有责任就有担当。

因此，进入职场，人们关注岗位责任、责任心、责任担当等素养和行为，自然比以往任何时候都高频。

让责任心成长起来，认真履行职责，就成了职场人最基本的要求。

进入职场听得最多的高频词，大概当属"责任心"了。特别是当一位员工工作计划性不强、工作延后、效率不高、交办的任务疏忽时，常常就会被扣上不够积极、责任心不足的帽子。

正因为上面的不当现象，一谈到责任、责任心，好多职场人都会紧张，甚至有意回避讨论责任和责任心的问题。

事实是，回避责任是人的天性。但作为职场人，我们又不得不面对责任、责任心，甚至不得不面对不断拉高的责任意识和不断增多的责任和任务。

责任究竟意味着什么？为什么在一个团队里，一般员工的责任心和责任意识并不高，而作为管理者责任心总是很高，他们不断希望下属员工要有责任心，要有担当和多一些责任？

所以，职场人要理解责任的深刻含义，面对责任与责任担当，收拾心情，让责任心一点点成长起来，不断完善自己的职场人格。

责任的理性认知

责任一般有两层含义。一是指分内应做的事，如职责、尽职、岗位责任等。二是应承担的过失，即当没有履行好职责，没有做好工作时，应承担的不利后果或强制性义务。

我们常常谈的责任心,一般是指一个人对自己、对他人、对集体乃至对社会应尽的责任和义务的认知态度,是对事情敢于负责、主动负责的态度。简而言之,责任心是一个人对责任履行的认知、态度和自觉、自愿转化到行动上的一种积极心态。因此,谈责任时人们常常也同时谈责任心。

谈起责任,人们常常感到有压力,一方面,"问责""压实责任""法律责任"等这些责任意识和自己负责的事情出现问题的责任义务,让人们感到责任是一个沉甸甸的负担;另一方面,责任在我们日常的理解范式里,常常被扩大到舍己为人、牺牲自我、道义、信念的层面,这种对责任不断拔高的美好期望和道德要求,久而久之就会变成空洞的责任说教和灌输,让人敬而远之。

如何深刻理解责任、定义责任?我们要回归到人的自我成长、人的社会性角色基础上,从人在组织群体中"分工合作,竞争成长"的自然法则上理解责任与社会伦理,对责任进行层次结构的理性理解,从而建立起理性的责任意识与责任管理,促进人们更好地分担责任、融入集体、发展自己。

责任是一个体系。本书参考方志良先生提出的责任动力学 4R4P 理论,我们**把责任范式划分为四个层次,一是自我责任,二是能力责任,三是角色责任,四是格局责任**(见图 4-1)。

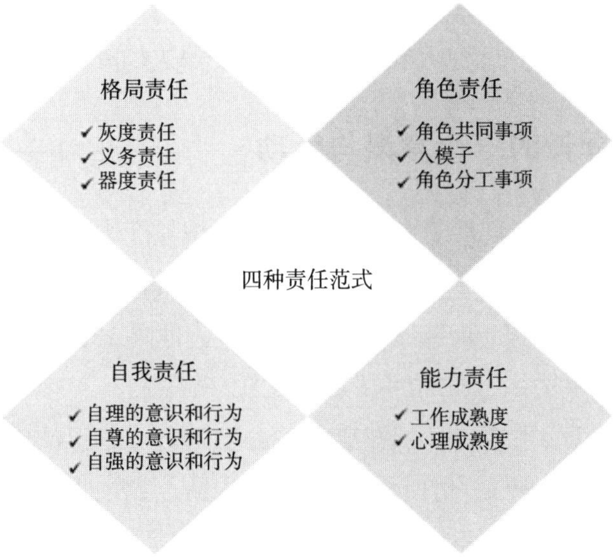

格局责任
✓ 灰度责任
✓ 义务责任
✓ 器度责任

角色责任
✓ 角色共同事项
✓ 入模子
✓ 角色分工事项

四种责任范式

自我责任
✓ 自理的意识和行为
✓ 自尊的意识和行为
✓ 自强的意识和行为

能力责任
✓ 工作成熟度
✓ 心理成熟度

图 4-1 四种责任范式

自我责任，人的本性是主动而非被动的自我意识的能力。它是提升自我主动性积极适应外界，并提升自我能力的自主责任意识。

能力责任，是人们对自己肩负的社会角色是否有相应的能力来承担和实现的责任和任务，这类责任和努力付出、能力与结果差异息息相关。

角色责任，是人的社会属性引起的。人们在工作生活中的任何角色都有相应的事务，做好这些事务是人最基本的责任。

格局责任，是"可做、可不做"或者说"有所为、有所不为"的事务，是非强制性约束事务。这类责任事务构成了我们工作和生活中非常大的一部分。因每个人自身对这类事务评判标准的不同，我们称之为格局责任，如捐款、社区公益事务、更大团体的目标实现事项等。

自我责任

自我责任就是对自己负责，即对自己的生存和发展承担责任。它总体表现为：积极主动地应对环境、主动创造有利环境、不断提升自己的认识和能力。

人类适应环境、不断进化的事实，告诉我们人性的本质是主动而非被动。人的这种主动本性的自我意识（Self-awareness），催生了自我成长的意识和责任。因此，本性上，人人都会为自己的成长和发展负责，这就是人们自我责任的意识和态度。

◇ 自我责任的三个意识与行动

关于自我责任，人们常说的有三个方面的意识与行动。

一是自理的意识和行为。自己为自己的工作生活肩负起责任，不依赖别人，自己能处理工作生活中的事务。自理意识强的人，他们会努力提升自我能力，能独立处理各种人际关系，能独立承受各种压力，等等。

二是自尊的意识和行为。自我尊重，洁身自爱，保持自我的尊严，发自内心的自我肯定，正面积极评价自己，确信自身力量，常常把许多"我能行"的经历归结为自己的人格组件。

三是自强的意识和行为。努力向上，自我勉励，面对挫折时，能够迅速调整自己的状态，不断提升和完善自己，奋发图强，《周易·乾卦·象传》中的"天行健，君子以自强不息"就是自强不息的状态。自强者脚踏实地，面对挫折不屈服、不退缩，百折不挠，一步一个脚印地向理想迈进。

无论是自理、自尊还是自强的意识和行为，都诠释了自我责任的积极人格特质。自我责任意识高的人，他们不会将自己的行为归咎于他人或外部因素，无论外界如何变化，他们自我成长，勇于面对，勇于承担；自我责任意识高的人，他们能肯定自我，追求挑战，不断激活自身潜能，完善自我人格；自我责任意识高的人，他们积极面对困难、不埋怨厄运，主动迎难而上，孔子说，他们"笃行信道，自强不息"。

◇关注圈与影响圈

我们成长起来的"自我责任"中，"积极""主动"是其最为重要的根基和行事准则。

美国著名的管理学大师史蒂芬·柯维（Stephen Covey）在《高效能人士的七个习惯》中提出了关注圈、影响圈的概念，如图4-2所示，告诉人们要**扩大影响圈，以帮助人们更好地构建积极主动的意识和自我责任的建立。**

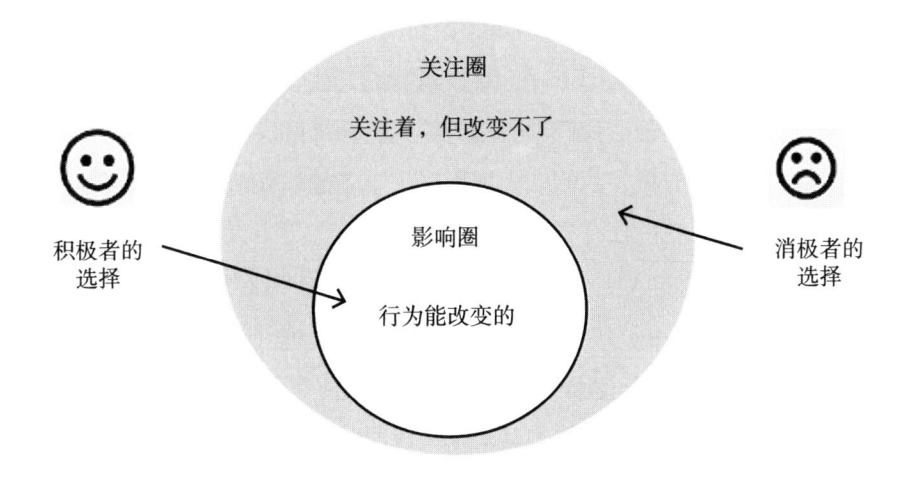

图 4-2 关注圈、影响圈关系图

员工是岗位的主人

我们每个人都有自己格外关注的问题和事项，比如有些人特别关注工作、事业，有些人特别关注孩子的教育、家庭婚姻、养老健康，还有人特别关注世界军事、明星八卦等。这些都构成了我们的"关注圈"，而"关注圈"以外的事情，就会减少关注，以集中我们的精力。

在这些关注圈里的事物，有些是我们可以掌控的，有些是我们掌控不了的。那些可以被我们掌控的事情，就被圈成一个更小的圈，这就是我们的"影响圈"。

比如关于上班迟到的问题，如果我们说，"因为今天早上特别堵车"，这说的就是"关注圈"的问题；如果我们说，"今天早上我起床晚了"，这说的就是"影响圈"的问题。

同样，当市场竞争加剧、公司产品销售下降时，如果我们说"竞争对手今年新开发一款产品，抢占了市场""竞争对手都在降价，我们没有竞争优势""竞争对手是国际品牌，我们是本土品牌"等这些话，说的都是"关注圈"的问题；如果我们说"销售人员销售技能不高，影响了销售额""我们因服务不及时，导致几个大客户丢失""我们原计划新增5个区域市场未能实施"等时，我们关注的就是"影响圈"的问题。

如果我们的精力专注于"关注圈"那些我们不能掌控的事物，基本可以判断这个人不是一个积极主动的人，因为那些我们不能掌控的事物正是我们逃避事实、回避问题的最好理由。

如果我们的精力专注于"影响圈"，即专注于那些我们能力可为、可以掌控的事物，我们就会勇于承担责任，寻找可行的方法、路径去解决问题，达成目标。当一个个这样的问题在我们影响圈的能力范畴被解决时，我们的影响圈就会不断地扩大、扩张和成长，我们就会累积越来越多的积极能量，也就会越来越能自理、自尊、自强了，也就有了更多的自我责任担当了。

反之，消极被动的人则全神贯注于"关注圈"，紧盯环境问题、外部因素及他人弱点等超出个人能力范畴的事情不放，结果会越来越怨天尤人，并不断为自己的消极行为寻找借口。消极被动的人错误地关注焦点，自然产生消极的能量，再加上对力所能及的事情的忽略，甚至是一次次的忽略，最终造成他的影响圈日益缩小，如图4-3所示。

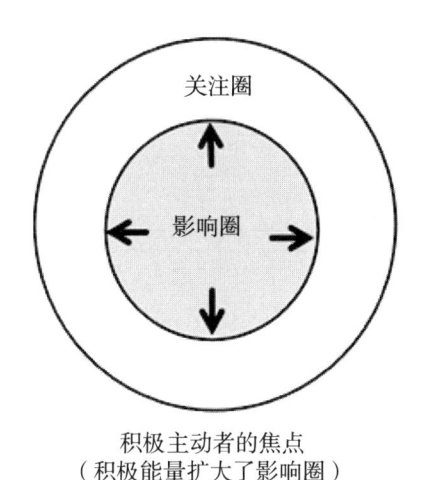

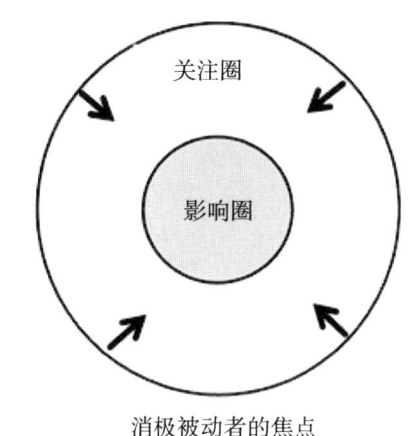

关注圈　　　　　　　　　　　关注圈

影响圈　　　　　　　　　　　影响圈

积极主动者的焦点　　　　　　消极被动者的焦点
（积极能量扩大了影响圈）　　（消极能量缩小了影响圈）

注：参照《高效能人士的七个习惯》相关内容绘制。

图4-3　积极主动者与消极被动者的焦点示意图

只要我们的焦点在关注圈，就等于允许自己受限于外界条件，自然就不会主动采取必要措施来推动积极变化。自我责任担当就难以成长起来。

一般情况下，我们的关注圈往往不小于影响圈，这样更能符合基本事实并能有效发挥我们的影响力。积极主动的人虽然更看重自己的影响力，但人与人的地位、财富、角色与人际关系不尽相同，因此在某些情况下，一个人的关注圈可能会小于影响圈。这说明此人由于自身的缘故，在情感方面缺乏远见和判断力，消极而又自私，全部精力都放在了关注圈内。

了解了史蒂芬·柯维提出的"关注圈与影响圈"的基本概念，以及我们倡导的自我责任、积极人生的态度，我们来看一看"关注圈与影响圈"的三个应用建议。

面对问题时的应用。

我们把面对的问题分为三类：一类是可直接控制的（问题与自身的行为有关）；二类是可间接控制的（问题与他人的行为有关）；三类是无法控制的（我们无能为力的问题，如我们的过去或现实的环境）。对于这三类问题，积极主动、自我责任强的人都是从影响圈着手加以解决。

可直接控制的问题：通过培养正确习惯来解决。培养出来的习惯，当然在我们的影响圈范围内。

可间接控制的问题：可以通过改进施加影响的方法来解决，如采取同理心沟通、以身作则等方式处理。

无法控制的问题：真诚与平和来接受现实。即使有再多不满，也要学着泰然处之，这样才不至于被问题控制。

无论是能直接控制的、间接控制的，还是无法控制的问题，解决的第一步都掌握在我们自己手中，就是在影响圈范围内去处理。

提高自我影响力的应用。

一个令人鼓舞的事实是，当我们对外部环境选择积极的回应方式的同时，我们对外部环境的影响力也得到增强，即我们的影响圈在扩大，我们的影响力也在提升。

当我们遇到一个问题，消极的人会说：

"我已无能为力了……"

"我就是这样。"

"他把我气疯了！"

"他们不会答应的。"

"我不能……"

"我不得不……"

"要是……就好了。"

……

积极的人会这样说：

"试试看有没有其他的可能性……"

"我可以选择不同的作风。"

"我可以控制自己的情绪。"

"我可以想出有效的表达方式。"

"我能选择恰当的回应。"

"我选择……"

"我更愿意……我选择……"

"我打算……"

消极的人，其关注的"关注圈"带有强烈的假设性质，即问题我掌控不了，我没有办法了。消极的人，给了外部环境控制自己的权力。自我责任自然弱小，无法担当了。

积极的人，关注"影响圈"，其话里话外带有坚定的肯定和强大的自信，体现了他的自强、品行与修养，影响力自然外溢。这种"由内而外"的积极改变，即先改变个人行为，让自己变得更充实，更具创造力，然后再去施加影响，改变环境，自我责任强大了，影响圈与影响力都会扩大。

应对错误时的选择。

人们会说"自作自受"。即自己选择做的事情自己承担后果，这也是自我责任的表现。

在生活和工作中，我们常常会做出错误的选择。当做出错误的选择时，我们常常又后悔不及，悔不当初，但又无能为力。于是我们又想象着，如果再有一次机会，必会另作他选。

对于已经无法挽回的错误，积极主动的人不是悔恨不已，而是承认往日错误已属关注圈的事实，那是人力无法企及的范畴，既不能从头来过，也不能改变结果。

对待错误的积极态度应该是马上承认错误并立即改正，从中吸取教训。这样才能不会犯第二次，从而在未来拥有更多的胜算。

如果犯了错却不肯承认和改正，也不从中吸取教训，就等于错上加错，自欺欺人。实际上伤我们最深的，既不是别人的所作所为，也不是自己所犯的错误，而是我们对错误的回应。因为我们对任何错误的回应都会影响到下一刻发生的事件，所以，犯了错一定要立刻承认并加以改正，避免殃及未来，这样我们也会重获力量。

有自我责任的人，他们会花更多的精力关注影响圈，积极主动面对事实，并做出自身内在的改变，从而影响外部环境。在这个自我改变、自我担责解决问题的过程中，他们的能力在提升，影响力也在提升。影响圈与影响力相得益彰。

关注影响圈的培养过程，就是培养影响力的过程，就是培养积极主动、自我责任的过程。

能力责任

无论是在生活还是在工作中，每一个成年人总是渴望与高绩效者合作。因为，每个人的内心都想获得高绩效，获得高分成绩。

高成就感，就有适度的竞争。这时人们就必须比他人付出更多，就需要考虑通过"努力并结合能力做"更多事务。由于这类责任和努力付出、能力与结果差异息息相关，我们就把这类事务定义为能力责任。

责任，英文为Responsibility，是由Response（回应）和Ability（能力）两个词合成，即责任可理解为人们选择回应的能力。

所以，能力责任要做的事，首先需要提升人们的能力，即需要提升职场人的工作成熟度和心理成熟度。

美国行为学家保罗·赫塞（Paul Hersey）博士和肯尼思·布兰查德（Kenneth Blanchard）共同提出了情境领导力理论，他们把个体对自己的直接责任行为划分为两个方面，即工作成熟度和心理成熟度。其中，工作成熟度主要是指一个人完成某项任务所需的知识和能力；心理成熟度是指一个人做某件事的意愿和动机。前者指的是能力，后者指的是动力。

◇ 工作成熟度

工作成熟度是指一个人完成某项任务所需的知识和能力，细分为知识、才干和技能三部分。

谈谈知识。

知识，是人们在生活中不断积累与传承的经过加工、整理和归纳的信息，是人类最重要的意识成果。这些信息集合起来的知识，一方面可称为**事实类知识、概念类知识，**另一方面可以称为程序类知识和经验类知识。

所谓事实类知识，它是我们学习交流、理解的基本要素，包括一些术语、细节等。比如，我们知道的一些事件、地点、人物、日期、信息源等知识，我们参加高考时，语文老师让我们背诵的相关历史事件、唐宋八大家的主要作品等，都属于事实类知识。

概念类知识，是关于分类、类别及它们之间的关系的知识，包括分类、原理和通则、理论、模型等，它们是最抽象的知识。例如，我们进行的学科分类、文学作品分类；以及物理课中的一些基本定律、热力学第三定律、各种化学理论、数学方程等都是概念类知识。如 1+1=？三角形的内角和等于多少？这些都是概念类知识。而 1+1=2，三角形内角和等于 180° 就是事实类知识了。

关于概念性知识，最重要的、最显专业水平的就是对原理、原则和通则的应用。因为在一门学科中，原理和通则占支配地位，我们用它们来研究该学科的现象或解决问题。在上大学的时候，老师总是让我们首先记住各学科的那些概念、原理及应用场景，还不厌其烦地告诉我们，要会应用这些概念进行交流、应用这些原理解决问题，这就是我们的专业表现。我们往往觉得，讲一讲这些概念就很专业了，满不在乎不相信的样子。工作以后才发现，老师当年讲得真对呀。因为在工作、生活中，能够很快识别出某个工作场景下有意义的模型并轻易激活与之相关的知识，是专业水平最重要的特点之一，即我们是否拥有运用专业原理、通则知识解决场景问题的专业能力。

所以，事实类知识和概念类知识，在我们上学时就应该有所学习和了解，并在实践中较轻易地激活，随时调用。这些事实类知识、概念类知识可以帮助我们很好地在工作中入门。

程序类的知识，是关于如何做某事的知识。

程序类知识以需要遵循的一系列或序列步骤的形式出现，它包括了技能、算法、技巧和方法的知识，也称为"程序"。程序类知识还包括了运用标准确定何时何地运用程序的知识。

程序类知识可分为三类：具体学科的技能和算法知识、具体学科的技术和方法的知识、确定何时使用适当程序的准则知识。如绘画技能、打篮球的技能、数学算法 3+2=5 的算法知识等，属于具体学科的技能和算法知识；人力资源管理的研究方法、物理学的研究方法、评估健康概念的方法，这些方法属于某一领域或学科的共识或相关专业人士思考和解决问题的方式，属于具体学科的技术和方法的知识。这类知识的结果是开放的，但有专一性也有不确定性，因为程序类知识是通过达成共识、取得一致意见或学科规范等途径得到的结果，而非直接来自观察、实验或发现。

在程序类知识中，确定何时使用适当程序的准则知识，这就涉及知识迁移能力的问题，例如，在培训课堂学到的工具和方法，一回到工作现场，就不知道该选哪个工具、如何使用，这就无法学以致用了。

程序类知识，更多关联着技能的训练，接下来我们还会详解。

经验类的知识是什么呢？

举个例子，当我们品尝柠檬时，会有一种清香的酸味；品尝苹果时，会有一种甜、脆、汁多且浓郁的果香。这些都是我们的味觉传递给我们的水果的味道、口感等的直接信息。这些基于实践、观察、感知等方式获得的、直观的、具体的、感性化的直接经验和感受，就是经验类知识。

经验类知识主要是人们在实践中积累的知识，它通常源于亲身观察、描述或记录的事实。这类知识不仅仅是表面现象的描述，还包括对观察到的事实的深入理解和总结。它具有一定的主观性，它是人们在实践中积累的观念、流程及自我意识。正是因为经验类知识建立起来的观念、流程和自我意识，它是人们在许多专业领域中不可或缺的宝贵经历。所以，在面试过程中，面试官常常会问："过去做过类似的项目吗""你在这个项目中，担任什么角色""说出当时项目执行中，你都采取了哪些行动"，等等，这些问话都是考查你在过去的工作中，是否积累了相当的经验类知识。

作为职场人，经验类知识是必不可少的。对于职场新人来讲，没有相关工作经验，又如何能积累经验类知识呢？实训、实习都是积累经验类知识最好的方法。国家教育层面很重视实训、实习，职业技能培训同样重视实践，这些都是基于经验类知识的积累。

程序类知识、经验类知识与事实类知识和概念类知识有什么区别和联系呢？

程序类知识和经验类知识反映的是各种过程的知识，事实类知识和概念类知识是涉及结果的那些知识。例如，通过一系列的销售技巧（程序类知识和经验类知识）的运用，与顾客签订了销售合同（概念类知识）。

事实类知识和概念类知识是关于"是什么"（What）的，程序类知识和经验类知识是关于"如何做"（How do）的。

职场人在企业里应该掌握的事实类知识和概念类知识包括公司历史、公司文化、行业知识、产品知识等。生产流程、销售技巧的学习和掌握则是程序类知识和经验类知识。

作为一个职场人，能力提升，特别是做事的技能（How do）提升，当是最应该关注的。

谈谈才干，才干是先天的禀赋。

职场人的工作成熟度，包括知识、技能和才干，前面我们已经谈了知识，包括事实类知识、概念类知识及经验类知识。在讲技能之前，我们先谈一谈才干。

盖洛普提出的优势才干理论，根据"优势理论之父"唐纳德·克利夫顿（Donald Clifton）博士的定义，才干是一种贯穿始终，并能产生效益的反复出现的思维、感觉和行为模式，它是天生的禀赋，是本能反应的、不需要理智思考的怎么想、怎么做、怎么感受，其反映的更像是潜意识的本我表现。

优势才干理论，把才干分为四大类型：执行力才干型、思维才干型、影响力才干型、关系型才干。执行力才干型的人追求结果、成就动机十足；思维才干型的人逻辑性、分析能力强，是核心决策者的能力要素；影响力才干型的人自信、勇于竞争、善于沟通，是人际交往的润滑剂；关系型才干的人耐心、善于倾听、包容、善于达成共识，维系合作。不同才干的人，对同一事件的处理方式不同，正是这些不同的处理方式形成了不同的潜能特质。

当个人在自己最突出才干的基础上，通过实践磨炼并与相关技能和知识结合时，产生的持续、近乎完美的表现，就叫作优势。

所以，现代管理学之父彼得·德鲁克（Peter F.Drucker）说："大多数人穷尽一生去弥补劣势，却不知从无能提升到平庸所要付出的努力远远超过从一流提升到卓越所要付出的努力，唯有依靠优势，才能实现卓越。"

为此，我们要问一个最基本的问题：**"一个组织聘用你，是想用你的优势，还是劣势？"** 我想不用回答，每个人都心知肚明那个答案。所以，我们要用优势工作。

关于用优势工作，我们会在后面的章节中继续讲解。

谈谈技能。

回过头来，我们讲一讲关于"技能"的问题。这是职场人最应该关注的能力提升点，也是最容易提升的能力点，当然这也是最容易被忽视的能力提升点。

什么是技能？它又是什么知识、什么能力？

技能，是人们运用已有的知识经验，通过练习而形成的一定的动作方式或智力活动方式。它包括初级技能和技巧性技能。前者是借助于有关的知识和过去的经验，经过练习和模仿而达到"会做"某事或"能够"完成某种工作的水平。后者则要经过反复练习，完成一套操作系统以达到自动化的程度。

从技能的定义看，技能特别强调经验、练习和模仿，特别强调要反复练习，以达到自动化程度。"经验""模仿""反复练习""自动化"这些词语，无一不告诉我们，技能是一种程序，前面我们也谈到技能是一种程序类知识，选择是一种熟练到自动化的程序。

由此，我们可以给技能另外一种定义：

技能，经验类知识的规范化总结，并形成做事的步骤或程序。

比如，要做一道鱼香肉丝家常菜，如果你不会做，怎么办？

这时，我们常常会选择在网络上查询，因为已经有人在网上总结了相关的程序类知识。具体如下。

第一，食材准备：猪里脊肉350克、胡萝卜1小根、笋子1根、干木耳4朵、盐1勺、淀粉1勺、酱油3勺、砂糖4勺、醋4勺、水5勺、蒜大半个、姜1块、葱两根、料酒适量、油适量、郫县豆瓣酱2勺。

配料：胡萝卜、笋子切丝；黑木耳温水泡发，切丝待用。

第二，肉丝处理：猪里脊肉切丝，用冷水浸泡直至泡出血水，滤干，加入料酒、淀粉、盐、少量植物油腌制半小时。

第三，调配鱼香汁：姜、葱、蒜切末，加入1勺盐、1勺淀粉、3勺酱油、4勺砂糖、4勺醋、5勺水调匀。

第四，烹饪过程：第一步，热锅热油倒入肉丝大火炒至肉丝变白；第二步，转中火加入郫县豆瓣酱炒出红油；第三步，倒入胡萝卜、笋子、黑木耳丝大火翻炒至熟；第四步，倒入调配好的鱼香汁，约一分钟翻炒均匀即可出锅。

按以上步骤操作，即使是一个不怎么会炒菜的人，也能做出过得去的一道菜（业绩成果）。所以，将所有积累的知识归纳为一系列的步骤，依照步骤行动，就能创造过得去的业绩。

于是，我们就得出一个技能公式：**技能 = 步骤**。

销售人员线下面对面销售行为，其销售技能是否也属于程序类知识，可以设计成相应的技能步骤，让所有销售人员都能掌握？

事实是，销售人员的销售技能当然属于程序类知识，可以设计成技能步骤。

服装销售人员的技能步骤案例

一个销售女性服装的社区门店，平时的居民消费者基本上都是附近的。一天，一位中年女士进店后，在一件中意的衣服前看了又看。销售员小李一看，是刚搬到这个社区居住的张姐，之前见过面。小李走上前，正想给张姐推荐，张姐却开始"抱怨"起来。于是，她们之间就发生了下面的对话。

张姐一脸严肃地说："哦，这件衣服的款式、面料与旁边那家一模一样，你们比别人贵一倍。"

销售员小李一听这话，赶紧接话："张姐，您真有眼光，看来您看得很仔细呀。"随后停顿了一下，接着说："昨天，你们小区的王姐过来，也这么说，跟你说的一模一样。"

当张姐转过脸看着小李时，小李发现张姐脸上表情舒缓、自然了很多。

小李接着说："后来，王姐买了两件。"

"我们家的衣服，确实是稍贵一些，但我们家的衣服是全手工制作，面料也是进口的，还有一年6次的清洗护理服务……"

"张姐，这件衣服，您观赏半天了，很适合您，穿在您身上，在成都春熙路上走一走，肯定会成为网红打卡对象，回头率120%。"

小李说着，顺手取下衣服，指引着张姐走向试衣间。

"张姐，您去试一试吧。"

……

销售员小李与顾客张姐的对话和行为，从赞扬肯定、佐证再次肯定、列出公司产品与服务的优势和特点、假设成交法，到最后邀约顾客试衣的行为，一共

5个步骤，每一个步骤都体现了销售员小李的诚意和专业水平。

无论这次与顾客张姐是否成交，小李专业的销售步骤，传递给客户的诚意，让人感受到了不错的满意度。从大数据和长远来看，坚持这样的销售行为，一定会创造不错的业绩，提升销售的成交概率。

如果销售人员多次练习，反复练习，并根据自己的心得体会不断优化沟通语言，简单重复，并把一次次的销售经验总结融入相关的对话程序中，就能持续提升其销售技能，从而创造不错的业绩。

同样，在炒鱼香肉丝的过程中，我们还可以根据自己的口味和需求，调整做法和步骤，如增加或减少醋、糖、豆瓣酱等调味料的分量等，我们做的鱼香肉丝这道川菜，就会更加符合自己的喜好。也就是说，我们炒鱼香肉丝的技能越来越好，技能水平提升了。当炒鱼香肉丝的技能提高后，以上的步骤就变成了简单重复的动作而已。

所以，建立相关技能步骤后，简单重复，持续优化，就是技能提升的关键要领。

由此，我们又得出**技能提升的公式：技能＝步骤＝简单的动作重复做。**

对于职场人来讲，在工作中要处理各种事项，完成多种任务，所以，要不断总结处理这些事项、完成这些任务的工作步骤，积累并优化这些工作步骤。当工作步骤模型积累得越来越多，面临新工作场景时，这些模型就会自动化地调用、激活，工作效率就会大大提高，随之综合技能也就提升了。

正因为我们积累了很多技能，我们就能证明自己有能力胜任某个职位，很多时候人们还可以通过取得相关专业的证书、职称等来证明自己能承担某个职位，具有相应的能力和责任。

所以，技能，是我们承担起能力和责任的基石。

◇心理成熟度

心理成熟度，是员工想不想干，意愿度的问题，它也是职场人能力责任最重要的表现。

心理成熟度，包括三个方面的内容：一是内驱力动机；二是外驱力激励；三是专注度。

作为一名职场人，如何才能发现工作本身的激励呢？作为一个管理者，又如何激发员工的内驱力呢？

赫茨伯格"双因素理论"（见图4-4）给出了答案。

在研究激励因素时，赫茨伯格发现了一个有意思的问题：在你过去的工作中，什么时候、什么阶段你的状态最好？举三个例子分析一下是什么原因让我们满怀激情？

调查得出的结论是——当我们回忆起满怀激情、创意不断的时候，通常会提到工作意义、赏识、提升、成长的可能性、责任、成就感等激励因素，却很少谈及工资、福利、地位、安全、工作环境等保健因素。导致员工满意的全部因素中，有81%是激励因素，19%是保健因素；导致员工不满的全部因素中，有69%是保健因素，31%是激励因素。

这个发现让我们理解了，**德鲁克之所以"不谈"激励，是因为他早已明白，让员工工作有效、帮助他们获得成就感就是对他们最大的激励**。赫茨伯格的双因素理论，归纳为内在动机类的激励因素以外在动机类激励的保健因素。

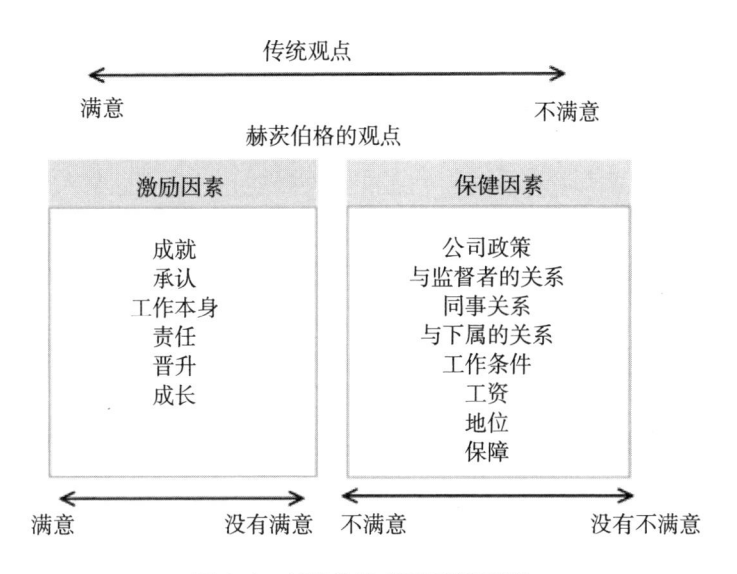

激励因素	保健因素
成就 承认 工作本身 责任 晋升 成长	公司政策 与监督者的关系 同事关系 与下属的关系 工作条件 工资 地位 保障
满意 ←→ 没有满意	不满意 ←→ 没有不满意

传统观点：满意 ←→ 不满意
赫茨伯格的观点

图4-4 赫茨伯格"双因素理论"

谈谈内驱力动机。

工作动机，也称为内驱力，是工作本身带来的激励和动力。

赫茨伯格在"双因素理论"中指出，**工作的意义、成就感、成长及认可，最能激发员工的内驱力。**

工作的意义是自己寻找并获得的，与自己的需求、使命原则有关。根据马斯洛的需求层次理论，处于不同层次需求的人，对工作意义的理解有所不同。处于生理需求层次的人，更多地认为工作就是为了生存；处于安全需求层次的人，更多地认为工作就是为了人身安全、健康的保障、职业的稳定等；处于社交归属需求层次的人，更多地认为工作有同事、有组织，有归属感；处于尊重和自我实现层次的人，更多地认为工作能得到尊重，能实现理想和抱负等。

无论我们处于哪一个层次的需求，工作本身带来的意义都需要我们自己去寻找。作为职场人，一定要找到自己的工作意义，你才能更好地去工作并实现其意义，这本身就是一种工作动机，能激励自己。

有人说，我工作就是为了赚钱，谈不上什么意义。

其实，如果我们再深入探索就会发现，不管我们做什么工作，都可以帮助别人解决某些问题，又或者是可以满足别人的某些需求或欲望。就像我们之所以工作，就是为了满足我们的需求和欲望，这就是最直接的工作意义。

正如前文我们所说的卖衣服，衣服不仅能帮助客户保暖，还能让客户看起来更有气质、更有魅力；卖保险，就是为别人提供医疗保障，当他们突然病倒时，不至于把一生的积蓄都花在看病上，还能够安心地养病，不让家人担心；花时间总结一个方法并分享给同事，不仅自己收获了提升的机会，还可以帮助同事提高工作效率。这些都是工作的意义。

当我们寻找到这些工作的意义时，我们就会在工作上更加有热情，反过来，这又驱使我们去寻找更多的自己工作的意义。

除了员工自身寻找工作意义自我激励外，管理者也要激励团队，管理者要为员工创造成就感。如为员工提供不断创新、具有挑战性的工作；当有明确的权利和责任，提供机会让员工为自己的事情做决策；给予指导和反馈，信任他们、欣赏他们，进步时给予肯定。这些都是激发员工成就感的有效措施。

还有，员工要为自己建立一个长期、短期相结合的职业规划。通过短期目标的实现积累可视化的目标成果，同样可激活内驱力，让内驱力在线。

谈谈外驱力激励。

外驱力，是人们在从事某个活动的行为而取得的外部的，而非内在的对个人兴趣的驱动。外驱力激励通常包括金钱、分数、强迫、惩罚等。竞争总体上也属于外在动机，外部激励。

外驱力，总体表现为赫茨伯格"双因素理论"中的保健因素特点，即有的时候激励力度不大，没有的时候，负激励效果明显。例如，涨工资没有什么感觉，降工资的反应就十分强烈。所以，工资更多体现的是保健因素，总体上属于外驱力因素。

有个广为人知的负激励经典案例，管理者应避免之。

有一位老教授退休了，买了一栋花园别墅，期望过上清静的晚年生活。

入住后才发现，有一群孩子每天在窗下玩耍，吵得他生活不得安宁。老教授计上心来，出门对孩子们说："你们每天在这里辛苦地玩耍，为了表扬这种行为，每天给你们每人10元，麻烦你们一定每天来玩。"

孩子们听后，每天玩耍之外还有10元奖励，越玩越开心；10天过后，老教授愁眉苦脸地对孩子们说："最近经济不景气，对不起，只能每人5元，希望你们继续玩下去。"

就这样，老教授隔三岔五降低奖励金额，孩子们嘴上不说，但心中有所不满。直到一天，老教授居然每人只给1元，孩子们的愤怒彻底爆发了："老头太不像话了，怎么能这样对我们？我们这么辛苦地玩，居然只给1元，以后我们再也不来这里玩了！"

游戏与回报、收入关联，原本孩子们在游戏中获得开心和快乐，最终却转移为辛苦的劳动。这成了负激励的经典案例。

谈谈专注度。

专注度，就是做事情的专心程度，即人们集中注意力和投入精力在特定任务或活动上的程度。这也影响我们的能力责任展现。

随着信息的爆炸和多任务处理的需求增加，专注度已经成为职场人一种珍贵的能力。

影响专注度的因素很多，主要有环境因素、心理因素及任务特性。

环境因素：嘈杂的环境、干扰因素和舒适度会影响人们的专注度。一个安静、整洁、舒适的工作环境可以提高专注度。

心理因素：情绪、压力、焦虑等心理状态会直接影响专注度。保持积极的心态、定期休息和进行放松活动有助于提高专注度。

任务特性：任务的复杂性、有趣性和挑战性会对专注度产生影响。一个有趣并能够挑战自己的任务更容易吸引人们的注意力。

作为职场人，如何提升专注度呢？我们提供以下一些简单的策略。

首先，创造良好的工作环境。保持工作区域整洁、安静和舒适。远离干扰因素，如嘈杂的音乐和社交媒体。

其次，在工作之前制定详细的目标和计划。列出任务清单和时间表，专注于清单里的事项有助于提高效率和避免分散注意力。

再次，特别要做到的是集中注意力，减少干扰，如关闭手机通知、禁用社交媒体、微信、抖音及电子邮件提醒。专注于当前任务，最好是一个目标任务，避免过度分散和多任务处理。保护专心致志的心流状态，这不仅能提高效率，更为重要的是保护心流状态的方式，不断增强注意力和持久性。

最后，适当的作息和有规律的作息，也有利于我们的专注度，同时有利于身心健康。

所以，要履行好能力责任，就要提升能力，提升能力，就要提高自己的工作成熟度和心理成熟度。

工作成熟度，包括知识、技能和才干。知识有事实类知识、概念类知识、程序类知识及经验类知识；事实类知识和概念类知识帮助我们在工作中入门，而程序类知识和经验类知识提升我们处理事情、完成任务的能力。职场人应多多积累经验类知识和程序类知识。

经验知识和程序类知识更多地体现在技能上。技能＝步骤＝简单的动作重复做。每个职场人都要总结更多的工作步骤、工作套路，构建更多的技能体系，帮助自己在面对工作场景时自动地调用和激活相关技能储备，从而更高效地执行工作任务。

心理成熟度，分为内驱力动机、外驱力激励及专注度。职场人应充分明白和发现自己工作的意义，不断激发自我的工作热情，追求成长与成就。在享受外驱力激励时，尽可能分清激励的基本要领是激发工作成熟度与挖掘工作意义，尽可能避免负激励。

同时，心理成熟度高的职场人，更应努力保持高度的专注度，促使自己在做事情时保持心流状态，让专注力成为最珍贵、最有效率的能力。

能力责任，是系统从事"努力并结合能力做"的事务时，综合素质与技能体系的和谐呈现。只有综合素质与技能体系强大起来了，能力责任才能真实履行与担当。

角色责任

前文我们讲过，每个人在社会中都有很多身份和角色。例如，在父母面前，我们是孩子；在孩子面前，我们是父母；在爱人面前，我们是丈夫或妻子；在同事面前，我们是领导、是下属、是合作伙伴；我们还有很多身份，同学、老乡、战友等，每一个身份，都是我们作为社会人的一种关系，一种肩负责任的担当。

例如，作为父母，我们对孩子负有抚养、教育和保护的责任和义务；"子不教，父之过"。作为孩子，我们对父母有赡养的责任和义务，包括为父母提供必要的生活条件，包括经济上的供养、生活上的照料和精神上的慰藉等；作为同学，大家有相互尊重、共同进步、共同维护班级和校园秩序的责任和义务；作为同事责任和义务，应相互尊重，和睦相处，遵守职业道德，沟通合作，分享信息和资源，主动承担自己的工作责任，并建立良好的信任关系，实现共同的目标和价值等。

所以，作为一个社会人，我们拥有社会人相对应的角色，且要承担这个角色对应的责任。这就是角色责任。

关于角色责任，主要从三个方面来分析：一是角色共同事项；二是入模子；三是角色分工事项。

◇ 角色共同事项

在社会交往中，人的角色是由自然人向社会人不断转变的过程。

在这个交往转变的过程中，人们会拥有多个角色，这些角色有重叠、交叉，甚至与要求的角色事务有矛盾。如一个公司的财务管理者，可能他（她）又是兼职的脱口秀演员，财务管理者要求严谨细致，脱口秀演员要求诙谐、幽默等。两个不同角色对他（她）的角色责任要求完全不同。但无论哪个角色，都有一种共同的事务，也就是说，所有的角色都需要共同遵守和履行的共同责任事项，那就是要遵守国家、地区和所处的各种社会组织中的法律法规、制度和各种规范、规章制度和公序良俗。如果不遵守，社会就会进入无序混乱的局面，这是社会人之所以共同相处于大社会中最基本的道德、规范、法制和公共秩序的要求。

作为社会人遵守并履行这些共同事务是我们扮演不同社会角色中的最基本事务，也是作为社会人需要承担的最基本的责任范畴。这类事务对任何人来说，都是具有强制约束性和惩罚性的。

每个国家对公民都有基本的权利和义务要求，这些基本义务也是基本责任和要求。基本责任和要求就是公民履行的共同责任事项，一旦违反，就会受到相应法律的约束和惩罚。

美国就规定公民有工作权利、教育权利、投票权利和宗教信仰权利等。同时也规定了公民的义务：遵守法律；纳税义务，按时缴纳联邦、州和地方政府的所得税；年满18岁有注册兵役的义务；尊重社会规范，尊重多元文化；参与社区活动等。

我国宪法规定了公民的权利和义务。基本权利有：平等权、选举权和被选举权、宗教信仰自由、社会经济权、文化教育权等。同时，也规定了公民的基本义务，这些义务也是责任和要求。

根据《中华人民共和国宪法》第52~56条的规定，我国公民的基本义务有以下内容。

第一，维护国家统一和全国各民族团结。这是我国公民必须履行的基本义务之一。国家的统一和全国各民族的团结是建设有中国特色社会主义事业取得胜利的基本保证，也是实现公民基本权利的保证。

第二，遵守宪法和法律，尊重社会公德。我国宪法和法律是工人阶级领导的广大人民群众共同意志和利益的集中体现和反映，遵守宪法和法律就是尊重人民的意志，维护人民的利益；尊重社会公德，是社会主义精神文明的重要内容，是维护社会安定团结的需要。

第三，维护祖国安全、荣誉和利益。这是保障社会主义现代化建设和改革开放顺利进行的需要，任何公民不得为一己私利或小集团的利益而有损国家的安全、荣誉和利益。

第四，保卫祖国，抵抗侵略，依法服兵役和参加民兵组织。保卫祖国、抵抗侵略是每一个公民应尽的职责，也是维护国家独立和安全的需要，是保卫社会主义现代化建设、保卫人民幸福生活的需要。

第五，依法纳税。税收是国家财政收入的重要来源之一。公民依法纳税，对于增加国家财政收入、保证国家经济建设资金的需要，改善和提高人民生活水平都具有重要意义。

进入职场的职业人，其角色责任的共同事项，就是遵守公司规章制度。这同样具有强制约束性和惩罚性。

海尔集团的前身是青岛电冰箱总厂，1984年张瑞敏接手时濒临倒闭，600多人的工厂负债累累，工人们上班打瞌睡，想来就来，想走就走，旷工现象非常严重。

张瑞敏到任后，为了整顿生产秩序，他推出了13条规章制度——《青岛电冰箱总厂劳动纪律管理规定》。其中第十条规定"不准在车间大小便"，现在看来会觉得好笑，不可思议，但当时恰恰是这些规定，约束了所有员工，让厂里环境发生了翻天覆地的变化。

青岛电冰箱总厂劳动纪律管理规定

一是不迟到、不早退、不旷工；

二是不准代他人划出勤卡；

三是工作时间不准打扑克、下棋、织毛衣、干私活等；

四是工作时间不准串岗；

五是工作时间不准喝酒；

六是工作时间不准睡觉；

七是工作时间不准赌博；

八是不准损坏工厂的设备；

九是不偷工厂里的财物；

十是不准在车间大小便；

十一是不准损坏工厂里的公物；

十二是不准用棉纱柴油烤火；

十三是不准带小孩和外人进入工厂。

《青岛电冰箱总厂劳动纪律管理规定》13条规章制度出台后，有一个员工大摇大摆扛走了一箱原料，第二天张瑞敏就贴出布告开除此人。制度的权威和员工共同责任强制性得到了有力执行。车间里随地大小便的现象不见了，抽烟喝酒的人没有了，迟到早退的人也少了很多，生产环境得到了极大改善，工厂从此有了翻天覆地的变化。

华为公司要求干部的共同责任事项，一部分体现在华为公司经营管理团队自律宣言和干部约束机制上。

华为干部八大约束机制

（1）绝不搞迎来送往，不给上级送礼，不当面赞扬上级，把精力放在为客户服务上。

（2）绝不动用公司资源，也不能占用工作时间为上级或其家属办私事。遇非办不可的特殊情况，应申报并由受益人支付相关费用。

（3）绝不说假话，不捂盖子，不评价不了解的情况，不传播不实之词，有意见直接与当事人沟通或报告上级，更不能侵犯他人隐私。

（4）认真阅读文件、理解指令。主管的责任是获取胜利，不是简单地服从。

（5）反对官僚主义，反对不作为，反对发牢骚讲怪话。对矛盾不回避，对困难不躲闪，积极探索，努力作为，勇于担当。

（6）反对文山会海，反对繁文缛节。学会将复杂问题简单化，600字以内能说清一个重大问题。

（7）绝不偷窃，绝不私费公报，绝不贪污受贿，绝不造假，也绝不允许任何人这样做，要爱护自身人格。

（8）绝不允许跟人、站队的不良行为在华为形成风气。个人应通过努力工作、创造价值去争取机会。

在社会中，一个公司也是社会生活中的一个角色，同样要遵守共同的责任事项。其中最重要的有三部法律必须遵守：《中华人民共和国公司法》《中华人民共和国劳动法》《中华人民共和国会计法》。对于一个公司的经营者来说，熟悉这三部法律也是必需的。

◇ 入模子

一方水土养一方人。

同样，一个企业有一个企业的文化和基因。大多数企业都会对员工提出符合企业文化的行为要求，特别对新加入企业的新员工进行必要的培训。这些培训包括企业文化培训、公司历史培训、基本行为要求及岗位行为要求的培训等。

恩格斯说过，"进门者，请放弃一切自治"。说的就是入企业的模子。新员工参加培训，就是履行入模子的共同责任事项。

入模子的内容主要包括：入企业、入岗位。

首先，入企业模子最重要的体现事项就是新员工的入职培训。

很多企业都非常重视这个培训，甚至有 HR 讲，中小企业的员工管理与知名企业，特别是世界名企的员工管理，关键的差距就在于新员工的培训，其核心原因就在于是否对员工提出了入模子的要求。

如联想公司的新员工培训就叫入模子。"入模子"不仅是要让员工认识和认可公司，更要把员工培养成令行禁止的士兵。联想是一个塑造成型的"模子"，进入联想的员工必须进入这个"模子"，就是要求按照联想所要求的行为规范做事。联想的行为规范主要是指执行以岗位责任制为核心的一系列规章制度，包括财务制度、库房制度、部门接口制度、人事制度等。执行制度是对一个联想人最基本的要求。

作为一个国际化集团公司，联想的人员来自国际公司，美国公司、德国公司、日本公司等，单个人都是人才，但能合并在一起吗？每个人都以原来公司的模式为准，一人一套规则不行，必须以联想文化为一个基调。不管是什么样的人进入联想，都要融入这个模子里。你可以改造这个模子，比如，我们有些地方做得不好，大家提出后我们可以修改，但进来之后就要按这个做。这就是一家国际公司的人模子。

海尔集团也有特殊的培训形式。当年海尔集团招录上千名大学生，离职率却一直很低。原因是海尔集团对新员工培训有四步曲。第一步培训是端正心态培训；第二步是心理建设，让新员工提"合理化建议卡"，对合理化的建议，海尔会立即采纳并实行，对提出人还有一定的物质奖励和精神奖励；第三步是使员工把归属感"养"起来；第四步是使员工把职业心树起来。同时还有实训，包括拆机实习、部门实习、市场实习等一系列培训。海尔集团花费近一年的时间来全面培训新员工，目的是让员工真正成为海尔躯体上的一个健康细胞，入海尔集团的模子。

华为的新员工培训体系包含8个阶段，合计180天。特别是第一阶段的封闭培训，被称为刷颜色，即把新员工打造成具有华为特色的人。

封闭培训采用严格的半军事化的管理方式。每天早起晨练，每天固定时间段就餐，晚上统一休息。白天安排对华为发展与各个企业文化主题的学习，晚上也有华为文化案例的学习与讨论，用大量案例和讨论的方式强化新人对华为的认知。用各种班级管理制度和要求来初步建立对于规则的敬畏之心和团队融入感，比如，对于作息时间的要求，对于着装的要求（培训期间是统一的商务着装），对于课堂纪律的要求，还有课后作业的交付要求，主要是对公司发展和文化的初步了解及建立规则感。通过这种方式洗涤来自不同的公司、职位、年龄、性别的新员工进入公司的差异。这就是刷颜色入模子的目标。

企业通过新员工培训，强制要求员工入模子，认同企业文化，把新员工打造成自己企业需要的样子。对于企业的一员这个角色，新员工就应该接纳企业的洗礼，接受企业入模子的要求，成为这个企业中的一员，这种行为就是履行角色责任的"共同事项"。

其次，入模子还要入岗位，进入岗位角色。

所谓入岗位，就是要对从事的岗位有基本的认知、认同和接纳，尊敬岗位。人们常常讲敬业，就是对所从事岗位的尊敬，本着岗位要求做事的态度。

岗位有什么要求，就要做出符合要求的那个样子，真心认同，名副其实。

职业着装当是入岗位模子最能让人感受到的外貌和礼仪。衣如其人，所以很多企业都有着职业装的要求。当某个行业的职业装被大众社会接受时，着这种服装的人，我们就会首先认为这个人就是这个行业的从业者。如空姐、空乘的职业装，大众的认同度就很高，着这种服装的人我们就认为其是空姐、空乘；学生服同样被社会大众认同，着学生服的青年人，总给人一种青春模样；军人的职业装更是广为大众接纳，当一队军人从大街上走过，自然会吸引人们更多敬畏的眼光。

入岗位还体现在对岗位要求的认同和与之一致的行为。

比如，从事财务工作的人员，他们承担着国家、雇主和社会的多重责任，其岗位要求包括保证财务信息的真实性和准确性；按照会计法律法规、规章规定的程序和要求进行财务工作；保证所提供的相关财务信息合法、真实、准确、及时和完整。在日常工作中，还要保守公司商业秘密，除法律规定和单位领导人同意外，不能私自向外界提供或者泄露单位的会计信息等。

从事 HR 管理工作的人员，岗位基本要求有：保守员工秘密，包含员工基本信息、薪酬水平等；对公司文化认同，宣贯企业文化；严谨，工作程序上要有章有法；管理好自己的情绪，注重沟通等。

从事营销岗位的人员，因常与客户接触，是公司对外宣传的窗口，其岗位基本要求有：尊重公司决策，不埋怨、不乱发牢骚；主动联络客户，以礼待人，文质彬彬，不讲粗俗的话；热情、宽容、善于沟通等。

如果你是中小学教师，针对其岗位要求，教育部 2018 年印发了《新时代中小学教师职业行为十项准则》进行规定。具体内容如下。

一、坚定政治方向。坚持以习近平新时代中国特色社会主义思想为指导，拥护中国共产党的领导，贯彻党的教育方针；不得在教育教学活动中及其他场合有损害党中央权威、违背党的路线方针政策的言行。

二、自觉爱国守法。忠于祖国，忠于人民，恪守宪法原则，遵守法律法规，依法履行教师职责；不得损害国家利益、社会公共利益，或违背社会公序良俗。

三、传播优秀文化。带头践行社会主义核心价值观，弘扬真善美，传递正能量；不得通过课堂、论坛、讲座、信息网络及其他渠道发表、转发错误观点，或编造散布虚假信息、不良信息。

四、潜心教书育人。落实立德树人根本任务，遵循教育规律和学生成长规律，

员工是岗位的主人

因材施教，教学相长；不得违反教学纪律，敷衍教学，或擅自从事影响教育教学本职工作的兼职兼薪行为。

五、关心爱护学生。严慈相济，诲人不倦，真心关爱学生，严格要求学生，做学生良师益友；不得歧视、侮辱学生，严禁虐待、伤害学生。

六、加强安全防范。增强安全意识，加强安全教育，保护学生安全，防范事故风险；不得在教育教学活动中遇突发事件、面临危险时，不顾学生安危，擅离职守，自行逃离。

七、坚持言行雅正。为人师表，以身作则，举止文明，作风正派，自重自爱；不得与学生发生任何不正当关系，严禁任何形式的猥亵、性骚扰行为。

八、秉持公平诚信。坚持原则，处事公道，光明磊落，为人正直；不得在招生、考试、推优、保送及绩效考核、岗位聘用、职称评聘、评优评奖等工作中徇私舞弊、弄虚作假。

九、坚守廉洁自律。严于律己，清廉从教；不得索要、收受学生及家长财物或参加由学生及家长付费的宴请、旅游、娱乐休闲等活动，不得向学生推销图书报刊、教辅材料、社会保险或利用家长资源谋取私利。

十、规范从教行为。勤勉敬业，乐于奉献，自觉抵制不良风气；不得组织、参与有偿补课，或为校外培训机构和他人介绍生源、提供相关信息。

如果一个岗位上的员工，或者某个角色上的人，能按岗位和角色的要求行事，内心认同、行为上履行，始终能做到人如其名、名实相符，那这个人基本上就入岗位角色的模子了。

◇ 角色分工事项

在一个组织里，根据分工的不同，每个员工都拥有不同的角色，这些不同的角色承担着不同的分工。这些不同的角色分工，就赋予每个角色相对应的"应该做"与"必须做"的事务或称为职责和责任。

只有同类角色（分工一样）需要遵照这种角色强制约束的"游戏规则"去实施，这就是这类角色最基本的责任，即这个角色需要完成这些角色分工的事项。

关于角色分工事项，我们需要从两个方面来分析。一是大多数我们参与的分工角色都是我们自己的选择，其角色责任的事项当然也就是我们自己的选择。二是我们必须弄明白角色事项的具体内容，以便自己更好地履行和承担。

首先，在大多数情况下，我们选择参与某个角色，就等于选择了角色分工所对应的事项，即我们自己选择了角色分工事项，这是一个根本认知。

虽然前面我们说角色分工事项需要这种角色强制约束的"游戏规则"去实施，去完成相应的分工事项，但是其前提是我们自己选择了对应的角色。所以它依然是我们自己的选择。认识到这一点，就能清楚地意识到我们是自己的主人，我们能对自己的思想、情感和行动负有责任。这非常重要。

是的，我是自己的主人。我选择了这个角色，选择了这个角色分工的事项，并愿意承担角色分工的责任。

角色分工的责任事项，就是角色的分内事，即我们常说的责任。分内事，所以是我自己的事。

《新唐书·王珪薛收等传赞》中的一句话："观太宗之责任也，谋斯从，言斯听，才斯奋，洞然不疑。"意思是："看唐太宗所处的位置，是听从大臣的谋略，采纳大臣建言，鼓励人才奋发进取，透彻地了解世上发生的事。"这是一个作为最高领袖的责任、分内事。

既然角色分工事项是分内事，虽然带有一些强制性，但这是我自己的选择。做我们自己选择的分内事，理所当然的是"我自己的选择"，直接地说，做角色分工的事项就是做"我自己选择做的事项"。

平时，很多人心里总有一个认知，做角色分内的事，是自己"不得不做的事"。是的，角色分工的分内事项有强制性的一面，但如果你始终停留在这个层面的认知，那你就有意忽视了自己可以把控的、内在根源的事实，放弃了自己是自己主人的权利。

因此，我们说，选择做这个角色，就选择了这个角色分工的事项任务，这就是我们做主人的行为。

岗位是我们在企业里的角色身份，我们能选择做角色分工的事项。所以，每一位员工都是岗位的主人，这是职场人的本来事实。

员工是岗位的主人，这是职场人本来的事实。岗位有以下四个内涵。

第一，岗位工作是岗位角色责任，是一个员工对组织目标完成的一种承诺，也是一个员工对组织目标有贡献的一个基本约定和要求。

第二，既然岗位工作是一个角色责任，那么，岗位工作的压力就不是来自他人，而是来自员工发自内心的自觉自愿的内在需求，所以，主动工作、主动完成岗位职责赋予的工作是员工的自觉行为。

第三，员工是否胜任岗位工作体现在员工的工作任务完成情况，所以岗位是体现一个员工能力的舞台，岗位工作的完成是他个人能力的展现和价值创造的体现。

第四，员工靠自我的努力与自我协调，完成岗位角色规定的工作任务，是主动履行工作职责的表现。岗位中发生的问题，都应该由员工自己着手解决，他的上司仅仅只是起辅助的作用。

员工在本职岗位中的主动发挥，培养自我解决、自我判断、独立解决问题的能力，以追求工作成果绩效的最大化，同时还应该主动参加自我决策和对工作完成情况的自我评价。员工的自我评价是自我肯定的自信来源。

所以，岗位工作就是员工自己的工作责任，这是岗位主人平常而又朴素的责任自觉，员工应认识到这一点，理解并认可这一点。我们的管理者也希望能充分利用这一点，由此来发挥员工在岗位上的主人翁精神。

其次，既然员工是岗位的主人，为了更好地完成岗位角色对应的事项任务，每一位员工必须弄明白这个岗位角色上具体分工有哪些事项、哪些任务才是关键。

如果员工并不清楚这个岗位上有哪些具体事项和任务，就算员工主观上想认真履行岗位角色分工，也不知道究竟完成哪些事项任务才算真正履行了岗位角色分工的职责。

所以，无论从员工完成角色分工事项的需要上，还是从岗位职责的管理要求上，我们都需要完成岗位职责梳理与岗位关键事项管理。

为此，我提出**岗位职责事项化管理，这能很好地管理岗位职责与关键事项任务，实现员工是岗位的主人的本来事实。**

例如，我们在前面列举过一家贸易公司采购部经理的职责事项。根据岗位职责事项化管理的要求，我们把采购部经理的职责事项化设计如表 4-1 所示。

表 4-1　一家贸易公司采购部经理的职责事项化表

	内容	关键成果
上级部门	总经理	
部门	采购部	
岗位名称	采购经理	
职责	负责组织优化公司采购仓储管理流程，完善采购仓储管理制度	
事项化	每月收集采购数据，分析采购仓储管理过程中的协调、效率问题，编写一份分析报告	采购数据分析报告
事项化	每季度有微创新的采购流程优化建议，不低于两条	流程优化建议
事项化	每半年组织一次公司的采购流程、制度优化研讨会，并对相关制度、流程进行修订	组织研讨会，会议结果
职责	组织日常采购实施工作，保质保量完成采购任务	
事项化	每天及时审核各部门提交的采购计划申请，制订物资采购计划	采购计划单
事项化	每天审核供应商应付款支付预算	
事项化	及时参与商务谈判，对供应商的质量、价格、交期等做评估和建议意见	必要时建议
事项化	每周抽查采购合同和材料不低于一次，组织填写抽查报告	抽查报告
职责	负责建立合格供应商管理库，保证公司原材料的供应	
事项化	组织每月供应商考察和开发工作，每月供应考察（或开发）不低于 3 次	考察报告
事项化	每季度组织一次供应商评审工作，包括：价格、质量、技术、交期及订货数量等内容	评审结果
事项化	每季度编制合格供应商报告	合格供应商清单
职责	负责本部门工作布置，并组织完成	
事项化	每年年底，根据公司年度综合计划，制订部门年度工作计划表与部门预算表	年度计划与预算表
事项化	每月底，组织本部门的绩效考核管理工作，并提交绩效考核表	绩效考核表
事项化	每月 1~5 日内，下发部门工作任务到具体人员	
事项化	每月组织一次到采购商现场的巡检活动，督促采购任务完成	必要时巡检结果
职责	负责仓储管理工作，严格把握先进先出原则，保证货物无积压	

	内容	关键成果
事项化	每日审核大宗物资的出入库，无差错	
	每月审定分析积压物资情况，把控采购物资库龄管理。必要时，提交分析报告和建议	必要时分析报告
	每季度组织一次物资盘点工作，准确率达90%以上	盘点报告
	每周组织一次仓库现场管理及安全会议和巡检，有相关记录报告	
职责	**负责本部门团队管理工作，提升团队工作能力和凝聚力**	
事项化	每周主持召开部门工作例会	
	每月组织一次部门活动	
	每个季度组织一次业务学习会	学习记录
	每个季度参加其他相关部门的活动不低于一次	
	参与人力资源部组织的面试工作，按时完成部门人员补充到位	
职责	**负责本部门团队管理工作，提升团队工作能力和凝聚力**	
事项化	协助其他部门工作，并承办公司领导交办的其他工作	

再如，某科技公司高级产品开发经理的职责事项化如表4-2所示。

表4-2 某科技公司高级产品开发经理的职责事项化表

	内容	关键成果
上级部门	技术总监	
部门	产品研发部	
岗位名称	高级产品开发经理	
职责	**负责公司产品设计，完成产品升级迭代**	
事项化	需求设计：具备国内先进产品的设计能力，对标国内先进产品（XX产品），结合我司产品特点，保障我司产品在国内业界的先进性。持续输出产品设计方案、PRD（产品需求文档）、产品功能清单、产品白皮书等文档 要求：每个季度进行一次更新迭代	迭代新版本
	产品开发：带领团队完成产品原型设计、界面设计、用户体验设计等工作任务，高效率、高质量输出具有国内先进水平的原型、界面设计、交互等 要求：每个季度迭代一版输出物	输出物

续表

	内容	关键成果
职责	负责产品分析，为公司产品设计、经营和发展提供参考	
事项化	市场调研：持续开展市场调研活动，结合我司技术、市场、产品等特点，输出市场调研报告，指导我司产品的设计 要求：每个季度至少输出一篇有价值的市场调研报告	市场化调研报告
	竞品分析：持续开展竞品分析活动，结合我司产品的特点，对标竞争对手，使用SWOT（态势分析）方法对我司产品进行竞品分析，指导我司产品的设计方向 要求：每个季度至少输出一篇竞品分析报告	竞品分析报告
	经营分析：持续开展产品经营分析活动，通过数据从成本投入、商机、收入、用户使用等不同维度来完成产品的经营分析报告，指导产品的发展策略 要求：每个季度至少输出一份经营分析报告	经营分析报告
职责	负责产品管理，规范文档，保障产品在业界的领先	
事项化	需求管理：带领团队完成产品的需求管理，保障产品在业界的领先地位。每个季度需要从市场调研报告、竞品分析报告、经营分析报告等获取产品需求，不间断地重新定义产品，保障产品在业界的领先 要求：每个季度至少输入10个具有领先地位的需求	新版本需求
	项目管理：承担产品开发项目的项目经理，协同技术组完成产品全生命周期的管理 要求：每个季度都有新版本迭代开发	迭代的产品新版本
	文档管理：保障产品的全套文档，包括设计文档、销售文档、实施文档、用户手册等 要求：每个季度都有新版本文档输出	新版本文档输出
职责	协助产品销售，完成销售任务	
事项化	销售目标：协同销售经理，完成自有产品300万元/年金额以上的销售任务	300万元/年的合同
	售前支持：协同销售经理、方案经理，支撑售前阶段项目中包含自有产品的内容，保证不拖后腿、不推卸责任、无投诉	无投诉
	商机管理：负责自有产品的商机管理，主动推动自有产品商机的商务进展。管理维护自有产品超过1000万元的商机	商机数、商机进展
	OXM（全渠道体验）管理：负责行业产品的OXM管理，主动挖掘行业合作伙伴及产品，通过OXM方式引入我司，完善产品解决方案。每个季度拓展1个合作伙伴，建立1个OXM产品，签订一个OXM合作协议	合作协议、OXM产品

续表

	内容	关键成果
职责	负责本部门团队建设与管理工作,提升团队工作能力和凝聚力	
事项化	人员培养:对直接下属进行培养,帮助下属建立和执行职业提升计划,帮助下属技能提升 要求:每个季度开展一次一对一的培养交流	交流培训不少于2次/(人·月)
	氛围建设:负责产品部的团队氛围建设,保持良好的沟通协作环境	团队活动不少于2次/季度
职责	协助其他部门工作	
事项化	协助销售部门进行客户攻关	不少于4次/月
	主动帮助公司介绍和拓展客户	不少于2次/季度
	完成上级领导交办的其他事项	

所以,角色分工事项虽然带有强制性,但要做好岗位角色所分工的职责与事项,职场人首先要认识到这个岗位是自己进入企业的选择。选择了这个岗位,也就选择了这个岗位所分工的事项,完成这些分工事项是自己的事,无须他人提醒,这是企业分工的出发点,也是员工自我管理、自主工作的期待。从这一点上讲,员工当然是岗位的主人。

员工是岗位的主人,完成哪些角色分工事项才能做到与公司要求的、强制性的事项一致呢?这就要通过**岗位职责事项化的管理**来实现。若公司拟定好岗位职责的具体事项任务,并规定了关键成果和完成这些关键成果的要求,员工就能履行好岗位角色分工的事项任务。若大多数员工都履行好自己的职责事项化任务,通过分工的价值链汇聚,公司的经营目标自然也就实现了。

这里要着重强调以下两点。

第一点,若公司的职责管理并未进行事项化设计,一个积极上进的职业人,自己也要分析自己的岗位职责,自己为自己梳理出关键职责事项任务,并与上级的领导进行校准、完善,以期更好地履行职责,完成角色分工事项。

第二点,很多开展绩效考核的公司因考核重点在关键绩效指标(Key Performance Indicator,KPI)上,往往在职责事项任务中,很多对当期业绩影响不直接即非KPI事项任务就显得不那么重要。员工是否还要做那些不考核的事项任务呢?答案是肯定的。因为,非KPI事项任务的完成,一些是关键KPI事项的过程活动，用以保证关键 KPI 结果的概率；一些可能影响未来 KPI 事项的执行，影响公司持续发展或个人的持续成长。所以，并非只有考核的职责事项才履行。

一个成熟度较高的职场人，在关注当期业绩任务的同时，绝不会放弃与自己成长的责任事项任务的持续履行。

格局责任

自我责任让我们关注自我成长，要积极主动参与到影响圈中的事情，并不断扩大自己的影响圈。能力责任让我们不断提升自我能力，做出更高绩效的成果。这需要职场人做一个成熟的职业人，工作成熟，心理也成熟。角色责任让我们从自然人走向社会人，关注角色"应该做"与"必须做"的事项，还要求我们从根本上认知角色责任是我们自己的选择项。

无论自我责任、能力责任还是角色责任，我们都在谈行为人个体的成长、成熟与承担的责任，还没有真正提升自我在大社会、大格局中的责任意识与承担。而格局责任正是提升自我格局而需要承担的责任或义务。

谈格局责任需要与角色责任一并来思考，因为他们都涉及是否"必须做"某事项的认识问题。

前面我们讲的角色责任，更多的是不同角色因不同分工所对应的"应该做"与"必须做"的事务，具有一定的强制约束性，所以我们也称这是这个角色分工最基本的责任。

其实，每一个角色分工，还有一些与"应该做、必须做的"强制性事务相对立的"可做、可不做"的事务。这些"可做、可不做"事务没有强制约束，也不需要"努力和太多的能力结合做"的条件限制。这类事务都是人们的自发、自愿的行为，或许它对大团队有影响，对未来有影响，这种事项称为格局责任事项，也因为这类事项多数是"自愿做"的事，经常也以"义务"来概括这种行为，我们也称它为义务责任。

前面我们在讲角色责任时，把"应该做"和"必须做"的事务纳入这个角色分工最基本的责任。在职场中，当我们把岗位职责事项化任务后，那些不考核的、非 KPI 任务，有一些员工可能就把它归为"可做、可不做"任务了。事实上这些非 KPI 任务，某些时候确实也是"可做、可不做"的任务，这些"可做、可不做"或者说"有所为、有所不为"的事项任务，每个人自身都会有自己的评判标准，并没有对与错，因为它确实并没有强制性（如纳入考核）。做与不做这些责任事项，完全靠发自内心的是否有相应的成长诉求、情感诉求。

正因为人们"可做、可不做"这些事项，多数人把这类事项称为义务事项。在多数情况下，他就选择了不做。但有个事实，角色责任告诉我们一个事实，我们是社会人，社会人生活在社会环境中，那些"可做、可不做"事项可能对团体中的其他成员造成影响，可能对自己未来有效率地干角色分工事项造成影响。所以，为了大团队的利益，为了自己未来高效地工作、协同，我们把这类"可做、可不做"的事项称为格局责任事项。之所以这样说，是因为做这类事项是可以提升人们的格局的。

我们说某某缺乏责任心，除了未履行好"该做而未做"的角色责任事项外，更多的应该与这些"可做、可不做"的义务责任即格局责任事项意识不到、做得特别少有关。

要理解并应用好格局责任，**我们把格局责任分为三个进阶。第一层是灰度责任，用以强化工作生活的协同效应。第二层是义务责任，用以改善人与人、人与环境之间的和谐关系。第三层是器度责任，用以激发公德、公心，影响他人，凝聚更多更大的团队。**

◇ 灰度责任

灰度责任主要应用于工作生活中。因为在工作生活中，我们的角色分工相对比较清晰，如工作中的岗位，基本由岗位职责来约定我们的角色分工事项。生活中特别是家庭生活中，家庭成员之间也有一些基本的分工约定，如作为父亲角色，一般是承担了更多的外部事项，是家庭的主要经济来源的劳动力，对于家务事项一般是协助的角色；作为母亲角色，一般是承担更多的家务事项，是次要的家庭经济来源的劳动力。

所以，工作和生活要配合好，就要有互补意识、协同行为。这就是灰度责任的理解和行动。

所谓**灰度责任**，是指在工作生活中，一方为了配合另一方或多方的工作，需要熟悉、理解并适配对方的行为习惯、模式，以加强配合率，减少摩擦，提升效率。

我们都知道，企业的岗位职责编写中，最后总有一条："完成领导交办的临时工作"或"协助其他部门工作，并承办公司领导交办的其他工作"，无论怎么表述，都说明了一点，员工与员工之间的分工，其工作界面的划分并非彻底的泾渭分明。

为什么会这样呢？

第一，分工明确了每个岗位的主要职责和关键责任事项。这些主要事项是该岗位上的员工"应该做的"也"必须做的"，这是角色责任约束的，甚至具有一定的强制性，没有完成就会受到处理（如绩效考核扣分、扣工资等），甚至长期承担不起主要职责即不能完成关键责任事项，就会受到降级、降职或辞退的处理。无论是谁在这个岗位上，都是这些职责和关键责任事项，这是岗位分工所约定的。

另一方面，完成岗位上的职责和事项，一定是岗位上的某个人来执行的。在这个具体的人完成岗位上的职责和关键事项的过程中，不可避免地带着他的习性、思路和工作方式，这些一定会影响到与他配合的其他岗位上的人的工作思路和工作方式。这都是相辅相成的。

正是因为这种不同思路与工作方式相辅相成，促使工作中配合的多方之间需要适度的相互工作嵌入，让工作更好地衔接，更好地合成一体，组织成员弹性分工、协作完成组织的整体目标。

第二，在工作中，每个人有不同的工作风格。有些人工作激进一些，工作任务安排得紧凑一些，与人交流强势一些。而另一些人可能工作迟缓一些，节奏慢一些，与人交流弱势一些。激进一些的人与缓慢一些人的配合，激进者就可微微扩权，"侵入"缓慢者的职责中多一些，缓慢者已然接受激进者对自己职责领域的"侵入"，相互配合完成工作。

这种"侵入"的工作行为，在实际工作中屡屡存在，激进者"侵入"的工作行为可以称为补台；缓慢者的工作领域"被侵入"，因其工作缓慢或较弱一些，而让激进者的管理职权随之可以得到一些弥补。很多大公司都提倡、鼓励相互补台的意识，说的就是强的一方有意识多做一些弱的一方的工作，协同完成组织任务。

补台意识的工作行为会让岗位之间的部分职责重叠交叉，这是一种实际情况，也是一种正常现象，它让组织职责具有了可操作的弹性，从而提升了组织效率。

这种实操性的、因工作配合产生的职责重叠和交叉，我们把它称为灰度职责，相互配合履行灰度职责就是在承担灰度责任。

如果职业人都认识到灰度责任的实操性与价值，员工之间的工作配合、相互理解就更通透明白。如此这般，因职责重叠、交叉而产生的冲突，更多的是大家面对事实的理性交流、沟通而非推诿扯皮、影响效率。

灰度责任，破除了职责"不是我的，就是你的"二元对立思维，将岗位分工纳入了组织系统思维、整体思维，所有员工都是组织中的组成部分，而整体又大于部分之和，这是灰度责任的另一个层面的思考。

华为董事长任正非在管理上就很推崇灰度管理，信奉妥协。追求精确，又要追求模糊判别和协同。妥协是实现战略目标、处理企业内外部矛盾关系的有效手段和方法论，务实求真是打破极端思想与偏执的利器，是通权达变的一种丛林智慧。任正非讲"凡是人性丛林里的智者，都懂得恰当时机接受别人妥协，或向别人提出妥协，毕竟人要生存，靠的是理性，而不是意气"。

所以，灰度责任的履行，也是遵从妥协和协同，是理性而非意气的务实实践。

灰度责任在家庭中同样适用。主要负责对外、承担家庭主要收入来源的角色分工成员，必要时也需要参与到家庭事务中，协同另一半做好家务烦琐的事情；主要负责家务的成员，也要尽量工作挣钱，参与到增加家庭收入的角色中。没有非此即彼的绝对二元对立思维，协同互补更能实现 1+1>2 的整体效应。

在社会生活中，与人合作一起做事，同样适用灰度责任。强势的一方，主动"侵入"弱势的一些职责，弱势的一方接纳强势的补台，在灰度空间里，共同协同、认可对方，努力实现预期目标。

所以，灰度责任是分工协同最有利的认知与实践的利器。

关于灰度责任的空间，还有一个度的考量，即如何避免一方承担过多的灰度责任，而另一方承担过少的灰度责任，甚至长期不承担灰度责任的问题。

在工作中，作为协作的双方，强势一方可能更主动、更积极去承担灰度责任。为避免承担过多的灰度责任，可以采取以下方式：一是进一步明确职责范围，把重新约定的职责范围纳入角色分工事项中，即岗位的角色责任明确清楚；二是要学会拒绝，有些事项要清清楚楚地表达拒绝而不含糊；三是适时的时候要对对方提出明确的要求，需要对方做什么，清楚明白地提出来；四是要信任对方，相信他们不是差劲和软弱的人，他们也有能力完成相关任务，给他们更多展现能力的机会；五是接受不完善，有些事情只要不是原则事项，可以让它不完美，这也是现实的事实。

对于弱势的一方，同样要相信自己的能力，主动接受强势一方的要求，承担多一些的灰度责任。接受自己不完美、不成熟的成长过程，相信自己会一步步成长起来。

◇义务责任

义务责任涉及的事项，最多的是"可做、可不做"的事项。因每个人的认知、经历的不同，对"可做、可不做"的事项都有不同的理解和看法。有些人觉得这事"可做""要做""必须做"，而又有一些人觉得"不做""没必要做""不需要做"，等等。

正是因为义务责任的种种不同看法，有必要说明一下我们提倡的义务责任其含义究竟是什么。

先举一个例子。

墨子的兼爱：明知不可为而为的温暖

墨家思想的核心有兼爱、非攻、尚贤、尚同等。兼爱是指人人平等、互助互爱，非攻是反对侵略战争，尚贤是不分贵贱唯才是举，尚同是要上下一心为人民服务，为社会兴利除弊。

墨子一生都在周游列国，宣传他的思想。多年下来，社会好像并没有因他的游说而有太大的改变。

一次游说列国时，墨子碰到一位智者，智者问了墨子一个问题：您到处游，要兼爱、非攻、尚贤、尚同，这个世界变得更好了吗？好像没有。我对这个世

员工是岗位的主人

界冷眼旁观,这个世界因此变得更坏了吗?好像也没有。既然如此,我跟您有什么区别吗?

墨子回答道:比方说有一栋房子着火了,我赶紧拎着一桶水去灭火,而你袖手旁观,最终这个房子被火烧掉了,我没救下来。请问我们两个一样吗?

墨子的故事讲完了。赶紧拎水去救火的人和袖手旁观的人一样吗?

有人可能会讲,一样呀,结果一样,房子最终还是被烧掉了。所以救不救火都一样。

但是,我们把场景变一下,如果是你自己的房子着火了,你的邻居们都袖手旁观,你会怎么想?

是的,房子烧掉了,心也凉了。如果邻居们都来相救,无论是拎了桶水、着了个急,还是帮了一个忙,虽然最终房子还是烧掉了,但你的心会油然而生温暖,有了温度。

义务责任就如拎水救火的行为,无论结果怎样,它能给人温度。有温度,人们相处就有热情和生机。所以,**义务责任不是我们理性定义的"可做、可不做"的事项,冷冰冰的样子,而是做的"有温度"的事项,通人性的。**

要做好通人性的义务责任,有一个最重要的思维就是"换位思考"。专业一点的说法就叫**"责任主客体思维转换"**。

如上面所举"拎水救火"与"袖手旁观"的例子,当房子是别人的,我们可能说这两个人一样,反正房子都烧了。当我们换位思考房子是我们的,我们就觉得"拎水救火"与"袖手旁观"两个行为完全不一样了,"拎水救火"的行为给了我们温度,通人性。

这就是义务责任的温暖。

不要小看这"可做、可不做"的义务,在服务过程中,它不仅能让被服务者收获热情、温暖和善意。更多的是让服务者把"可做、可不做"的事当成自己的义务,让自己成为责任主体,从而提高服务水平,进而提升口碑。

事实是,很多服务行业早已注意到主动做"可做、可不做"的事的价值,并把这样的贴心增值服务做到了细微和极致,在标准化服务下还有温度,由此俘获了大批客户。

入住某高端酒店，客人在前台办理入住时，根据天气预报前台工作人员会提醒客人第二天有雨，并提前在房间放置一把折叠伞、一张手写卡片（明日有雨，为您备伞）。

某医院的出院服务中，患者完成手术后办理出院。护士在发放药品时，额外提供一份用药时间表，包括打印版和电子版，标注了早、中、晚用药时间、饭前/饭后注意事项，并附科室电话；同时赠送一个便携药盒，分格标注"早/中/晚"。以避免患者回家后漏服、误服药物，导致病情反复。

某银行现场业务办理时，老年客户在银行柜台办理完手机银行开通业务，客户经理会在业务结束后，用A4纸打印一份大字版操作指南，并以截图步骤呈现出来，还会录制一条30秒的短视频（二维码贴在指南上），演示"如何查询余额""如何转账"；同时告知"可随时微信视频指导"等服务，避免老人回家后因不会操作，多次到网点询问，甚至因误点诈骗链接导致资金损失。

在某快递公司的服务过程中，配送员在送货（生鲜）时会主动附带一个备用冰袋或保温袋，并短信提醒："包裹已消毒，建议两小时内冷藏；如需退换可直接联系我，免费上门取件。"

所以，经常换位思考，就能更好地履行义务责任。

◇ 器度责任

所谓器度责任，是指大格局责任。格局，即对认知范围内事物认知的程度，以及指认知范围内所做事情和事情的结果。因人们的认知不同，所做的事情和结果就不同。所以，格局有大、有小。我们在这里所说的格局，主要指大格局，更大的格局的意思，相对应的器度责任也是大格局责任、更大的格局责任。因为只有更大的格局责任，才能激发公德、公心，影响他人，凝聚更多力量。

居里夫妇公开镭的提炼技术，放弃镭的专利权，将技术无偿公开，推动了放射医学发展。他们的选择以人类进步为终极目标，超越了个人财富积累的小利。

钱学森在美国学成后，面对优越的科研环境和丰厚待遇，毅然选择突破重重阻挠回国，投身新中国导弹事业，奠定了中国国防科技的基础。他的选择体现了"科学无国界，但科学家有祖国"的格局，以国家利益超越个人得失。

历史上也有格局认知不足，最终未能建立一个长久的政权而失败的，李自成的大顺政权就是。

李自成，这位在明末历史舞台上掀起惊涛骇浪的人物，作为农民起义军的领袖，他在起义初期提出"均田免赋"的口号，极大地激发了农民参与起义的热情，对明朝腐朽的统治秩序造成了毁灭性打击。

李自成入京后仍以掠夺财富维持政权运转，未实施他的谋士李岩提出的"行仁义、收民心"的主张，放任士兵烧杀抢掠，甚至对明朝官员和富户实施"追赃助饷"政策，以暴力手段榨取钱财，导致百姓和士绅阶层强烈不满，对新政权彻底失望。最终大顺政权未能以民生大义为先，困于私利而功败垂成。

反观汉高祖刘邦入咸阳后"约法三章"安抚百姓，收集秦朝的律令、图书等档案资料，从容实现了从"破坏者"到"建设者"的格局升级。

这些案例启示我们，大格局者以长远眼光、包容胸襟和利他思维突破局限；小格局者因短视、狭隘与私欲陷入困境。成败，往往在格局的一念之间。

怎样才能履行好器度责任呢？一个简单易行的方法就是对更高目标的认同和行动。

首先，从更高目标着眼，从小事做起。

所谓更高目标，就是大家的事、大事。大事可能有自己的宏图大事，也有大多数人的大事。从器度责任来看，我们更在意的是后者，因为后者是大多数利益目标的事，大多数的目标实现了，前者自己的大事也会随之实现。

不谋万世者，不足谋一时；不谋全局者，不足谋一域。所谓的万世者、全局者，肯定包含众多者，包含大多数的目标。所以，我们要撇开"你"与"我"二分法的目标对立，着眼于"我们""大众"的利益，为大众服务者，自然也就多了一份器度责任。正如我们党的宗旨和最高目标，就是坚持全心全意为人民服务，深得民心。

从更高目标着眼，行动从小事做起，勿以善小而不为。从细节着手，有耐心地，一件小事一件小事地做下去，如此无穷累加，就能完成我们更高目标的大事。

所以，当争论的双方、争斗的双方、竞争不可调和时，双方可以问一问："我们是否有更高的包含双方、多方利益的目标？"如果目标还没有，努力去找到，或许就是解决争端最好的"第三选择"！

其次，要以发展的目光看待事物，做事目光要放得长远一些、高远一些。

事物都是过程。要以发展的眼光来看待事物，实事求是。

重视趋势，看得清脉络、看得见未来，我们就能考量清楚当前事情在全局中所处的位置和所占分量，也才能够保证当前事情得到得体的处置，从而保证全局的正确走向。所以，我们要时时研判趋势，不要被眼前的困惑所困扰。

在经济形势不好的时候，很多人会抱怨时局、抱怨政策、抱怨内卷等，殊不知，一些人却在这个低迷的经济环境下洞悉了趋势，发现了机会，当下正为下一个经济周期积蓄着能量。这些人一直准备着，时机一到自然就会有高光时刻。

总之，要做到器度责任，就要有包含多方利益的更高目标的思维和行动，还要用发展、变化的眼光看问题。思维要跟着社会发展而变化，不要固执己见，要顺势而为。

岗位是职场人的角色，也是职场人在组织中的人格。"不患无策，只怕无心"，让责任心成长起来，这既是人格角色的客观需要，也应该是职业人的主观追求。

第5章

成为高绩效者

两种任务认知

每个员工在企业里至少有一个岗位，每个岗位都规定了对应的职责和职责事项，这些职责和职责事项，通过工作任务的方式体现到员工的日常工作中，需要员工去完成。

每个员工都会认识到这一点。

所以，当我们去调查一位员工为什么要完成工作任务时，他会说："应该的，这是天经地义的事"。这是岗位角色责任约定的事项和任务，每个员工都清楚自己有责任去完成。

但是，每个人对工作任务的理解却不尽相同。这种不同的理解我们把它归纳为两类，一是维持型任务，二是增长型任务。两种任务理解也来自不同的组织思维，前者属于维持型组织思维，后者属于增长型组织思维。

◇ 维持与创新的思维惯性

人是寻找意义的动物。人类有两大活动，一是活动本身，二是对活动的解释。前者是人类的实践活动，后者是人类的文明活动。不同的解释形成了不同的文明形式，不同的文明形式反过来又影响人类活动。

社会生活中的这种现象非常多，我们因为对任务或活动有不同的理解，就会有不同的行为模式。

美国的学校就是这种情况。美国城区内的公立学校与一墙之隔的私立学校生源大致相同，后者学校的学生举止得体、学习成绩优秀，而前者学校的学生却完全相反。

其实，主要原因是这两种学校对他们的教学任务有不同的定位和认识。

公立学校旨在培养孩子立足社会的基本能力，让孩子完成义务教育，学完以后可以拥有基本技能，能承担基础的社会、职位工作，即维持型的工作。公立学校一般认为他们的教学任务是"帮助穷人"的，老师也是进行传统的维持型技

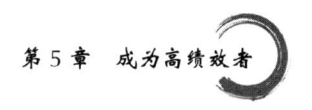

能教学。

而私立学校的教学要求与公立学校不同,除了基本的学习能力之外,私立学校还要培养孩子更为多元化的能力,如领导力、组织能力、社交能力等,也传授一些增长性思维训练。私立学校一般认为他们的教学任务是"帮助想学习的人学习"。因此,教育方法也就有些不同,最终所取得的教学质量、教学成果也不同。

对任务的认识不同,结果大相径庭。同样的情况也可以在大型公司中找到缩影。有些公司将研究部门分为两类。一类研究部门认为,他们的任务是"避免失败",即在已取得的市场上对现有产品稳步实施改进措施,这种改进的幅度相当小,基本是在原有的功能上进行革新,算是维持型创新。

另一类研究部门认为,他们的任务要取得"突破",必须带来增长,因此也会承担风险。这些研究部门自己、他们的高层管理人员和外界分析人士都认为他们有创新,甚至认为这是突破激烈竞争环境最好的应对方式。

正是因为两个研究机构对任务的不同认知,才让他们各自走出了研究和创新的不同思路和方向,生产效率也就有了不同。

以上这两种对任务的不同认识,我们称为**两种组织思维惯性。一种是维持型组织思维,一种是增长型组织思维。维持型组织思维主要体现在把 KPI(关键绩效指标)完成,一般不做更大的冒险,不尝试新的突破,按部就班,按程序做事。**

具有维持型组织思维的人和组织,主要完成维持型任务,守正,是组织稳定经营的需要;具有增长型组织思维的人和组织,主要实施创新型的任务,出奇,是组织突破竞争持续发展的需要。守正出奇,两种思维对应的工作任务都是组织生存与发展必要的。

增长型组织思维体现在不断努力去尝试新东西,不满足于只完成 KPI。对于拥有增长型思维的组织,看到的更多是机会,不会只看到挑战和压力。对于工作上的挑战和压力他们基本不会焦虑,反而认为这是机遇。

◇ 高效完成维持型工作任务

岗位职责上的事项任务多数都是守正的、维持型工作任务。因为岗位职责都是事先拟定的，都是为了完成预先拟定的职责任务，从而实现既定的组织目标。"事先""预先""既定"等词语已经明确这些事情的特点：稳定、维持、有程序、有流程，不需要更多的创新，更多地需要执行。

我们经常在企业咨询过程中听到管理者对下属评价最多的是"执行力不够"，而不是创新力不够，就是因为岗位职责的事项任务是守正、维持型工作任务。

在实际工作中，绝大多数工作任务都属于维持型的工作，通常我们也称这类工作为正常工作任务。所以，研究维持型工作即正常工作如何高效完成的理论和实践经验也是最多的。这些高效完成维持型工作任务的理论和实践经验，主要有两个层面：一是管理层面，主要提到的是职责分工；二是执行层面，有两个措施应用最为广泛，一个是事情分类法则，做最优先的事情；第二个是聚焦法则，一次专注一件事。

第一，从管理层面，我们谈谈职责分工。

职责分工、岗位角色、岗位职责事项化、责任到具体人等，从管理的角度，我们一直都在谈，每个管理者都在做。就不再赘述。

在这里，我们分析一下：我们为什么要预设一些相对稳定、维持型的职责和工作任务，让人们按部就班来完成呢？

现代管理学之父彼得·德鲁克说："企业因目标而存在。"世界上没有一个组织是没有目标的。从这一点讲，目标是预先确定的。

目标是预先确定的，但实现目标的路径还不确定，还可以多选。"条条大路通罗马"。不同的管理者对于实现目标的路径可能有不同的思考和设计。不论设计哪条路径，实现目标的路径都会是由一系统价值链组成的任务体系构成。把这些价值链任务体系分工到不同的岗位，并把完成这些任务相应的权力授予下去，职责任务就落实到了具体的岗位责任人了。这些明确下来的具体的职责任务，就成了维持这个岗位存在的基本的、正常的工作任务。

当责任人分配到这个具体岗位时，要维护自己的岗位身份，他就要完成这些明确的职责和任务。因为这些工作任务很明确，所以责任人执行的效率自然就会高效一些。

这就是设置正常工作任务的又一个原因。

然而，在实际工作中，岗位的职责任务并非如前文所说的设置得很明白、很清晰，岗位上的员工甚至不太清楚自己的工作到底包括哪些具体任务，每个任务又要做到什么程度才算达标。于是，"干工作需要悟性"成了很多管理者的口头禅。正因为这些现象的普遍存在，这才有我们不断呼吁企业管理要规范、岗位职责要事项化、要有让员工成为岗位的真正主人的现实需要。

第二，从个人执行层面，要高效完成工作，可以把事情分类，做最优先的事项。具体做的时候，采取聚焦法则，一次做一件事。

前文我们谈过把事情按"重要""紧急"分为两类，工作事项就分为了四个象限，这也是事情分类的"艾森豪威尔矩阵法"（见图5-1）。

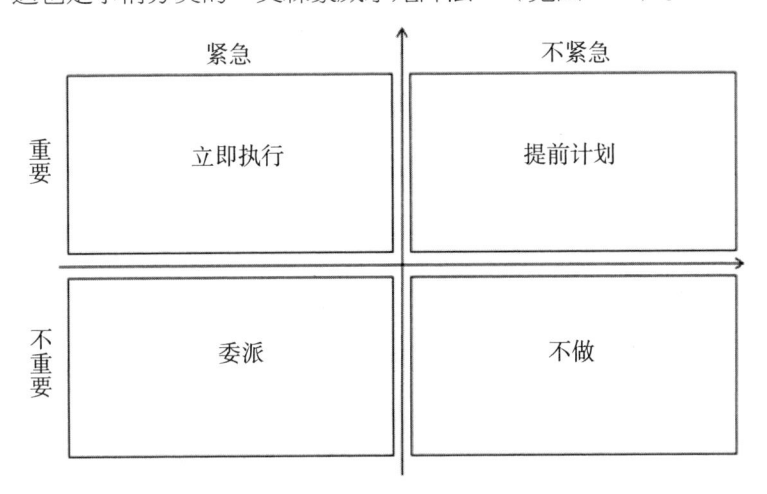

	紧急	不紧急
重要	立即执行	提前计划
不重要	委派	不做

图5-1 "艾森豪威尔矩阵法"

"**紧急的问题不重要，重要的问题从来不紧急。**"这是第三十四任美国总统艾森豪威尔在1954年说出的经典名言。所以，我们要集中精力做紧急又重要的事情，花更多时间做重要不紧急的事。为此，我们要罗列出需要完成的具体工作任务，把它们按紧急、重要程度排序，优先做排在最前面的几项工作。

"艾森豪威尔矩阵法"让我们做工作时有重点、有步骤，这是一个原则。因为有了原则，所以工作时我们能更从容、自由。

在执行具体工作任务时，专注于做一件事，效率自然就高。

但有个残酷的现实让我们无法专注。

当下，先进技术、社会环境及各种商业手段无孔不入地迫使、引诱着我们的大脑进入多任务的状态。这种多任务的状态原本就不是我们的大脑所擅长的。

员工是岗位的主人

我们经常是边工作边社交、边社交边娱乐，不停地切换工作任务，不停地切换工作状态，即时响应、分秒必争。貌似很有效率，实际上却让人心力交瘁，挫败感、无力感也随之而来。所以，信息智能时代，要"乐此不疲、兴致盎然"地专注于做一件事已经很难。

我们的大脑还是一个矛盾共同体：一方面，大脑的生理结构注定了无法一"脑"二用；另一方面，大脑鼓励我们进行任务切换。每次我们完成一件小任务，例如，回复了一封电子邮件或者检查了一下社交媒体更新，大脑都会送出一份奖励性的荷尔蒙多巴胺。小小的成就让我们得意洋洋、心满意足。这个坏习惯是由恶性反馈循环造成的：做一点鸡毛蒜皮的事情，然后获得多巴胺奖励。我们觉得自己已经有所作为，而事实真相是，我们把本应投入最重要任务的专注力浪费掉了。

怎么办呢？一个猎人给了我们回答。

有一位猎人带着三个孩子到沙漠去猎杀骆驼。

他们到达了目的地。

父亲问老大："你看到了什么呢？"

老大回答："我看到了猎枪、骆驼，还有一望无际的沙漠。"

父亲摇摇头说："不对。"

父亲又问老二："你看到了什么呢？"

老二回答："我看到了爸爸、大哥、弟弟、猎枪、骆驼，还有沙漠。"

父亲又摇摇头说："不对。"

父亲又问老三看到了什么。

老三回答："我只看到了骆驼。"

父亲高兴地说："答对了。"

眼中只有一个目标、一个任务，你就能够专注！不要同时注意多个目标、做多个任务，任务切换不仅会拖慢速度，而且还会消耗大脑的能量。人脑与电脑不同，无法同时处理多个进程。"多进程"完全是电脑的"专长"，大脑没法跟电脑比。我们要尊重这个生理结构所给我们的自然规律。排除干扰，在一项任务完成之前，不要切换到另一项任务。一次只专注做一件事，回到我们大脑单一进程模式，聚焦，再聚焦，这就是高效率的方法。

关于专注高效的案例有很多，例如，美国总统罗斯福的一个学习方法。他在上大学的时候就是一个博物学家了，他所发表的关于鸟类的论文已达到专业级别，而且别的学科成绩也很好。这是为什么呢？因为罗斯福每天学习时极其专注，并且专门每天留出6个小时学习。他在这6个小时里就是专注于学习，没有别的事分心。

康德，德国古典哲学创始人，他的专注程度更是难以复加。康德从来没有走出过他居住的那个小镇，整个小镇的人会把康德的节奏当作时钟，他每天的生活非常有规律，只要他一出来，人们就知道是几点钟了。他专注地深度思考，最终成了伟大的哲学家。

所以，大多数时候，我们都在完成正常的工作任务，要高效地完成这些工作任务，我们在管理上要做好分工、授权，厘清职责任务，让员工成为岗位主人。同时在执行层面，对工作任务要进行优先安排和取舍，聚焦专注，一次专注一件事，效率就会高。

◇ 创新完成增长型工作任务

完成维持型工作，更多的是按部就班，更多的是完成一些正常的工作。或者说，更多的是完成正常目标的工作。

然而，**在现实商业环境中，除了我们自己要制定的正常目标外，还有相当一部分目标不是由我们定的，而是由市场竞争，甚至竞争对手定的**。比如，成熟市场某款电脑或其他设备，竞争对手的配置比你高，价格是你家的一半，如何参与竞争？提升配置、降低价格，就能夺回市场吗？

当然，没有标准答案。有些企业通过提升配置和降低价格继续参与当下的竞争，他们夺回了一些市场份额，当多数企业都采取同样的竞争手法时，竞争就会加剧，内卷开始了。

如何跳出重围？

这就需要增长型思维，创新性地完成一些增长型任务了。

所以，管理研究专家讲，**缺少增长型思维，组织已经开始"自我淘汰"**了。

企业里相当一部分目标是由市场竞争、外部环境、竞争对手拟定的。这就从根本上要求企业管理者要从企业外部经营环境审视企业内部管理，要根据市场变化重新定义对市场、对行业的理解，重新设计企业核心能力，重新设置负面目标，以及实现这些目标的价值链下前导性任务体系。

所谓**负面目标，就是面向市场的非正常目标，或者是不合理的高目标**，这是市场帮我们设置的目标，或者是我们自我强迫创新的高目标。

而前导性任务体系就是实现这些目标的关键路径下的行为任务集合。它提高了目标实现的概率。

关于高目标或者是不合理的目标及实现目标的关键路径等内容，我们接下来的章节再细讲。

企业经营更应该关注增长型思维，进而制定更有创造力的增长型任务。

如果以一条曲线反映企业经营业绩增长规律，任何一条增长曲线都会滑过抛物线的顶点再归于平缓、下降甚至消失。要保持企业经营业绩持续增长，必须在第一曲线下降消失之前找到一条新的增长曲线，如图5-2所示。

所以，在企业经营业绩增长中，除了常规、守正的扩大再生产外，还要更加关注某个经营要素出现的业绩增长拐点，必须通过创新发现的第二曲线弥补第一曲线即将面临的增长放缓，甚至业绩下降。

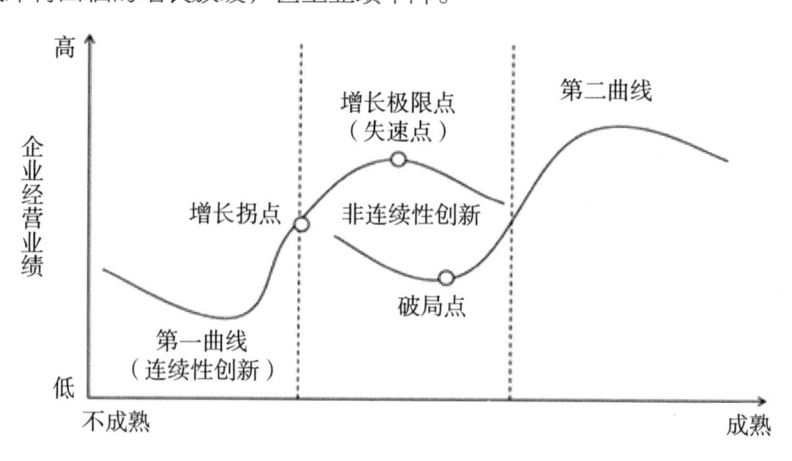

图5-2 第二曲线增长思维图

针对第二曲线的增长思维，研究者们提出了几个创新思路，可供企业管理者参考。

组合创新：通过将不同的要素重新组合形成新事物，以实现创新。

单点破局：在关键点上实现突破，以推动整体的发展。

错位竞争：通过在市场上提供与众不同的产品或服务来获得竞争优势。

低端颠覆：通过提供初期看似低端但实际上具有巨大潜力的技术或产品来颠覆市场。

生物进化论：将企业的创新过程比作生物进化，通过遗传和变异来实现持续的进化。

分形创新：通过自然选择的过程，从小范围的变异中逐渐形成新的物种，类似于企业从现有业务中逐渐发展出新业务。

技术性创新：通过持续改善现有的产品性能来延长第一曲线的生命周期。

突破性创新：在第一曲线的基础上实现非连续性的技术突破，从而开启第二曲线。

以上这些创新思路，企业经营者可以灵活应用，以促进企业可持续增长和发展。

目标就要激动人心

图 5-3 所示的字念什么？

"不知道。"

"不认识。"

"从来没有见过。"

……

以上的回答，是很多人的第一反应。

"好像读'lìn'，租赁的赁。"

"它是汉字吗？"

……

图5-3 这是什么字

以上的回答中，人们开始调用脑袋里的储存、记忆来识别这个新字，也开始启动大脑的反省机制提出疑问了。

上面的回应，是学员在课堂上多数情况下的回应。右边的"字"当然不是汉字，是老师造的字。无论认不认识，猜测还是疑问，都反映了人们的认知过程。

人们对头脑中没有的概念、场景是没有反应的。人们只会回应头脑中已有概念、已有场景的东西，包括文字。

当人们头脑中已有某个概念，就会不断去完善"这个"概念，并努力让它成为"这个"概念。就像有人认为上面的"字"读"lìn"一样，因为他头脑中已有相似的"赁"字的认知，他就会努力让旁边的"字"成为那个"lìn"赁。

所以，**总结一句话：先是……再成为……（以下简称先是，再成为），是人们大脑认知行为最重要的预测过程和信息处理方式。**

一位著名的电影导演拍了一部现代城市的电影短片，电影主要展现的内容是城市的高楼大厦、满街车流及酒吧里的饮食男女等。

然后，他想把这个片子给谁看呢？给那些非洲的原住民看，因为他们还没有经过文明开化，他想知道给原住民看完以后会有什么效果。

结果，这些原住民看了电影短片之后都在兴高采烈地谈论着一只鸡。

问题是，导演从来没有意识到自己的影片中有这么一只鸡。导演觉得很困惑，回去以后把影片拉出来认真比对，终于在影片的一个角落中发现了一只鸡。但这只鸡出现的时间是低于8画格的。什么意思呢？大家知道，电影是每一秒钟24画格的连续运动。如果一个事物出现的时间低于8画格，一般人是感觉不到它的存在的，但那些原住民关注到了。

为什么？原因很简单。因为那只鸡在他们的大脑里是原本就有的概念，他们很熟悉。他们不断讨论那只鸡，是想让原本熟悉的鸡更熟悉，即让看到的那只鸡与大脑中的那只熟悉的鸡匹配、一致。而我们看到的高楼大厦，对于非洲原住民而言，只是他们认识的鸡的背景。

所以，我们大脑最先反映的是我们熟悉的事物。这就是大脑认知行为里最为重要的预测模式。

神经科学研究发现，大脑的认知行为模型里有一个预测加工模型。

大脑会通过调节神经元之间的连接，把外部的环境信息尽可能储存起来，建立一些认知行为模型。

当我们接触到新信息时，大脑会根据已有的认知模型对未来进行推断，"预测"我们可能会遭遇什么，需要做出什么反应，可能会引发什么后果。如果一切吻合，就按照预测的方式行动；如果不吻合，就会产生一个预测误差，这时，大脑或是调整认知模型，或是驱动我们做出其他行动，来修正和消除这个误差。这就是大脑的预测加工过程。

大脑的预测加工模型对我们有什么效用呢？告诉你，有相当大的效用。

比如，当你口渴的时候，喝一口水，为什么你会立刻感觉不渴了？当你饿的时候，吃一口巧克力，为什么你会立刻感觉舒服多了？

实际上，水运送到身体的各个器官，以及巧克力里的糖分被分解、输送，都是需要时间的，它们并不会立刻生效。那为什么我们会立刻感到舒服了呢？

原因就在于：大脑通过你喝水和吃巧克力的动作，预测到身体很快就能得到水分和糖分的补充，于是消除了内部发出的饥渴信号，预支"不饥渴的舒适状态"给我们，于是我们就能够更快地以更好的状态去行动。

科学家进一步研究发现，我们所看到的世界，其实是100毫秒前的状态。

因为，光反射进入我们的眼睛，转变为电信号，再经过视神经进入初级视觉皮质，最终被我们所认知，这个过程是需要时间的，大约是100毫秒。也就是说，我们实际看到的世界，其实是它在100毫秒之前的状态。

但为什么我们日常生活中不会感到周围的世界"延迟"了100毫秒呢？因为大脑每分每秒都在根据过往的认知模型，不断预测我们周围的世界在100毫秒之后是什么样子，然后，呈现给我们这个预测的结果，帮我们补足了这100毫秒。

也就是说，**我们看到的世界，是大脑预测后"播放"给我们看的。**

所以，我们看到的世界，其实是我们自己"预测"的世界。我们的未来是大脑根据过往经验所想象和模拟出来的"未来"。我们在前面讲"先是，再成为"，就是先要在大脑里"预测"一个未来的自己，再努力去实现那个"预测"的自己。

认识到我们大脑认知行为的预测过程，对我们有什么特别的启示？

正是因为有了大脑的提前"预测"，我们才可以利用这个提前量预测自己的下一个状态，从而更好地优化配置，减少资源的浪费，把资源集中使用在更重要的地方。

对大多数职场人来说，"目标是必要的"。当我们大脑中有了目标，我们就会对这个目标有了"预测"的概念，由此引发我们的行动，如"看见那只鸡"一样，若没有高楼大厦这些"预先"的认知，就没有"预测"的概念，就会只讨论预先有的"鸡"，而对其他的"不知道""不认识"最终没有形成认知行动。

所以，职场人要有"先是，再成为"的"预测"，拟定目标去行动，成为自己预先拟定"是"的那个人。

◇ 有目标就有行动的理由

Window shopping 是浏览橱窗、逛街的意思。大多数人都有过漫无目的逛街的经历，热闹的地方，停下来看一看；喜欢的服装，穿一穿、试一试；喜欢的游戏电竞，玩一玩，等等。结果是：闲逛了大半天，时间过去了，什么收获也没有，或许买了一些物品回家，自己并不喜欢，让它们长期躺在橱柜里。

同样的现象是，刷视频，漫无目的地刷视频，一晃两三个小时过去了。回想一下，在这两三个小时里，通过视频了解了什么、学到了什么？脑子里并没有太多记忆。

无论是 Window shopping，还是刷视频等休闲活动，之所以我们收获不大，是因为我们没有目的地干这类事情。

在工作中，我们需要有目的地干工作，当没有目的、目标时，干工作也会像休闲一样，收获就会很少，甚至完不成公司的目标。

老师曾在课堂上让学员"花 5 秒钟，数一数大屏幕上有多少个 5"。学员数完之后，老师翻过这一页 PPT，问学员有多少个 5。大家会大声说："5 个 5。"老师突然问："有多少个 6 呢？"

在多数情况下，鸦雀无声是学员们当时主要的表现。偶尔也会有学员笑一笑。有敢猜一猜有多少个 6 的人吗？几乎没有人有勇气猜。

仅有一次，有个稚嫩的声音说："3 个 6。"老师一看，坐在前排右边一个约 8 岁的小男孩，那天家里没人带他，他妈妈带他来听课了。

所以，成年人干工作，没有目标就没有行动的理由，有目标才有行动的理由。

关于目标对人生的意义，哈佛大学当年进行了一个持续跟踪 25 年的调查，说明了目标对人生的特别意义。

调查对象是一群智力、学历、环境等各方面都差不多的马上毕业的大学生。调查发现，27% 的人没有目标，60% 的人有较模糊的目标，10% 的人有清晰而短期的目标，只有 3% 的人有清晰而长远的目标。

这个调查跟踪了 25 年，25 年后的跟踪结果显示：那些有清晰而长远目标的 3% 的人，25 年来都不曾更改过目标，他们朝着目标不懈努力，25 年后他们中的大多数人成了社会各界的顶尖人士。

有短期目标的 10% 的人，他们生活在社会的中上层，短期的目标不断地被实现，完成一个目标，他们又拟定新一轮的目标，结果是，他们的生活状态稳步上升。

那些目标较模糊的 60% 的人，多年下来，大多数都生活在社会的中下层，他们能够安稳地生活与工作，但似乎都没什么特别的、突出的成就。

那些没有目标的 27% 的人，绝大多数生活在社会的最底层，25 年来生活过得不如意，常常失业，靠社会救济，并常常抱怨他人，抱怨这个社会没有给他们机会。

这就是目标对个人人生的影响。从另外一层意义上讲，人们今天的生活，或许是受过去的目标影响的，甚至是由其决定的。那未来的生活呢？很大部分也是由今天的目标影响和决定的。

◇ 制定激动人心的目标

了解目标的意义，也知道了目标是人们行动的理由。那如何让目标给予我们更大的动力呢？

有三种实践经验，效果比较明显，可以效仿：一是目标要激动人心；二是目标要制定得长远一些；三是要把长远一些的大目标分解成可以实现的短期小目标。

其一，我们先来谈谈如何拟定一个激动人心的目标。

有一个口号，2000 多年来激励了无数渴望掌握自己命运的人。这个口号就是秦末农民起义首领陈胜呐喊出的"王侯将相，宁有种乎"。

员工是岗位的主人

陈胜、吴广激动人心的口号:"王侯将相,宁有种乎"

公元前209年,朝廷征发贫苦人民去驻守渔阳,900人驻扎在大泽乡。陈胜、吴广担任戍守队伍的小头目。正赶上天下大雨,道路不通,估计已经误期。按法律误了期限当斩首。于是,陈胜、吴广两人商量,逃跑是死,起义是死,同样是死,为国事而死,怎么样?

于是,陈胜、吴广杀死两个军官,召集号令部属,说大家遇上大雨,都已误了期限,误期是要杀头的。好汉不死便罢了,要死就该成就伟大的名声啊,王侯将相,宁有种乎。难道有天生的贵种吗?

于是,好多部属都听从他们的号令。陈胜自立为将军,吴广为都尉,开始了农民起义。不久,全国各地百姓纷纷响应,轰轰烈烈的农民起义的风暴席卷了大半个中国。

从此"王侯将相,宁有种乎"就成了无数想掌握自己命运、追求梦想的人的励志理念。

直到当今,很多创业者常常用"王侯将相,宁有种乎"激励自己,勇闯创业难关、开发潜力,靠自己的努力走出了一条自我成长的创业路。

在企业经营过程中,凝聚团队、突破销售、达成目标,时时刻刻都需要激励团队,一些激动人心的口号自然就成了管理金句。

企业里激动人心的口号、金句

一、激发团队凝聚力,完成目标

"没有完美的个人,只有完美的团队!"

"目标刻在钢板上,方法写在沙滩上!"

"要么全力以赴,要么走人!"

"今天不争第一,明天就被淘汰!"

"要么颠覆市场,要么被市场颠覆!"

"战!战!战!"

"你为公司拼业绩,公司为你撑到底!"

"要么全力以赴,要么回家!"

二、突破销售，实现客户价值

"没有卖不出去的产品，只有不会卖的人！"

"客户的需求，就是我们的KPI！"

"签单不是终点，服务才是起点！"

"每一通电话都可能改变命运！"

三、自我驱动，突破逆境

"业绩是尊严，数字是尊严！"

"宁可流汗流泪，绝不月底后悔！"

"你离成功只差一个客户的坚持！"

"没有借口，只有结果！"

"昨天的辉煌，是今天的起点！"

"你的每一份努力，都在为未来铺路！"

四、赢家管理的硬道理

"让听得见炮声的人做决策。"

"烧不死的鸟是凤凰，从泥坑里爬出的是圣人。"

"活下去，是企业的硬道理。"

"管理就是抓住三件事：客户、流程与绩效。"

"今天很残酷，明天更残酷，后天很美好，但大多数人死在明天晚上。"

"员工的离职原因只有两点最真实：钱没给到位，心受委屈了。"

"战略不能落实到结果和目标，都是空话。"

"管理就是敢对自己动刀子。"

"员工是企业的'护城河'，不是成本。"

"利润是副产品，把事情做好，钱自然会来。"

"管理没有柔情，制度就是制度。"

"管理就是激发人的善意和潜能。"

"企业最大的风险，是内部没有危机感。"

做企业，须有伟大的使命，需要一个团队来共同完成，方能创造一番事业。激动人心的口号和目标自然就有凝聚力，自然就会激发团队的激情和创造力，如此才能缔造商业奇迹。

员工是岗位的主人

一个职业人进入职场，也可以给自己定一个激动人心的目标，即给自己在专业上、职场中立一个目标，让自己在工作中时刻以这个目标激励自己，从而让自己更加上进，实现自己的目标。

因对激动人心目标的认同，一家成长型科技公司让新进公司的员工拟定一个自己在工作中激动人心的目标。具体如下。

一家科技公司的员工成长目标

一位做培训的老师说："我要成为公司的精神导师。"

一位做宣传的文员说："我要成为公司的文化最优秀的传播者。"

一位做融资的主管说："我要成为为公司插上资本翅膀的人。"

一位做后勤管理的主管说："我要成为公司最信赖的大管家。"

一位做接待的客服人员说："我要成为整个公司气氛活跃者。"

一位做战略策划的经理说："我要成为公司最前沿判断力的大脑。"

一位做技术开发的工程师说："我要成为公司的技术大牛。"

一位做特效的技术人员说："我要成为公司的特效大佬。"

一位做UI（用户界面）平面设计的技术人员说："我要成为公司的美学发电机。"

当每个员工都在内心认定自己在公司的目标和定位，能时刻以此激励自己时，这家公司就成了这些员工实现自我的共创平台。在此奋斗、在此贡献力量就是员工们的自我责任。

为此，激动人心的目标，能使员工激动，也能使公司和组织激动。

在企业的日常经营管理中，同样可以拟定一些激动人心的目标。我们将在接下来的章节里具体介绍。

其二，目标要制定得长远一些。

俗话说，人无远虑，必有近忧。要解决近忧的问题，拥有一个长远的目标或许是一个有效的措施。

**当一个人拥有长远的目标时，为了实现这个长远的目标，人们可以忍受眼

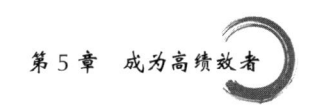

前的压力、痛苦，甚至同事的不理解。因为他的目标在前方，而不是眼前。

另外，因为有了更长远的目标，他的眼光会看得更远，眼前的路或许走得更直。有心理学家研究，一个人如果埋头往前走，不看更远的前方，走着走着就会发生偏离，以至于达不到自己想要的目标。

据说，一个瘦子和一个胖子在废弃的铁轨上比赛走枕木，看谁能走得更远。瘦子起初领先，但因不断关注脚下而摔倒，最后输掉比赛。

而胖子因无法看到自己的脚，选择了一个远处的目标，并一步步走向它。当接近这个目标时，他又选择另一个远一点的目标，最终走得更远。

管理者需要定一个长一点的目标，如1年的目标，或者3年的目标，这样做企业就有一些规划，团队也会因有更长期的一些目标放下当前的极端，而共同向更长远的目标努力。这也是我们前面所说的，凝聚大团队需要更高的（其实也可以说是更长远的）目标，道理都是一样的。

作为个体而言，也要为自己定一个长远的职业目标，如3年的职业目标，或5年的职业目标。当拟定了3年或5年的职业目标时，你就不会太在意当下所面临的压力和苦痛，如果这些压力和苦痛是你实现长远目标的一部分，你会拥有足够的勇气直面它，如果这些压力和苦痛与长远目标的实现一点儿都没有关系。你压根儿都不会理会它们，压力和苦痛自然消减。

所以，**长远一些的目标，不仅可以使自己激动，同样可以帮助你消除一些压力和苦痛，职场心态也会更健康。**

其三，我们谈一谈把长远的大目标分解成可以实现的短期小目标。

当小目标是我们一步一步可视、可实现的任务时，长远的大目标激动人心，短期的小目标任务就是行动的动力所在。

一个经典的大目标分解成小目标的案例，就是20世纪80年代日本名不见经传的马拉松选手山田本一两夺世界冠军的秘密。

马拉松冠军的目标分解法

1984年在东京国际马拉松邀请赛中，名不见经传的日本选手山田本一出人意料地夺得了世界冠军。当记者问他凭什么取得如此惊人的成绩时，他说了这么一句话："凭智慧战胜对手。""故弄玄虚吧。"当时许多人都这么认为。要知道

员工是岗位的主人

马拉松比赛是靠体力和耐力的运动，只有身体素质好又有耐性的人才有望夺冠，爆发力和速度都还在其次。一个矮个子偶尔获得一次冠军，却说是用智慧取胜确实有点勉强。

两年后，意大利国际马拉松邀请赛在意大利北部城市米兰举行，山田本一代表日本参加比赛。这一次，他又获得了世界冠军。当记者再一次请他谈经验时，不善言谈的山田本一回答的仍是上次那句话："凭智慧战胜对手。"

这一次记者在报纸上没有再"挖苦"他，但对他所谓的智慧迷惑不解。直到10年后，山田本一在自传中终于揭开了这个谜。他在自传中这样写道：

"目标分解让我跑到了终点。

"每次比赛之前，我都要乘车把比赛的线路仔细地看一遍，并把沿途比较醒目的标志画下来，比如第一个标志是银行，第二个标志是一棵大树，第三个标志是一座红房子……这样一直画到赛程的终点。

"比赛开始后，我便快速向第一个目标冲去，等到达第一个目标后，我又以同样的速度向第二个目标冲去。40多千米的赛程就被我分解成这么几个小目标轻松地跑完了。

"起初，我并不懂这样的道理，我把我的目标定在40多千米外终点线上的那面旗帜上，结果我跑到十几千米时就疲惫不堪了，我被前面那段遥远的路程给吓倒了。"

山田本一说的不是假话，心理学实验也证明了这一点，即当人们的行动有了明确目标，并能把自己的行动与目标不断地加以对照，人们就会清楚地知道自己的行进速度与目标之间的距离，人们行动的动力就会得到维持和加强，进而自觉地克服困难，努力达到目标。

所以，要实现某个目标，就要像上楼梯一样，一步一个台阶，把大目标分解为多个易于达到的小目标，脚踏实地向前迈进。每前进一步，达到一个小目标，就会体验到成功的喜悦，这种感觉将推动我们充分调动自己的潜能去达到下一个目标。

寓言故事：小钟是如何完成大目标的

有一个三只钟的寓言故事，一只是新的小钟，另两只是老的旧钟。

小钟问："你们走了多少下了？"

一只旧钟回答："3200万下，很难的……"

小钟叹气说："唉，3200万下，我可办不到。"

另一只旧钟抢着说："别听他瞎说，不用害怕，你分解一下，只要每秒滴嗒一下就行了。"

小钟将信将疑地说："如果这样，那我就试试吧。"

小钟很轻松地每秒"嘀嗒"摆一下、"嘀嗒"摆一下、"嘀嗒"摆一下……

不知不觉中，一年多过去了，小钟摆了3200万下……

当然，在现实工作中，每一个小目标的行动并非如小钟"嘀嗒"摆一下那么简单，但也有一些基本规律和原则，我们将在后文讲述。

目标管理，管理中的管理

岗位、职责、职责任务及与完成这些职责任务相匹配的权力和利益，是员工在企业里履职的基本条件。如何对员工的履职情况进行有效管理，激发员工完成组织目标、实现高绩效？企业管理者又有怎样的方法和措施呢？

作为一名职业人，企业对职员有哪些主要的管理措施和方法，哪些是我们应该了解并熟练应用的？目标管理就是其中的一个。

◇ 组织因目标而存在

目标管理，被现代管理学之父彼得·德鲁克称为管理中的管理，他认为企业的目的只有一个定义，就是创造顾客，企业的一切运营管理都是围绕这个目标进行的。

在企业的实际经营过程中，目标管理就是通过目标的设置、分解、完成，以及员工自我管理达到企业经营目的的管理方法。

目标管理（Management By Objectives，MBO）的方法在1954年彼得·德鲁克的《管理的实践》一书中提出后，立刻得到了企业经营管理者的热烈追捧。管理者们常说"做管理就是做绩效"，而绩效管理的基础就是目标管理。所以，对于管理者来讲，掌握目标管理的基本原理和方法是一项重要又基础的技能。

那么企业经营的目标是什么？有人说是利润最大化。没错，企业经营的目标是利润，用德鲁克的话讲，利润是企业绩效的最终检验。组织绩效就是经营成果与目标对比的检验值。既然如此，一个组织必须要有目标，即目标不能为0，所以组织也因目标而存在。换句话说，组织的存在是为了实现目标，组织管理的存在是为了提升效率、降低成本，这也是组织目标。

有没有企业的管理者不制定目标的？还真有一个。

乔布斯不定经营目标

1997年，苹果公司董事会欲邀请乔布斯回苹果公司当CEO，乔布斯就跟董事会提出过这样的要求：我做CEO，你们不能给我定经营目标。

而实际情况是，乔布斯要拯救公司。回归苹果公司，他做了三件事情：裁员、精简产品线和打造革命性的用户体验，对苹果公司进行大刀阔斧的改革，把苹果公司从濒临破产的低谷中拉了出来，创造了苹果公司快速发展的"黄金十年"。

乔布斯做的第一件事就是裁员。一方面他痛下杀手，在回归苹果公司的一年内裁掉近3000名冗余员工，为苹果公司节省了一大笔人员费用。另一方面他逼迫董事会降低苹果股票的期权价格，通过对股票期权的重新定价、恢复股票期权的价值留住核心人才。

他做的第二件事就是精简产品线。当时苹果公司的产品线混乱，没有重点，产品型号让人眼花缭乱，消费者无从识别，很多不同的产品型号之间只有细微的差别。乔布斯经过重新规划，将产品线集中为手机、平板、一体机和笔记本四大类，打造出iPhone、iPad、MacBook和iMac这四款经典产品。

他做的第三件事是打造革命性的用户体验。简洁直观的iOS操作系统、灵敏的电容式触摸屏、高性能的芯片、紧凑而优雅的外观设计这四种元素整合成革命性的电子产品iPhone和iPad，为消费者打造了革命性的用户体验，使苹果公司的产品在全球范围内获得了巨大的销量和利润。

乔布斯重回苹果公司，并不是没有定目标任务，而是定了非常详细、创新性的目标任务，这些革命性的、增长性的目标，让苹果公司走向了快速发展的"黄金十年"，他的远见卓识和创新能力将苹果公司打造成了一个真正的科技巨头。

所以，企业经营管理就是目标管理。目标才是企业存在的意义。

组织是因目标而存在的，组织要求所有人员都要有目标意识，设定目标、完成目标，从而形成集体的绩效文化与绩效成果。

◇ 目标管理的三个原则

原则一：分目标与总目标方向统一。

企业的经营目标是创造顾客、满足客户的需求。企业运营管理的各个方面，无论是涉及采购生产、运输、销售，包括作为支撑的人力资源及财务等运营环节，都是为这个经营目标服务的。只有方向一致的管理行动，才能形成资源的聚合力，降低成本、提高效益，最终为企业的经营目标做出各个环节的贡献。

所以，企业里各业务板块、各价值链都要围绕企业总目标保持方向一致性。

在企业目标管理的实践中，企业总是先制定一个战略目标。这个战略目标可能是远期甚至没有时间限定的目标，如企业的使命、愿景。围绕这个使命、愿景，再制定企业的中期目标、短期目标。

一家科技公司的各级目标

一家大型科技企业在发展初期制定了"成为世界级领先企业"的愿景目标及与愿景目标方向一致的各价值链的分目标。

愿景目标：成为世界级领先企业。

市场目标：成为业界最佳设备供应商。

技术目标：在独立自主的基础上，开放合作发展领先的核心技术体系。

研发目标：顾客价值观的演变趋势引导产品方向。

生产目标：满足超大规模销售的敏捷生产体系。在世界范围内合理规划生产布局，优化供应链。

质量目标：以优异的产品、可靠的质量、有效的服务，满足顾客日益增长的需要。

组织目标：简化流程、提高协作、强化责任。

人力目标：尊重知识、尊重个性、人格平等。

激励目标：实行员工持股制度。

原则二：目标要逐级承接，包括战略、战术、计划的逐级承接。

组织的总体战略是企业的行动方向，是统一整体组织资源分配的指引。总体战略往下推行时，需要制定各级的目标和行动计划。

各级承接的目标，一般情况，下一级的方向是上一级的关键行动计划，下一级的目标是上一级对应行动计划的衡量标准。各个行动计划分解要具体，不重叠、不交叉，以节约资源，明确责任部门与责任人。这就是从战略到战术再到执行的目标管理逐级承接原则。

根据实践经验，我们提出：**目标逐级承接并寻找完成目标路径的OKR-PM目标路径法则**（见图5-4、表5-1）。

O，Objectives，目标。一个层级的激动人心的目标，以定性描述为主、定量为辅。

KR，Key Results，关键结果。它是可以量化、可衡量的标准。

P，Paths，关键行动路径计划。即行动人完成目标的关键行动路径与行为计划。

M，Measure，可以衡量的标准。

OKR-PM目标路径的逐级承接分解法具体步骤如下。

第一步：拟定激动人心的目标（O），拟定一个激励团队的战略意图或战略目标；下一级的目标（O）是上一级的行动路径计划（KR）。

第二步：关键结果（KR），是实现激动人心的目标需要完成的关键成果。下一级的关键结果（KR）是上一级对应的行动路径计划（P）。

第三步：关键行动路径计划（P），实现关键结果（KR）的行动路径分解，要具体；各行动路径计划之间不重叠、不交叉；行动路径计划要有所侧重、有所忽略，要集中资源优势；明确责任部门与负责人员。

第四步：衡量标准（M），针对每项路径行动的具体衡量标准；必须可量化、可考核；有具体可以量化的绩效 KPI 指标。

OKR-PM目标层级分解法

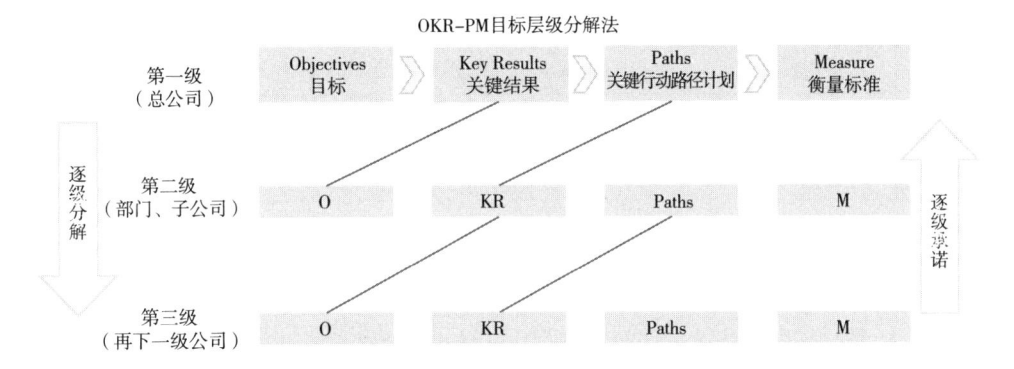

图 5-4　OKR-PM 目标分解法示意图

表 5-1　OKR-PM 目标分解法模板

编号	目标（O）	关键结果（KR）	关键行动路径计划（P）	衡量标准（M）	所需资源	责任人	备注
1							
2							

原则三：分解的指标符合 SMART 原则。

在目标分解中，特别是关键结果及评价标准的设定中，SMART 原则是被广泛采用而有效的原则，也是检验目标的有效方法。SMART 原则目标分解举例，如表 5-2 所示。

SMART 原则的具体含义如下。

S（Specific）：目标必须是具体的，要对标特定的工作指标，不能笼统；

M（Measurable）：目标必须是可衡量的，衡量的指标是数量化或者行为化的，验证这些指标的数据或者信息是可以获取的；

A（Attainable）：目标必须是可实现的，在付出努力的情况下可以实现；

R（Relevant）：与其他目标有一定的相关性；

T（Time-bound）：目标必须有明确的截止期限。

表 5-2 SMART 原则目标分解举例

编号	不符合 SMART 原则	符合 SMART 原则（量化原则）
1	"我真想瘦身"	"脂肪率降至 20% 以下"
2	"我希望儿子能够喜欢我"	"每周和儿子一起玩三次"
3	"我要写一本书"	"本年内，完成一本书的写作"
4	"我要努力得到上司的认可"	"人事评价达到 A 级"
5	"我们一定要把公司做强、做大"	"销售额达到 1000 万元"
6	"我们决定打造出人气商品"	"专用网站受欢迎商品达 5000 件以上"
7	"我们的所有行动都要让客户满意"	"今年年底，实现客户满意度达 95% 以上"
8	"希望你们部门加强团队协作"	"工作配合投诉 0 次"

◇ 目标管理的五大特性

问题：目标设置要合理吗？

目标管理的特性一：目标是不合理的。

目标一定是未来的目标，是对未来预测的目标。为什么目标要基于未来的预测？因为目标是解决未来问题的，而不是解决现在问题的。设立目标的时候并不是看企业自身具有什么资源具有什么能力，这些需要企业考量，但更重要的是要判断发展的趋势及面对的竞争。如果不能基于这些设定目标，而是基于自身的能力和资源设计目标，也许目标很合理，也能够实现，但是当目标实现的时候，也许你的企业已经被同行或市场淘汰。

所以，我们说目标是不合理的，合理的目标多数是基于常规、过去经验、历史数据及自身的资源能力所定出的，更多的是维持型任务。一般来说，维持型任务不再需要纳入目标管理中，是员工自觉应用完成的事项。而那些增长型的任务具有一定的挑战性、不确定性，是基于未来设立的目标任务，我们应在更大的范围、更大视野内经营目标任务，进而经营企业。制定一个不合理的目标，确保企业在战术上保持战略的高度。

要实现不合理的目标，最重要的工作就是盘点资源。

不仅要对现有资源进行盘点，也要对可能性的资源进行盘点，就是超越现有的资源。最重要的是，在我们可能的成本支出范围内，资源可以覆盖一定的范围和区域。如果我们的资源不能覆盖，但又要达到某个区域，企业就应该去寻找延伸覆盖区域的模式、渠道和方法，营销上的代理整合分销等渠道模式，就是企业在现有资源未能覆盖的区域采取的最经济、最有效的盈利模式。

盘点资源还有一个重要的内容是对目标执行人能力的盘点，与完成目标所需要的人力资源匹配。

盘点资源的过程就是寻求完成高目标的路径的过程，进而发现更有效的行动方式。

要理解企业拟定目标的不合理性，还要充分认识到企业处于极端竞争的市场环境中，你的成功一定会被对手研究分析。没有一些非常规的增长型任务，即看起来不合理的目标，企业很快会被对手超越、击败。

所以，一个追求持续成长的企业都有一个最高的指导原则，那就是对人要正面评价，对事要负面评价。对人要正面评价，指的是用人所长、避其所短，把人当正常人、平凡人看；对事要负面评价，指的是对事情高标准、严要求，工作目标具有挑战性，要做出不平凡的事。这里所说的不平凡的事，即实现高目标的要求，当一个目标高得不至于超过了责任者承受力的时候，责任者的好奇心、有目的工作的心态就会与他的创造力相连接起来了，其行动力就得到了激发。前面我们讲的不胜任原理——让工作本身就有激励性，道理也是如此。

问题：公司所有目标都需要达成共识吗？

目标管理的特性二：不是所有目标都要达成共识才开始行动。

对目标的认识会因人因层级有所不同，就算是同一职级的人也会因所处的不同的部门对目标的理解不一样。当然，企业对他们的要求、他们应该承担的目标和计划也有所区别。正是因为有这些不同和区别，大家对目标的认识就注定有所差异。这些差异有时还表现出是否公平公正，但只要跟人打交道，就没有绝对的公平和公正。

我们一直在讲，企业是因目标而存在，目标不能为0。这有两个共识：一是完成目标应该是企业团队的共识，所以我们说定目标才是共识，允许保留对目标认识的不同意见；二是目标就是行动，是一定要达成共识的，因为目标是制定出来的，要实现目标行动的合理性，就需要寻找适合实现目标的路径和计划，把资源安排和时间控制把握好，把目标制定出来，才会获得目标的结果。

综上所述，目标并不是关键，关键是实现目标的路径和行动，管理者要与责任者一起寻找资源的路径和行动的合理性，这是目标管理中管理者最重要的角色。只要路径行动合理，责任人实现目标的方法找到了，目标实现就容易得多了。

问题：是否授权让员工对目标负责任？

目标管理的特性三：授权员工对目标的实现负全责。

授权员工对目标负全部责任，这是肯定的。相信员工能把目标做好，这是目标管理的理论前提。

美国心理学家道格拉斯·麦格雷戈（Douglas McGregor）于1960年出版了著作《企业中人的方面》。这本书首次提出了著名的X理论和Y理论，对管理学和组织行为学产生了深远的影响。

X理论认为，人们有消极的工作源动力，人类本性懒惰，厌恶工作，尽可能逃避；对多数人必须用强制办法甚至惩罚、威胁，才能使他们为实现组织目标而努力，激励只在生理和安全需要层次上起作用，属于被动工作型。

Y理论则认为，人们有积极的工作源动力。一般人本性不是厌恶工作，人们喜欢工作，并渴望发挥其才能，多数人愿意对工作负责，寻求发挥能力的机会，激励在需要的各个层次上都起作用，属于主动工作型。

目标管理对人工作原动力的假设是Y理论，是相信员工能主动做好工作的，是愿意承担责任并为实现组织目标而努力的。

所以授权员工在完成目标过程中对资源的处置权，以及承担相应的责任和工作压力，就是目标管理过程中一定要体现的。否则，只授予了资源处置权，而没有相应的责任和压力机制，权力就会被滥用。

其实，目标管理又有一种说法，叫"责任管理制"。所谓责任管理，就是让具体做事的人有责任、有能力处置相关事项；否则，责任者也难以履行目标完成的责任。

所有的有效管理机制都是激活员工的责任心，让员工成为真正的责任主体。目标管理作为管理中的管理、管理中的责任管理，当然会遵守这一有效管理法则的。

问题：目标一定要定量描述吗？

目标管理的特性四：激动人心的目标可以定性表述。

我们在前面讲过，特别是我们提到的目标分解的OKR-PM法：目标要激动人心，可定性描述。关键结果定量描述，行动路径计划要有衡量标准。

也就是说，在目标管理中，广义的目标可定性描述，具体的目标如关键成果和行动要可衡量、可评估。因为如果关键成果都无法评估，也就失去了目标管理的目的和价值。

关于这一条，后面的章节还会详细介绍，让人人都可以进行目标管理。

问题：目标仅是员工完成的吗？

目标管理的特性五：目标是员工与客户共同完成的。

员工作为完成目标的责任担当者，大家都能理解，公司会授权员工全权负责完成目标。

而组织最终的目标之一是创造客户，客户是所有工作目标、工作成效的最终检验者。

因此，每一位责任者都要重视客户的数量，重视客单价，重视购买频率，培养并保护好老客户，重视客户的终身价值，研究客户的偏好，提升客户的满意度，培养客户的好感，等等，这些都是目标管理从内到外的指向内容，我们在做目标管理的时候，一定不要忘了这个出发点。员工要关注组织外部，关注组织所面临的市场、行业发展趋势等，以确保我们的所有目标与组织目标的协同。

这一点在实际目标执行的过程中常常被忽略，忽略目标完成有客户参与。结果就是员工完成了自己的工作目标，但公司常常没有完成组织的经营目标，出现了倒挂现象。

因此，管理者要提醒员工在执行目标任务时特别要关注客户（内部客户和外部客户）的满意度，以确保目标对客户有价值。

我要做事，OKR 法则有答案

把 100 万人送上火星，成本太高，怎么完成？

移民火星，星际旅行，让地球文明得以在其他星球上蔓延，人类早有这个梦想。把这个梦想付诸实践的还有"大梦想家、科技狂人"——埃隆·马斯克，他计划到 2050 年将 100 万人送入火星。

然而，费用就是一道坎。

根据 NASA（美国国家航空航天局）多年的航天经验，把一个人送到火星大概需要 100 亿美元。送 100 万人上火星，就是 10000 万亿美元，大致相当于美国 360 年的 GDP。

马斯克认为，星际旅行不需要那么高的费用，每人 50 万美元即可，中产阶级也负担得起。要把 100 亿美元的费用调整到 50 万美元，降低到 1/20000。马斯克是有什么高招吗？

专家分析，影响火箭载人的成本费用有三大因素。一是火箭的载人能力，二是火箭的发射成本，三是火箭本身的成本。

首先，火箭的载人能力提高 20 倍。

在 SpaceX 公司（太空探索技术公司）和 NASA 合作的商业载人计划中，通常一次会运送 4~5 名宇航员到国际空间站。Starship 是 SpaceX 公司最重要的项目，它是一个完全可重复使用的火箭系统，目标是支持大规模的太空探索，其设计载人目标是一次运送 100 人，载人能力提高了 20 倍。按一次发射成本平摊到每个人，成本下降到 1/20。

其次，火箭本身制造成本降低到 1/10。

通过自主研发自行生产火箭发射所需的大部分零件，降低制造火箭的成本。SpaceX 公司拥有完整的研发体系，这极大降低了制造火箭的成本。事实上，从目前来看，SpaceX 的火箭成本远远低于其他同行，已经将发射成本降低到 1/10。

最后，回收火箭。每个火箭重复使用 100 次。

传统的火箭发射都是一次性的，成本高。火箭发射若也能像飞机一样重复使用，从理论上来讲，往返火星就只需要支付燃料成本了，这将大大降低整个项目的成本。比如 SpaceX 的"猎鹰 9 号"火箭，它的总成本约为 5000 万美元，而其燃料的成本却只有约 20 万美元。根据估算，除去后期的维护和回收的成本，回收火箭至少可以将成本降低到 1/100。值得一提的是，在过去的几年里，SpaceX 在火箭回收方面取得了显著的成就，其中猎鹰 9 号火箭的第一级助推器已经成功回收了 26 次。初步说明这是可行的。

载人能力提高 20 倍，发射成本降低到 1/10，回收火箭成本降低到 1/100，降低到 1/20000 的成本目标指日可待。

所以，马斯克说，"只要有目标，就一定能实现。哪怕还没想到如何实现的路径，就有一种全然相信的力量。"

首先，他提出了一个激动人心的目标（Objectives）——移民火星，让中产阶级有能力参与星际旅行。这不仅是他的梦想，也是全人类的梦想。

其次，为了实现这个梦想，就要降低成本，于是在三个关键因素上发力，即在关键结果上努力：载人能力、火箭制造成本及火箭发射成本。

这三个关键因素上都有量化的行为目标：载人能力提高 20 倍；火箭制造成本降低到 1/10，火箭发射成本降低到 1/100。这样降低到 1/20000 的成本目标就实现了。

最后，要完成这些关键成果，SpaceX 公司寻找的关键路径（Paths）分别是：提高火箭的载人能力，实施路径是提升火箭的有效载荷，同时载 100 人；降低火箭制造成本的路径，采取的是传统的路径——自己干，SpaceX 公司建立了完整的研发体系和团队；降低发射成本的路径就是火箭回收，全世界火箭发射都是一次性的，SpaceX 公司却采取了创新的循环回收方式，每次发射仅是燃料成本而已。实现了既定目标。

马斯克的火星移民、星际旅行计划完美地运用了 OKR-PM 的目标管理法则。下面，我们就来了解一下 OKR-PM 目标管理法则的基本原理。

◇ 目标与关键成果法（OKR）

本章节我们讲解 OKR 管理法，PM 实施路径我将在下一章节讲解。

目标与关键成果法（Objectives and Key Results，OKR）是一套明确和跟踪目标及其完成情况的绩效管理工具和方法，由英特尔公司创始人安迪·葛洛夫（Andy Grove）发明，很多科技型公司都是使用该方法进行目标管理的。实践证明，OKR 目标管理法是将目标与责任人激励结合较好的管理工具，在成长型企业、项目公司及自我驱动的成长型公司都能取得较好的管理成效。

OKR 具有以下特点。

第一，OKR 中的目标是设定一个定性（定量）的时间内目标，绩效评估周期通常是一个季度。关键的结果 KR 是由量化指标形式呈现的，用来衡量在这段时间结束时是否达到了目标。

第二，大多数目标通常是由管理层定义的，OKR 要求一定比例的目标必须是员工自下而上制定的，强调员工自主工作和快速应对业务变化，提高团队的内驱力和积极性，同时还强调目标应向全员公开，以利于相互协同。

第三，在全面展开工作时，OKR 就存在于公司（顶级愿景）、团队（被继承并由团队生成，而不仅仅是个人目标的一部分）和个人层面（个人发展和个人贡献）上了，即 OKR 可以应用于组织的各个层面，不仅是组织目标的管理，也包括个人目标的管理。

第四，每个评估周期末对关键结果 KR 进行评价，完成 60%～70% 就算完成较好，如果 100% 完成，说明你的目标（O）设定过于简单。

OKR 管理模式被称为"颠覆 KPI 的绩效管理 3.0"。企业实施 OKR 目标管理模式有以下优点。

（1）企业目标清晰、有定力。OKR 作为一个战略绩效管理工具，本身就需要拟定明确的战略，这就使企业在竞争中有了定力。

（2）工作目标从上往下分解，以及员工自我拟定目标，让员工能够与整体计划进度保持同步。全体员工目标一致，共同为实现某个目标而努力。

（3）员工非常明确下一步应该怎么走。有了既定目标的指引，员工的一切工作也会向着目标前进，工作中的偏差与失误将会大幅减少，工作效率得到提升。工作自觉性自然提高，变传统的 KPI 绩效"要我工作"为有价值、有意义的 OKR 目标"我要工作"。

（4）工作目标的透明化使工作方式变得有条理和更简单，提升了员工之间的协同能力。为了实现目标，团队成员之间会相互配合、相互帮助。

O 与 KR 的逻辑关系。

用 OKR 设定的目标包含 O（目标）和 KR（关键结果）两部分。

其中，O（目标）是对组织想要达到的一种定性或者定量的描述。目标应该是简短的、鼓舞人心的，它应该激励团队挑战自我，它回答的是"我想实现什么"的问题。

KR（关键结果）是一系列衡量组织目标实现进展的指标。每个目标应该有 2~5 个 KR。所有的 KR 都必须是定量的和可衡量的，如果没有数字，就不是 KR。它回答的是"如何实现目标或如何衡量目标是否完成"的问题。

◇ 团队众筹 OKR 目标

对于 OKR 目标的制定过程，一部分目标可以是由上往下制定的，另一部分目标应由下往上制定。前者与传统的绩效管理目标制定方法相同，后者就是 OKR 目标管理的精要所在。

因为 OKR 目标管理能激发员工的内驱力，员工只有根据自己的特点、岗位特点拟定目标，才会更有效地激发他们自主做事的意愿。

在 OKR 目标制定的过程中常常采取团队 OKR 众筹的方法。团队众筹 OKR 目标有以下 4 个步骤。

第一步：分析成绩与差距，确定下一步工作方向。

团队主管分析过去工作所取得的成绩和差距等情况，提出下一步工作的主要方向的报告。团队主管征集大家意见，并回答所有的提问，确保团队所有的成员都能认可这份报告。

第二步：团队进行 OKR 目标众筹。

每个团队成员结合公司的目标、个人工作职责和个人的兴趣，提出下一步团队要完成哪些工作，以及如何改进自己的工作以提高 OKR 的完成率。每个团队成员贡献1~2条团队OKR，每个主管也需要在这个阶段提供1~2条OKR。

第三步：收集所有OKR并阐述其价值，选出团队OKR。

团队主管将所有的OKR收集起来，让每位提交人阐述这条OKR的价值和对团队工作的意义，让其他团队成员能充分了解其提出这条OKR的理由。最后，所有团队成员投票选出自己心中认为最重要的3~5条OKR作为团队最终的OKR。

第四步：将选出后的OKR交由领导审批后公示。

团队主管在综合大家的意见之后，将最终确定的OKR提交给上级主管，上级主管审批后公示。若有修改，修改部分也要与团队进行充分沟通，形成定稿后公示。

在实际工作中，这种方法一般采取分组方式进行，以加快设定OKR的进度。

这种团队众筹OKR目标的方法，在于团队的目标不再由管理者拍脑袋制定，而是凝结了团队成员的集体智慧，由团队成员统一商定得出。如此一来，之前只有顶层才知道的公司目标现在全公司都能够非常清楚，员工的共识度和参与感都会得到极大的提升。

在团队OKR目标的基础上，个人拟定这个阶段自己的OKR目标。

员工个体结合团队OKR及个人能力、兴趣及岗位职责的实际情况，拟定自己的OKR初稿，提交给上级领导或公示于OKR平台上。上级主管和其他团队成员对该员工的OKR进行评论，以确认是否有遗漏和不当之处。该员工结合大家的意见修改个人的OKR目标。

OKR团队目标众筹及员工个体OKR目标接受团队成员评论的制定过程都会吸取团队成员有价值的建议，这个不起眼的变化具有一定的建设意义。

对于员工来说，目标由强制分配转为自主制定，并且其他人的建议也是自主采纳，这不仅增加了员工自己制定OKR的主人翁意识，也提升了他们对目标的承诺感，有助于激发他们的工作热情，提高员工的工作自觉性与自主性，促进其全力以赴地完成目标。OKR这种促进自觉的目标管理原则，正好符合我们一直强调的员工是岗位的主人，岗位上的职责任务当然由员工自主完成。OKR管理法则从机制上促进了主人翁意识的实现。

目标（O）制定的三大原则。

企业进行 OKR 目标管理，是针对组织现状，通过激活责任者对目标的承诺感，提高工作自觉性来实现组织目标。在具体制定目标（O）时，遵循以下三大原则：适度挑战、聚焦专注、上下联结。

原则一：适度挑战，让挑战性的目标（O）比能力范围高 20%~30%。

前文我们讲过，在责权利对等的管理原理中，特别提到了能力略小于责任的目的就是让工作本身具有激励性。OKR 的目标设置也采取了这种激励方式，即要设置适度挑战性的目标。具体怎么设置呢？

让挑战性的目标（O）比能力范围高 20%~30%。

被誉为结构化目标设定理论之父的埃德温·洛克（Edwin Locke）曾就目标的难易程度与实现程度之间的关系进行了大量实验和实证研究。研究结果显示，目标设定越具有挑战性，其所产生的结果越佳。虽然高难度的目标与其产出结果之间的差距通常会大于低难度的目标与其产出结果之间的差距，但是前者达到的最终结果仍然比后者要好。

根据责权利对等的管理原理，当目标高出能力范围 20%~30% 时，员工就能感觉到目标的挑战性，但只要努力，就能寻找到合适的目标实现路径。

因为每个个体都具有差异性，所以不同的员工对于同一目标的完成程度也是有差异的。我们设置有挑战性的目标并不是为了让所有人都保持一致，而是为了让所有人都得到进步，促进他们进入一个更高的水平。

原则二：聚焦专注，坚持"少即是多"，O 不超过 5 个，每个 O 下的 KR 不超过 4 个较合适。

我们常讲军事要集中优势兵力，打歼灭仗。做减法，聚焦专注也是 OKR 实施的最重要的原则。

聚焦才能集中资源，才能不分散团队成员的精力，才能更好地促进 OKR 目标的完成。

在实际工作中，我们常常觉得这也重要，那也重要。舍不得放弃任何一件小事，认为所有事情都很重要。

OKR 的关键就在于它所设定的目标是我们想实现的，它应该也必须成为我们关键行动的指引，甚至灯塔一样的存在。

既然是像灯塔一样的存在，那么，太多的目标不就意味着有太多灯塔吗？

员工是岗位的主人

团队成员会产生方向一致的行动吗？当然很难。过多的 O 会让目标变得模糊不清，进而让你无从知晓工作重点究竟是什么，这无疑违背了引入 OKR 的初衷。

所以，根据我们的实践经验，不宜设置过多的目标，O 一般不超过 5 个，每个 O 对应原 KR 一般设置 2~4 条较合适。

原则三：上下联结，公司级、部门级及员工级的目标要产生联结，保持一致不偏离。

要实现公司级、部门级及员工级的目标产生联结，保持一致不偏离。所有下一级的目标都要围绕上一级目标进行，都要为上一级的目标实现做出贡献。如表 5-3 所示的谷歌公司的 OKR 实例分解。

表 5-3　谷歌公司的 OKR 实例分解

级　别	目　标
企业层级	我们应该像翻阅杂志一样快速上网
部门层级	人力资源部：打造非常专业的研发团队 产品研发部：开发目前速度最快的浏览器 行政部：打造更好的工作环境等
个人层级	招聘专员：招聘专业研发人员 5 名 研发专员：分析竞品优势，取长补短 行政专员：打造更好的工作环境，提高员工的餐饮水平

当下一级目标都完成而上一级目标却没有完成时，说明下一级目标的完成对上一级目标的贡献小。此时，管理者就要分析目标差值的原因。下一级目标是否为上一级的关键结果（KR）？若不是，或者对上一级目标的实现没有价值贡献，就需要做出调整。

关键结果（KR）制定法则

当目标 O 确定以后，即确定企业能调动所有人往一个方向前进。但不是所有的人都能朝一个方向前进，能为组织目标贡献价值，这需要确定 OKR 体系中另一个要素——关键结果（KR）。

KR 是 OKR 的另一个重要组成部分。它回答的是"如何实现目标或如何衡量目标是否完成"的问题。它以量化的指标为主，以利于进行客观评估。

◇ KR 的类型

在实际操作中，有两种 KR 类型，一是数量型 KR，二是里程碑型 KR。

数量型 KR。

数量型 KR 是有具体数值的，可以衡量工作成果完成程度、提高（降低）水平的结果指标。

在数量型 KR 中，若此项 KR 有历史数据、行业数据或相关标准，在这些数据的指导下，就可以为下一个考核阶段的 KR 提供一些基线标准数据、具有参考和指导价值的 KR。

例如，一家企业为了提高产品的合格率，设置了这样的 KR。

O：提高产品的合格率。

KR1：把原材料的质量品质合格率从 95% 提高到 97%。

KR2：把产品一次性通过率从 90% 提高到 95%。

KR3：生产工人的技能等级提高 2 级。

这个 KR 设置看起来很好，质量品质合格率提高了，一次性通过率提高了，工人技能等级也提高了 2 级。但是，这家企业原材料的质量品质及产品通过率等都有历史数据，也有相应的标准；KR1、KR2 指标都可用，唯独工作的技能等级以前从来没有评定过，KR3 就不合适。

因此，将 KR3 这个关键结果改为"建立生产工人技能等级制"就更合适一些。

数量型 KP 有正向性的 KP，如"提升""增加""增长"等。例如，提升客户满意率达 90% 以上。

还有负向性的 KP，如常用"降低""减少""消除"等词语进行描述。例如，降低客户投诉率为 5% 以下。

里程碑型 KR。

通过关键节点任务的完成情况（完成率）设计 KR，并辅以相关的评价评分机制。

例如，工程项目里程碑和关键节点事项，如表 5-4 所示。

表 5-4 工程项目里程碑和关键节点事项

编号	类别	关键节点事项	责任人
一、项目启动阶段			
1	里程碑	项目开工令或场地移交时间	
2	关键节点	编制项目施工总计划	
3	关键节点	编制项目专项进度计划	
4	关键节点	销售节点和开放计划	
二、项目施工阶段			
5	里程碑	项目工程开工	
6	关键节点	各组团工程施工	
7	里程碑	基础完成（±0.00以下）	
8	里程碑	主体结构达到预售条件	
9	里程碑	地下室完成时间	
10	里程碑	主体结构工程完成（组团或单体楼）	
11	关键节点	屋面工程、砌体工程、内粉刷工程	
12	关键节点	外墙饰面、设备安装	
13	里程碑	外脚手架拆除（组团或单体楼）、园林景观工程、市政配套、综合管网	
14	关键节点	水电、环保、人防、电梯、燃气、消防、规划、档案	
15	关键节点	五大责任主体验收	
16	里程碑	竣工备案	
三、交房阶段			
17	里程碑	交房方案	
18	里程碑	交付风险检查	
19	里程碑	分户验收	
20	里程碑	问题整改完毕	
21	里程碑	物业管理权责移交	

◇ KR 的制定方法

根据经验，我们总结出 KR 的两种制定方法：关键驱动因素法和目标任务法。

关键驱动因素法。

我们可以根据影响目标完成的关键因素设置 KR。我们可以直接引用一些已经被验证的成熟的关键驱动因素。

例如，销售收入 = 流量 × 转化率 × 客单价，按照这个关键驱动因素，我们可以制定如下 KR。

O：提高销售收入。

KR1：通过加大宣传力度，提高门店日流量达 XXX 人；

KR2：通过优化产品组合、举办促销活动等方式，提高客单价至 XX 元；

KR3：通过优化体验、增加赠品，提高转化率达 XX%。

另外，我们还可以把"提高客单价"定为目标，分析实现目标的几种策略，制定如下 KR。

O：提高客单价。

KR1：优化销售推荐话术，每周对所有销售人员进行一次培训；

KR2：通过价格刺激措施，新增收入 X 元；

KR3：通过产品组合设计，实现收入 X 元；

KR4：通过关联销售设计，实现收入 X 元。

又如，一个公司的研发部，其关键驱动公式为：

价值成果数 = 立项数 × 项目实施支撑率 × 验收合格率 × 成果转化率。如果要提升价值成果数，我们就可以制定以下 KR。

O：提高研发部的价值成果数。

KR1：通过市场调研，提升立项数到 XX 个；

KR2：通过提升合格研发小组的数量及每个小组的组均模块数，提高项目实施支撑率到 XX%；

KR3：通过质量监控措施，提高验收合格率从 XX% 到 YY%；

KR4：通过扩大试验范围，提升成果转化率从 XX% 到 YY%。

又如，一家国有银行新招收员工，如何提升留存率。

根据这家国有银行招聘员工的策略，其驱动因素公式为：

新员工保有数＝合格候选人人数 × 甄选支撑度 × 报到率 × 留存率。若要提升留存率，留存率的驱动因素公式为留存率＝培训率＋试用留存。由此，我们可以设置提升留存率的 KR。

O：提升 XX 国有银行新的留存率。

KR1：通过增加企业文化的培训及单位激励政策的讲解，吸引新员工，提高培训留存率从 XX% 到 YY%。

KR2：通过加强试用期老带新的策略、增加短期业绩完成激励措施，提高试用期留存率从 XX% 到 YY%。

目标任务法。

目标任务法制定 KR，其实就是前文所讲的里程碑型 KR。目标任务法制定 KR 常常结合时间节点进行制定。

如表 5-4 工程项目里程碑和关键点事项，如果要为项目启动阶段的工作制定 KR，具体如下：

O：XXXX 年 X 月 X 日前完成建设工程项目启动阶段工作。

KR1：XXXX 年 X 月 X 日前完成项目开工令或场地移交；

KR2：XXXX 年 X 月 X 日前完成项目施工总计划编制；

KR3：XXXX 年 X 月 X 日前完成项目专项进度计划编制；

KR4：XXXX 年 X 月 X 日前完成销售节点和开放计划编制。

比如，一家 IT 公司想改进数据安全，制定的 KR 如下：

O：改进数据安全工作。

KR1：比较 5 个竞争对手的安全程序；

KR2：由外部合作伙伴每月进行安全检查；

KR3：记录安全工作并提供未来路线图。

从以上 KR 的制定来看，无论是关键因素法还是目标任务法，最终指向的都是结果，而非任务本身，而且是关键结果，而非逐项工作的罗列。

所以，制定 KR 的目的并不是制定一个任务清单，而是要找出能够影响目标的具体做法。

另外，KR 制定应尽量量化，不能量化的尽量细化，或者流程化。如设计师、会计等职位，他们的工作内容比较单一，很难对其进行量化和细化，此时我们就可以采用流程化的方式，根据工作流程的进度或者各个阶段的分类，为其寻找合适的 KR 指标。

◇好 OKR 的操作性与激励性

OKR（目标管理法）的指标也符合目标管理的 SMART 原则。一个有效的 OKR 满足以下 5 个特征，其中，有定量、有挑战性与 SMART 原则中相关项目应保持完全一致。

第一个特征是有定量。

OKR 目标体系与 KPI 绩效指标的区别是，OKR 目标中的 O 可以是定性的，这促进了目标（事情）与人意愿的结合，具有相当的激励性。

目标 O 代表我们对战略方向清晰的认知。一个好的 KR（关键结果）应该是定量的。它约定了完成定性的目标 O 的数据化和可量化，以此来帮助我们消除 OKR 实施过程中的模糊地带，确保 OKR 的顺利实现。

可量化的 KR 目标一定是具体的，而且是关键的。否则 OKR 容易浮于表面，难以实现。

第二个特征是有挑战性。

无论是目标管理，还是责权利对等的管理需要，我们都需要将目标设置得具有挑战性，这样才能带来更好的绩效、更高的效率和工作满意度，才能鼓励员工找到与众不同的实现方法，由此才能使工作本身达到激励的效果。

目标具有挑战性，工作具有挑战性，这是管理的需要，也是员工成长的需要。

第三个特征是自下而上地自主制定。

好的 KR 不是管理者自上而下地摊派，而是具体实施的人员自下而上制定的。OKR 之所以强调自下而上地制定，是因为"答案在现场"，只有所在岗位的人对其岗位有深刻的理解，KR 才不至于浮于表面，而有利于执行。这提高了 KR 的有效性、操作性。

所以，KR 的创建阶段就要求具体责任人必须积极参与 KR 的制定过程，了解 KR 制定的所有细节和可实施性，而不是等着主管或更高层的管理者制定好后再强制分配和下发。

正因为 KR 是员工自己参与制定的，进一步提高员工对 OKR 的信任感和承诺感，让"我要做事"变成了工作常态。

第四个特征是基于进度的。

我们所制定的 KR 必须能支持我们不断地看到工作有进度、工作有进步。一般情况下，这种进度变化的周期至少应该保持在两个星期一次，以促进员工阶段性、频繁地进行工作进度自检。

研究表明，从长远来看，人们越是频繁地感知到进步，就越有创造性。

第五个特征是驱动正确的行为。

什么是正确的行为？"企业唯一的目标就是创造顾客。"彼得·德鲁克早已定义了我们所有目标管理所指向的终极目标。用这个标准来检验我们的 KR，就可以找出 KR 是否驱动了正确的行为。

例如，一个食品工厂设置节约成本的目标 O，原材料选择 KR 以次充好；大型物业公司同样设置了节约成本的目标 O，选择的 KR 是"公共区域不开灯"。想一想，这些 KR 一定不会令客户满意，为客户创造不了好的体验。

正因为 KR 是共同制定的，相信任何一个追求发展的公司都会选择驱动正确行为的 KR。

正因为 OKR 以上的特征与实施过程，集聚了团体智慧，提高了员工对目标任务的信任感、承诺感与执行力。让目标与绩效管理从传统的"要我做事"提升到"我要做事"的工作常态，激活了员工的工作自觉性。

OKR 目标管理法，激活员工自发做事。

寻找达成目标的路径（P）

"如何利用气压计测量一栋大楼的高度？"

这是学生时代的一个物理问题。标准答案是："用气压计测量出地面与楼顶的大气压力之差，然后计算出大楼的高度。"

因为这个问题，物理学界流传着这样一则故事。

玻尔是如何测量大楼高度的

某年,有一个学生对上述问题的回答是:"带着气压计到大楼楼顶,在气压计上绑一条长绳,然后缓缓垂下,等气压计触及地面时再拉上来,绳子的长度即大楼的高度(见图 5-5)"。

图 5-5　测量大楼的高度是多少

老师给他打零分,这位学生却不服气,说答案完全正确,应该给满分。最后师生同意请一位教授来仲裁。教授提醒这位学生这是物理考试,答案一定要包含某些物理知识,然后给他 6 分钟时间作答。过了 5 分钟,答卷上还是一片空白。教授问他是否要放弃,那位学生却说:"答案有很多个,我只是在想哪一个答案最好。"在最后一分钟,他填上答案交了卷。

他这次的答案是:"把气压计带到大楼楼顶,倚在屋顶的边缘上,然后放开气压计落下,同时并用秒表进行计时,然后运用物体下坠公式 $s=\frac{1}{2}gt^2$ 计算建筑物的高度。"答案完全正确,而且也用到了物理公式,老师只好给了他接近满分的高分。

仲裁圆满结束,教授好奇地问这位学生其他答案是什么。结果,这位学生又一口气说出了以下 5 个答案。

第一个,晴天时,先测量气压计长度及它阴影的长度,再测量大楼阴影的长度,利用比例关系可算出大楼高度。

第二个，带着气压计爬上楼梯，沿着墙壁以气压计的高度为单位做记号，一直标记到顶楼，看有多少个标记，再乘以气压计的高度，就是大楼高度。

第三个，把气压计悬吊在弹簧的末端，测量地面的重力值和大楼顶的重力值，从两个值的差异也可算出大楼高度。

第四个，在气压计上绑着长绳，垂到接近地面，像钟摆般摇晃，从摆差时间也可算出大楼高度。

第五个，最直接的方式是去敲大楼管理员的门，对他说只要他告诉自己大楼的高度，就把气压计送给他。

教授听了，问："难道你不知道利用地面与楼顶大气压力差来计算大楼的高度这种正规的方法吗？"

学生回答说："当然知道！我想自己想出更多的方法。"

这个故事在物理学界广为流传。那位担任仲裁的大师是1908年诺贝尔物理学奖得主鲁斯福特，而这位学生的名字叫尼尔斯·玻尔（Niels Bohr），1922年诺贝尔物理学奖得主，他是原子模型的缔造者和量子论的创建者。

玻尔所想出的这些方法都能达到利用气压计测量大楼的目的。也就是说，要测量大楼高度，这些路径都是可行的。

玻尔用"我想自己想出更多的方法"去实现"测量大楼的高度"的目标，就如同我们工作中如何寻找更多的关键路径（方法）去实现目标的思考一样。

其实，做任何一件事情，完成任何一项任务，人们都是在寻找完成这件事情、这项任务的路径。每个人思考的角度不同，可能完成任务的路径也有所不同。

寻找完成目标路径的过程是我们思考的过程，实施路径（方法）的过程是我们执行路径（方法）的实践过程。

要完成高目标，就要从寻找完成高目标的具体路径开始。

我们来看一个案例。

小老鼠如何搬动大石头

河边有一块大石头，挡住了一个大老鼠和小老鼠的去路。

大老鼠对小老鼠说："你已经不小了，可以试着去搬动那块石头，只要你全力以赴，一定能搬得动。"

结果，小老鼠用尽全身力气也没能搬动那块石头，它无可奈何地说："我已经用尽全力了，这块石头太大了，我的力气这么小，我是不可能搬动这块石头的。"

小老鼠应该怎么做，才能搬动这块石头呢？

是的，我们会想到，可以借力，叫上大老鼠一起搬。这是搬动石头最好的方法（路径）。正如玻尔测量楼高的最后一个路径："去敲大楼管理员的门，对他说只要他告诉自己大楼的高度，就把气压计送给他。"

所以，有时并非目标高，而是我们整合资源不力，没有找到完成目标的路径和方法。

打开思路，寻找完成目标的路，是管理者和员工完成目标最重要的工作内容。

◇寻找达成目标的路径是有效领导者的重要职责

帮助员工寻找完成目标的最好路径，是有效领导者的重要职责。

在领导权变理论中，多伦多大学的组织行为学教授罗伯特·豪斯（Robert House）最先提出路径—目标理论(Path-Goal Theory)。该理论认为，领导者的工作是帮助下属达到他们的目标，并提供必要的指导和支持以确保各自的目标与群体或组织的总体目标相一致。领导者通过指明实现工作目标的路径来帮助下属，并为下属消除各种障碍和危险，从而使下属完成目标更容易一些。

根据豪斯的概括，领导者的主要职能有以下六个方面：

一是唤起员工对成果的需要和期望；

二是对完成工作目标的员工增加报酬，兑现承诺；

三是通过教育、培训、指导提高员工实现目标的能力；

四是帮助员工寻找达成目标的路径；

五是排除员工前进路径上的障碍；

六是增加员工获得个人满足感的机会，而这种满足又以工作绩效为基础。

由此，豪斯提出了四种领导行为：指令型领导、支持型领导、参与型领导

员工是岗位的主人

及授权型领导（即成就导向型领导）。

指令型领导（Directive Leadership）。领导者对下属需要完成的任务进行说明，包括对他们有什么希望，如何完成任务的路径、方法，完成任务的时间限制，等等。指令型领导为下属制定出明确的工作标准，并将规章制度向下属讲得清清楚楚。指导不厌其详，规定不厌其细。

支持型领导（Supportive Leadership）。领导者在属下有需要时给予必要的支持和帮助。领导者总体对下属的态度友好、可接近，关注下属的需要，平等地对待下属，尊重下属，对下属的表现充分关心和理解。

参与型领导（Participative Leadership）。领导者邀请下属一起参与决策。同下属一道进行工作探讨，寻找完成目标的路径、方法，征求他们的想法和意见，将他们的建议融入团体或组织将要执行的那些决策中去。

授权型领导（成就导向型领导，Achievement-Oriented Leadership）。领导者鼓励下属将工作做到尽量高的水平。这种领导为下属制定的工作标准很高，寻求不断改进工作的方法。除了对下属期望很高外，成就导向型领导还非常信任下属有能力制定并完成具有挑战性的目标。

在现实中领导者究竟采用哪种领导方式，主要根据下属特性、环境变量、领导活动结果的不同因素进行领导，而员工则需要寻求同领导方式相匹配的方法去完成工作任务。

所以，无论采取哪种领导方式，领导者的一个重要职能都是通过采取合适的领导行为协助下属找到实现目标的最好路径。同时，消除在实现目标过程中出现的重大障碍，协助下属完成目标。

帮助员工寻找实现目标的最好路径是领导者的重要职责。

◇寻找亮点路径的步骤

如何才能找到实现目标的最好路径呢？我们先来看一个案例。

如何解决越南儿童营养不良的问题

20世纪90年代，越南政府拟邀请专家解决越南儿童营养不良的问题，国际慈善组织"救助儿童会"的杰里·斯特宁团队受命参与这项任务。

一般情况下，儿童营养不良是一系列问题综合作用导致的，如卫生状况差、生活贫困、清洁饮用水缺乏、不重视补充营养等。而这一切挑战又与越南经济发展落后有很大的关系，经济落后或许与政治制度亟待改革也有关系。如果深挖儿童营养不良的原因，这似乎是一个无解的难题，斯特宁该怎么办呢？

斯特宁抵达越南农村6个月后，当地65%的儿童营养问题得到了解决。后来，埃默里大学公共卫生学院的研究人员来到越南收集其他数据，发现即使是斯特宁离开后才出生的孩子，健康状况也与直接受到斯特宁帮助的孩子相当。斯特宁的成功经验逐渐被推广开来，这个项目影响了越南265个村庄、220万民众。

斯特宁到底是怎么做的呢？

一到越南，斯特宁就到农村四处拜访，调查情况。他认为那些营养不良的孩子的家庭（一般家庭）是不需要调查的，反而在那些非常贫穷又没有特殊渠道获得额外粮食的家庭中，他们的孩子比一般孩子长得更高、更壮、更健康，这些家庭（健康家庭）才值得研究。经过调查，他发现，一般家庭与健康家庭有很大的不同，具体如下。

（1）喂养的频次不同。当地的饮食习惯是孩子和家人一样，一天吃两顿饭；而健康家庭一天给孩子喂4次饭（每日进食总量和其他孩子一样，只不过分4次吃）。

（2）喂养的方式不同。一般家庭由孩子自己决定吃多少，父母是被动的；而健康家庭喂养孩子的方式要积极得多，必要时父母还亲自喂孩子吃饭，还会鼓励生病的孩子多吃东西，这跟当地的习惯做法不太一样。

（3）喂养的品种不同。一般家庭的食物单一，主要是大米；而由于普遍缺少粮食，健康家庭会从稻田里捉一些小虾、小蟹掺在孩子的米饭里。当地人一般认为，虾蟹是大人吃的食物，不适合拿来喂孩子。健康家庭的妈妈还会在米饭里加入甘薯叶，这种绿叶通常被视为"下等食材"，但其实这种杂食为孩子补充了饮食中严重缺乏的蛋白质和维生素。

通过调查，斯特宁发现，加入可以容易获得且几乎没有什么成本的田间虾蟹和甘薯叶可以大大改善儿童营养不良的现状。

于是，为了让孩子们喜欢吃这种"杂粮"，斯特宁与"亮点"家庭的妈妈们组建了烹饪小组，研究如何用田间虾蟹和甘薯叶做出可口的饭菜。

员工是岗位的主人

接下来，斯特宁要做的事情就是：让其他父母学习这些健康孩子家庭父母的做法。结果，在很短的时间内，斯特宁就完全解决了越南农村孩子营养不良的问题，并将该方法推向了越南更广大的地区。

斯特宁通过调查研究，找到解决儿童营养不良的路径——吃"杂粮"，代价低、成效大。这个路径在哪里找到的呢？在那些做得好的健康家庭孩子中找到的。我们把这种场景下的健康家庭称为"亮点"家庭，把"杂粮"这个路径称为"亮点路径"。

要寻找到"亮点路径"并实践和推广"亮点路径"，我们总结出以下四个步骤：第一步是常识的应用；第二步是经验复制；第三步是 MVP（最小可行模型）试验；第四步是开展规模化推广活动。

第一步，常识的应用。

所谓常识，一是指社会对同一事物普遍存在的日常共识，二是指某个专业领域的基础知识。前者是日常共识，后者是专业共识。巴菲特说："常识才是最具价值的东西。"

常识是从数百年的人类经验中演化而来的。常识是实用的，是合乎情理的，是显而易见的。

常识一般分为以下三类。第一类是我们的生活习惯和模式的积累。比如，两手搓热干洗脸能醒神等。第二类是俗语、行业专家总结的规律和新知。如"有雨山戴帽，无雨半山腰""双金坐伏头，连阴到立秋"；货币超发易引起通货膨胀。第三类是我们与生俱来的行为。如饿了就要吃饭、困了就要睡觉、太阳从东边出来等。

常识意味着人们在做决定时会运用较合理的思维方式，因此，应用常识往往也是效率最高的实用方法。比如，餐厅要提高翻台率，怎么办？看看下面两个餐厅的方法，就知道其解决路径了。

萨莉亚餐厅在食物制作时间上提高翻台率

萨莉亚餐厅以"质优价廉"的意大利西餐厅为定位，是一家快餐品牌连锁店。自 2003 年进入中国市场以来，其以每年增加 30～40 家新店的速度迅速崛起。萨莉亚餐厅在中国市场采取了低价位并保持一定新鲜度的战略。

萨莉亚餐厅的成功主要是在食物制作时间上提高翻台率，它曾经创造过制作 15 道菜仅需 9 分 58 秒的纪录。以下摘取了部分缩短食物制作时间的具体做法。

（1）自制番茄切割机，使切番茄的速度更快。

（2）特制沙拉酱，不粘瓶，从而减少摇晃的时间。

（3）半成品菜品三包一起剪，绝不单独剪。

（4）用手而不用托盘，实践证明更快。

萨莉亚餐厅通过每一个细节上的高效率，最大程度地缩短了食物制作的时间，从而提高了翻台率。

海底捞餐厅通过延长营业时间让更多的人就餐，提高翻台率

海底捞是一家以经营川味火锅为主、集各地火锅特色于一体的大型跨省直营餐饮品牌火锅店。

以"服务制胜"是海底捞的特点。正因如此，客人就餐时间无法预知；另外，客人就餐时间较长，也限制了翻台率的提升。

对海底捞餐厅来说，它的关注点在于等位时间。为了留住等位的客人，餐厅不仅在等位上花费心思，如提供免费美甲服务，更重要的是通过延长营业时间来满足更多人的就餐需要。

可以说，在全国各地出现的 24 小时营业的海底捞餐厅，就是通过延长营业时间来让更多的人就餐，从而提高翻台率的。

很多人都到快餐厅就过餐，你会发现，很多快餐厅座椅尺寸不大、座位较小、舒适度较差，这些考虑都是为了催促顾客就餐后快速离开，加快座位的周转率，提高翻台率所采取的措施。

其实，一些公共场所的座椅设计也有类似问题，如银行、医院等，这些场所的座椅通常又硬又短，坐起来特别不舒服。同样地，这些场所也是出于加速顾客流动的需要，以保持场所的高效运作。

拼多多创始人黄峥说，当年段永平带他去参加巴菲特的午餐时，他发现，巴菲特讲的话其实特别简单。因此，那顿饭最大的意义可能是让他意识到简单和常识的力量。

员工是岗位的主人

在工作中，我们也要回归常识，相信常识判断，积累一些基本常识，帮助自己在做决策或选择时少犯常识性错误，让工作更高效、更有价值。

寻找完成目标的路径，常识是必修课。

在企业里，一些绩效差距的出现，这时，如果我们仅仅看表面现象，可能会忽视深层的常识问题，而采取错误的绩效改进路径，自然解决不了绩效差距的问题。

下面，我们来看看不合适的绩效差距改进方案的案例。

银行运钞人员的"技能"培训

20世纪90年代末，北美一家地区银行的安全主管发现，银行运钞工的单次搬运时间是制度规定时间的1.3倍，这样不仅降低了工作效率，而且还增加了运钞过程的安全隐患。

针对这个问题，安全主管认为是运钞工的技能不熟练，于是就要求公司培训部组织几次搬运技能培训。

通过两次搬运技能培训后，安全主管发现问题并没有解决，甚至运钞工的单次搬运时间比培训前还略有拉长。安全主管很困惑，不得其解。

因为培训效果不理想，培训部门就去了解搬运效率下降的真正原因。

一个来自保健部门的电话反映这些运钞工大部分患有明显的腰肌劳损……腰肌劳损与搬运时间之间是否存在着某种联系呢？

经进一步调查发现，运钞工们纷纷反映运送钞票的袋子太重，搬运到一半时，他们就明显感觉到腰肌劳累，然后每次弯腰的动作就越来越慢，长此以往甚至形成了腰肌劳损……

很显然，这已经不是单纯的员工技能层面的问题。

在接下来的调查中，事情的真相进一步明晰，银行的运钞袋体积及相应的搬运时间标准都是20世纪60年代制定的，那时的运钞工都是膀阔腰圆的男性工人，而随着男女就业比例及招聘标准的改变，现在的运钞工包括了很多女性员工及不同体格的男性员工，过去的运钞袋对他们来说实在是过于沉重。

最后，他们选择了"把装钞袋调小"的路径，立竿见影，运钞工的搬运绩效得到了提升。

第二步，经验复制。

经验是有用的。经验的规范化、系统化就是技能。这一点已经无须多讲。个人用具体实践的方法去获得经验的方法不是最快的，而是最直接的。我们在这里重点谈谈如何快速获得经验。

方法一，资料查询。

"有事情，找度娘。"互联网时代，大部分人都会上网查资料，尤其现在还有 AI 帮忙，在网上基本都能查找到我们所需要的相关资料。但重要的是如何应用这些资料，这需要我们多做分析，采用数据分析的方法效果会好很多。

比如，一些创业者要创业，要做线下门店，有什么经验呢？通过资料和相关经验分析，做线下门店，毛利率低于 40%，根本无法建立分销渠道。线下门店毛利率不高，特别需要做精细化运管和管理。直白一点讲，要实施成本战略，控制人工成本、物料成本、一切运营成本等。

方法二，向成功者学习。

向成功者学习方法，正如前文我们提到的解决越南儿童的营养问题，斯特宁找的就是"亮点"家庭喂养孩子的方法，最终找到了解决问题的方法。

因此，我们要观察成功者的方法，分析其路径、手段，选择适合自己的方法路径来完成目标。

我们常说榜样就在身边，在一个公司里，员工向身边的绩优者学习，往往比教科书的内容更容易被理解和吸收。

因为绩优者的方法通常以大多数员工能够理解的业务逻辑组织的文字表述，不仅包含绩优者自身的工作标准与操作技巧，也隐含了他们对绩效环境（公司现状、流程、工具等）的理解、适应和改造。也就是说，绩效者的方法、技巧是适应公司的，而且是可控成本的、已被实践验证的。

向身边绩优者学习，在绩效改进的路径方案中属于性价比最高的部分，所以，才有任正非说的"最大的浪费是经验的浪费"。储存经验最好的方式，就是让这些经验融入团体成员的行为中。

方法三，向竞争对手学习。

有些我们想解决的问题可能还没有形成行业共识，但是一些经验却隐藏在某些竞争对手那里，如果我们有能力拿到它，就能节省大量时间，并快速复制这些经验。

向部分对手学习，常用的方法就是调研。没有调研就没有发言权，没有调研就没有决策权。

经调查发现，创业者越是经验多越是老道，越是常用调研的方式向竞争对手学习。

比如，创业早期，与竞争对手合作，购买对手的产品，贴牌生产，很快就获得了各种成本、目标客户、销售路径等关键因素。有些人想创业，甚至会先去竞争对手那儿"入职上班"，以快速获得行业经验等。

当然，获得经验的途径还有很多，参与行业展会、内部交流学习会、头脑风暴会、引入外部专家咨询等，这些都是快速获得经验的方式。

"企业最大的浪费就是经验的浪费。"作为一个组织，应该建立"个人经验组织化"的机制，发现亮点路径，推广目标实施的亮点路径，从而提升组织绩效。

第三步，MVP（最小可行模型）试验。

在面对具体某个问题时，通过常识、经验积累，我们已经寻找到一个具体的路径，于是就可以开始MVP试验，小步快跑，低成本试错。

通过MVP试验，验证我们拟定的某个特定的主题或策略，从而探讨问题的本质、原因，最终优化我们的路径和解决方案。

第四步，开展规模化推广行动。

通过分享学习，把优化后的方案快速规模化推广，并在实施过程持续改进方案，不断推动高绩效的实现。

◇ 亮点路径需要关键动作来完成

寻找到亮点路径，就要通过设置关键动作来实施，以实现我们想要的目标。这里举几个例子来分享。

比如，一位女生想实现"变漂亮"的目标，她选择的其中一个路径是通过"瘦身"来保持身材。

她为自己设置了 3 个关键动作。

一是每周慢跑 3 次，每次 5 千米。

二是清食。每天早上吃碳水食物，中午清淡正餐，晚上素食。每天 20 点后不喝水。

三是保持规律的睡眠。每天 23：00 前睡觉。

以上就是她实现"变漂亮"目标、选择"瘦身"这一路径的具体动作。

苏炳添改变起跑脚，创造新纪录

"2021 感动中国年度人物"揭晓，苏炳添位列其中，成为当年唯一进入名单的体育运动员。

感动人们的不仅是他作为"亚洲飞人"以 9 秒 83 创造的亚洲纪录惊艳世界，还有他一次次超越自我、一次次打破纪录，以及低谷失意时的不懈努力。

重要的是，他改变了起跑脚，让他成了田径史上首位突破百米 10 秒的黄种人。

当苏炳添逐渐站上国际赛场，与世界级顶尖名将并肩赛道时，他开始思考自己的技术短板：仅跑出 5 米，自己就抬头进入最大速度，而外国选手仍埋头利用身体的蹬伸继续加速……提前进入途中跑，比其他选手少了 20~30 米的加速。经过多次试验，苏炳添决定改变起跑脚。

为了尽快调整，苏炳添把握每一次改变的机会：走路时突然换成起跑蹬伸的动作，睡觉前反复在脑海中模拟，就连做梦都是在一次次起跑。

改变带来的效果非常明显，在 2015 年的国际田联钻石联赛中，苏炳添以 9 秒 99 一战成名，成为田径史上首位突破百米 10 秒的黄种人。

为了持续地进步，苏炳添寻找到了改变的路径：他开始改变起跑脚。这是亮点路径，也是关键动作。通过不断地练习，他最终创造了新纪录。

一家培训公司常年做国有企业的员工培训，这个项目属于典型的长周期、大订单销售项目。公司为了提升全员的拜访销售能力，通过总结绩效者的亮点路径提炼出关键动作，如表 5-5 所示。

表 5-5 亮点路径与关键动作

亮点路径	关键动作
了解情报	动作 1：掌握关键决策人信息 动作 2：了解客户组织的年度培训计划
初步推荐	动作 3：传递该课程服务针对国企的关键信息 动作 4：主动要求引荐与深入介绍的沟通机会
深入介绍	动作 5：结合国企 HR 案例，解析课程模型 动作 6：介绍同行业客户成功案例，不少于两个 动作 7：提出嵌入对方培训体系的整体方案 动作 8：通过传递课程整体价值消除客户的价格疑虑 动作 9：主动邀请关键决策人参与试听或探讨签约意向
试听评估	动作 10：多轮沟通，确保客户如约试听 动作 11：当场收集客户试听反馈，引导客户关注课程优势 动作 12：与客户探讨课程落地计划与签约意向
签约跟进	动作 13：询问审批流程，推动合同进展 动作 14：协助客户完成项目报告，传播课程价值

一个追求高绩效的员工定会持续寻找完成目标的路径，优化关键动作，并通过常识积累、经验积累，努力向成功者、高效能者学习取经。

一个有效的领导者，同样致力于帮助员工寻找实现目标的路径，并努力排除员工前进路径上的障碍，让员工有满足感，从而创造高绩效。

努力寻找完成目标的亮点路径，成为高绩效者。

第 6 章

晋阶优秀者

用优势工作

条条大路通罗马，成功道路千万条。美国盖洛普科研团队通过 25 年不间断地对 200 万人做的研究发现，**成功的个体大都遵循了一个原则：那就是把自身的天赋才干发挥到了极致。**

每个人都有优势，"天生我材必有用"，但要发现自己的优势却不是一件容易的事。

通用电器公司前 CEO 杰克·韦尔奇在用人方面也有自己的感慨，他说，"我们所能做的一切就是把赌注押在我们所挑选的人身上""之前，我们选拔人，只有 50% 的准确性，后来才提升到 80%"。

认识自己，发现自己的优势，难！但作为职场人，我们依然要去寻找自己的优势，让自己的优势为自己工作，而不是让劣势为自己工作。如何做呢？

要回答这个问题，我们先假定一个招聘案例。

假定一家公司要招聘一个动物爬上树去摘香蕉，公司会选下列哪种动物？

A. 狗 B. 猪 C. 猴子 D. 猫

毫无疑问，公司会选择猴子。

为什么公司不会选择狗、猪、猫这三种动物呢？

答案也很简单，猴子天生就会爬树（会爬树是猴子的天赋，这一点先记住），这是它的天赋。

假如公司面试官在面试时，不小心招聘了一头猪来做摘香蕉的事。接下来，会发生什么？

第一种结果，试用一段时间，发现"上树摘香蕉"这份工作对于猪来说太难了，公司发现猪不适合这个岗位，把它辞掉了。

第二种结果，猪很认真，也很努力，甚至在公司强大的培训体系支持下，训练得也能爬上树了，也能摘香蕉，已经有一些成效了，只是成效永远没有猴子高。

还好，公司很有人情味，常常以"人"为本做管理，没有辞掉那头猪，虽然猪的工作成绩一直都不高，但它却是最努力、最辛苦工作的一个。

工作时间再拉长一点，这份爬上树摘香蕉的工作，对猪来说，发挥他的优势了吗？这份工作是他最满意的工作吗？

想必我们都有答案。

爬上树摘香蕉这份工作，猪很努力，但不合适，猴子才是最胜任这份工作的动物。

由此我们可以看出，**一家公司招聘员工，首先选择的是"与岗位能力要求相匹配的应聘者"**，特别是那些与岗位能力相匹配且有天赋才能的员工，他们才是公司求之不得的人选。

就像上面的案例。猴子做摘香蕉的工作，是它最擅长的，稍稍在工作流程上做一些要求和训练，猴子的工作成效就会很高。猴子的工作成效高，当然是公司最希望的成果，双方满意，两全其美。

所以，用优势做工作就是用你最擅长的能力做工作。

这就要分析你的优势才干：最擅长做什么，喜欢做什么。

这是一件苦差事。那些工作经历不多、初入社会、初入职场或者是刚进入社会职场的人员，很难准确分析出自己的优势和才干及自己擅长做什么。

同时，发现自己的"天才"潜能并非一件容易的事。找寻自己的优势项，了解自己的劣势项，对多数人来说确实是盲区。

诗仙李白，拥有伟大的抱负，一生都想当官，总想做出一番惊天动地的伟业，却因自己狂放不羁的性格、得罪高官、错投王子等，差点在为官的道路上丢了性命。如果他坚定地发挥自己的天赋，估计他会写出更多精彩绝伦的诗篇，流芳百世。

古希腊哲学家苏格拉底提出过"认识你自己"的难题，老子也曾说过："知人者智，自知者明。胜人者有力，自胜者强。""人啊，你要认识你自己"被铭刻在希腊德尔菲神庙上，告诫世人，认识自己的艰难不易。

幸运的是，基于唐·克利夫顿（Don Clifton）博士优势才干理论，我们已开发了个人优势识别工具，通过测评识别个体的优势，分析最具有潜能的职业领域，从而帮助人们认识自己，并选择做自己才华范围内的工作，用优势工作，得心应手更易成功。

基于用优势工作，我们总结出一个优势成功公式为：

优势成功 = 目标 + 知识 + 技能 + 才干 / 优势

目标，是既定的，通过资源分配的计划来分解成任务，并逐个实施。

知识，是知道什么，引导我们入门。

技能，是完成一项任务各个步骤的基本能力。技能是知识的外在行为展现，知识和技能是可以通过后天的学习和实践不断获得和提高的。

才干和优势，就是我们自然而然反复出现的行为表现，是我们高效利用的思维模式、行为方式等。它是我们的内在能力，包括自我概念、职业倾向、个性特质、态度、价值观、动机，是人内在的、难以测量的部分。它们不容易通过外界的影响而改变，却对人的行为、绩效、内驱动力与表现起着关键性的作用。

优势成长的另一个广为人知的描述是冰山模型，如图 6-1 所示。

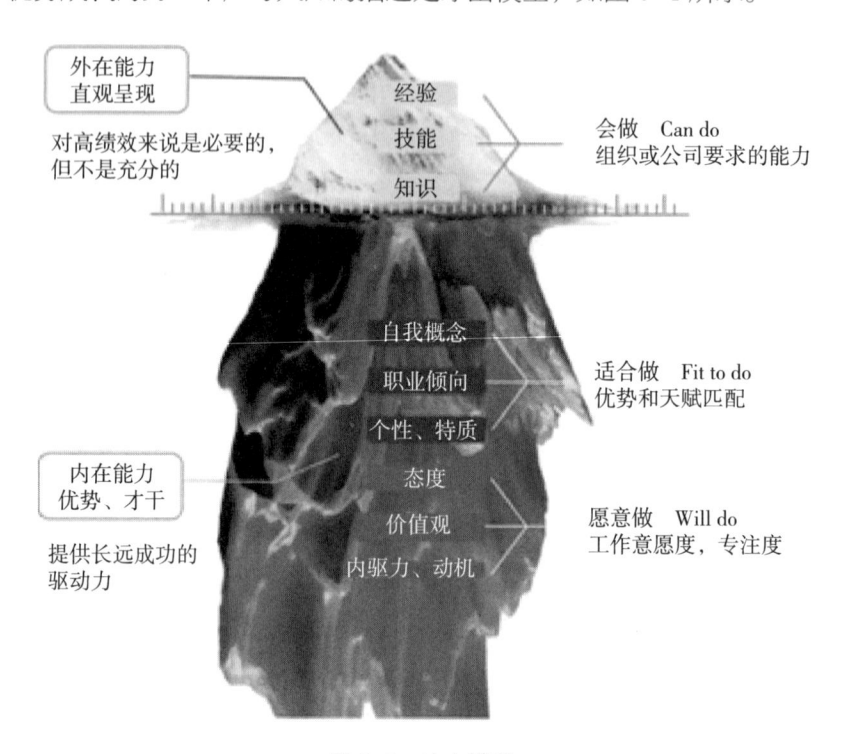

图 6-1　冰山模型

冰山上部分为外在的知识、技能和经验，是一个个体能否做某事的能力；能直观呈现，且可培训的。

冰山下部分是内在的、隐性的，包括自我概念、职业倾向、个性、特质、态度、价值观、内驱力、动机，这些都与才干、优势有关。它为职业人提供是否适合做及愿意做的驱动力量，对绩效成果起着关键作用。

正是因为优势、才干对绩效的重要影响，所以，在工作中，我们要发现自己的优势、才干，并努力发挥自己的优势、才干，方能事半功倍，持久高效地工作。

◇发现自己的优势

我们都知道，从事体育运动，就像招聘"猴子摘香蕉"的案例一样，一定要找有天赋的人。当我们寻找工作岗位时，千万别忘了"天赋匹配"这一满意原则。

因为每个人都有"天赋才能"，不是人人都是天才，但人人都有"才干"。才干就是一个人本能地会怎么想、怎么做和怎么感受。才干通过训练展现出来，就可以形成优势。

正如诗仙李白说的"天生我材必有用"，我们得发现自己的"材"，发现那个藏在深处的"材"，这就是我们的优势。

如何发现那个"材"呢？

除了通过测评发现你的优势才干外，通过回答以下几个问题也基本可以找到自己的优势所在。

（1）哪些事情是你轻而易举、易如反掌就能完成的？对别人来说，也许还有困难。

（2）想象一下，你总是自然而然被吸引的那件事是什么？运动、音乐、还是旅行？

（3）回忆一下，曾经某件事让你感到愉悦，又或者有野心勃勃的梦想，至今没有实现？

（4）你心甘情愿、忘情投入的是哪些事情？甚至不计报酬？

（5）哪些事情，你在做的过程中，或者刚完成，就立马想："什么时候可以再做一遍？"

（6）做什么工作时间过得很快？或者让你忘记时间？

（7）朋友最喜欢你的哪一点？写出来。

（8）适度冒险尝试超出熟悉技能范围之外的全新事物，你发现了自己的哪些新特点？

（9）你的弱点是什么？保持觉察，避免它控制你的生活。

（10）做完一件事，总结反思：究竟是什么优势，让你在某些情况下取得成功？又有哪些弱点阻碍了你？

回答以上问题，你一定会发现那些做起来顺手的事情、忘我的工作，一直想从事的项目，做这类事，就是你的优势所在。

根据上面的问题，我们总结出以下两种方法来寻找自己的优势。

第一种方法：成就事件分析法。

成就事件就是你人生的"高光时刻"。 通过基于内心的价值信念系统，复盘过往经历，从平凡人生中找到有"嗯，我很自豪；我比别人做得更好；我做到了……"这些感受的时刻所表现出来的优势。

在回忆这些时刻时，你可以用 STAR 法则去倒推这件事是如何发生的，STAR＝情境（Situation）＋任务（Task）＋行动（Action）＋结果（Result）进一步提取出自己的优势所在。

成就事件有"珍珠效应"，无论大还是小，都要像珍珠一样有自己的特点，放自己的光彩，即把这些亮点作为自己优势的组成部分，从而形成自己的优势。

第二种方法：标志事件梳理法。

成就事件的梳理用的是倒推方式，优势标志事件的梳理则要立足于当下去觉察和记录。

优势标志事件用 SIGN 来表示，即 Success、Instinct、Grow、Need 的首字母，合起来刚好是"标志"的意思。

用 SIGN 的方式记录一段时间，你对自己的优势就会渐渐清晰起来。

S＝Success，哪些事情你更容易上手，做起来更容易成功？自我效能感更高？

I＝Instinct，哪些事情是本能就可以做得比别人好的事情？哪些事情是你情不自禁要去做的事情？

G＝Grow，做什么样的事情让你有成长感？会沉浸其中，忘记时间，有心流体验?

N=Need，哪些事情做完之后有强烈的满足感和成就感？就像满足了自己的某种内在需求？

这些事情同样可以用 STAR 法则来具体阐述和记录，比如，这件事你是怎么做的？你有什么样的感受？在什么具体的情境之下做的？运用了你的什么特质来完成这件事？和别人做得不同的地方在哪里？

比如，有人擅长处理人际关系，有人擅长思考具体的问题，这都是不同的天赋在起作用。找到你的天赋，并在这方面持续地投入，学习新的技巧，你的优势就会越来越突出。在自己的优势方面持续努力，这才是最本质的竞争优势。

当一个人做自己想做又擅长的事，而恰好满足他人的需求时，会进入一种被赋能、更容易取得成就和满足的理想状态，这种状态被定义为事业的甜蜜点。甜蜜点可能代表一类职位，也可能是一项事业，还可能是一种人生状态。寻找它不是一个动作，而是一个持续的过程。

探寻甜蜜点的重要线索，就是发现优势。

◇优势才干理论基础

我们每个人的大脑都是独一无二的。大脑由脑细胞组成，神经元是脑细胞的重要组成部分，**两个神经元之间的连接叫突触，突触让脑细胞之间相互沟通，它们决定了你的才干**，如图 6-2 所示。

每一个人的突触连接是不一样的，也就是说，每个人都有独一无二的才干和优势。

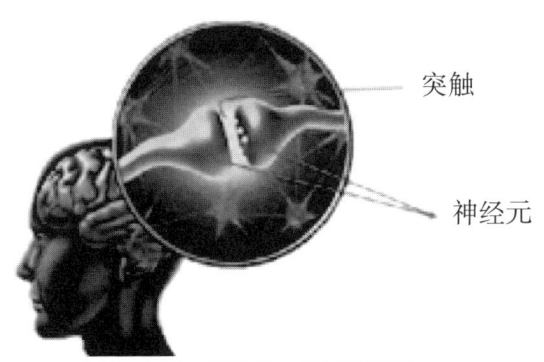

图 6-2　神经元—突触示意图

不同的人的神经元数量差异并不大，但是突触的密度差异却非常大。神经突触的生长和消亡在人类记忆和性格形成方面起了决定性的作用。

神经突触遵守着用进废退的规律。越被频繁使用的神经突触，联结密度越大，神经脉冲阻力越小，因此，神经反应最为本能和底层，很难更改。

突触本身的变化过程更能说明问题了：从我们出生到长大，突触经历了生长和修剪成形的过程，一个人3岁的时候大概有1500万亿条突触，到了15岁基本上就只会剩下一半左右。

为什么？突触不是越多越好吗？

答案是否定的。一方面，大脑非常聪明，它会识别你最常用的那些突触并固化下来，同时逐渐删除那些使用较少的突触，以保证信息传递的效率。

而固化下来的突触所引发的思考方式和行为，一定是对你的生存最有利的，其中可能包括情绪、语言、动作等，也包括才干。

另一方面，理性思考可能并不是唯一的思考方式，我们的身体也会"思考"。

比如，车撞过来了我们会躲开，手被扎到会立刻缩回来等。有人会说这是本能啊，跟思考有什么关系？

其实可以把这些看成身体经过了极短的时间思考之后做出的自动化判断，毕竟我们需要的是思考的结果而不是过程，没有人会在车撞过来的时候还不慌不忙地用大脑思考。

大脑以人体1.5%～2%的重量消耗了20%的能量，稍稍思考，就会增加10%～15%的能量消耗，其思考效率并不高。所以从生存的角度来讲，如果我们能够充分利用身体（大脑）给出的自动化判断，那就能大大提高我们思考和决策的效率。

才干能让我们以最舒服、最高效的方式趋利避害，做事更高效。

◇ 发挥优势与弥补劣势

彼得·德鲁克曾说过，大多数人穷尽一生去弥补劣势，却不知从无能提升到平庸所付出的精力远远超过从一流提升到卓越所要付出的努力。唯有依靠优势，才能实现卓越。

德鲁克发现，卓越的管理者都不是死磕弱势出来的，而是在自己的长板上不断积累，创造无可匹敌的卓越成就。

所谓不断积累，即我们的优势也需要锻炼，持续锻炼，不断精进，才能发挥更大的作用。

一些研究者做过一个实验，对不同水平的读者，教授快速阅读的方法。两组对照研究，数据如下。

一般读者教授方法前，每分钟阅读单词数为 90 个，教授方法后，阅读单词数为 150 个，提高了 66.7%。

另一组读者是超群读者，阅读是他们的优势。在教授方法前，他们每分钟阅读 350 个单词，教授方法后，猜一猜他们阅读的单词数提高到多少？每分钟阅读 2900 个单词，足足提高了近 8 倍。

研究的结论是：**最优秀的读者从强化训练中收益最大，进步也最大。**

所以，就算是我们平时最习以为常、理所当然的优势，也是最需要精进和进一步发展的，因为它们才是我们最具发展潜力的优势才干领域。

关于弥补劣势，最终的结果可能是，花费了努力，最终把劣势变成一般，而花费同样的努力在优势上，有可能让优势进一步提升到卓越的水平。刚才关于阅读方法的训练研究结论也证实了这一结果。

在实际工作中，**很多时候我们最终的目的不是单纯地提升能力，而是达成结果。**

达成结果的路径有很多种，运用我们的卓越才能达成的结果显然比一般的才能达成的结果要好，并且基于优势才干本身更为擅长，意愿也更强，所以结果可能是发挥优势的效率要比弥补劣势高得多。

作为团队来讲，理想的情况是找到具有不同优势的人，使团队本身没有短板，并且每一方面都是优势。

与此相对的，如果团队成员都致力于弥补短板，团队所有人的能力都很类似，那么团队看似能力均衡，实际上每一方面都只是一般而已。

所以，个人应发展优势，而团队应使用"木桶原理"来弥补劣势。**优势才干理论告诉我们，并不是我们每个人都能够做好任何事的，而团队却有机会。**

彼得·德鲁克说："优秀的管理者，要以优势为基础——不管是自身的优势，还有上级、同事，以及下属的优势，同时也要以环境的优势为基础来管理公司。"

世界上大多数企业都建立了以优势为基础的公司文化。

当然，这里强调发挥优势也并不是说完全没有下限地纵容我们的劣势不管，还是那句话，我们最终的目的不是要提升能力，提升能力只是路径，更好地达成结果才是我们的最终目的。

只要我们的劣势没有严重影响我们达成结果，那么我们就应该把更多的精力放在发挥优势上，做自己才华范围内的事，选择更适合我们的最佳路径，从而发挥我们的职业优势而成就自我。

如何管理你的上司

每一个成功的下属都有一个欣赏他的上司。而每一个有所作为的员工都要发挥自己的长处，同时也要发挥上司的长处，正如彼得·德鲁克所说，工作想要卓有成效，下属发现并发挥上司的长处是关键。发挥上司的长处，成就上司的同时，也成就自己。管理上司就成了下属日常工作的重要组成部分。

"管理你的上司"，对许多人而言，这听上去可能有些异乎寻常，或者令人产生怀疑。但今天要谈的，不是权术上的计谋或阿谀奉承。

很多时候，如果问管理者："你对谁负责？你管理谁？"几乎所有人都会回答："**我向领导负责，我管理下属。**"但这个观点是错误的。一个人的管理对象其实只有一个人，这个人就是你的直接上司。即向上管理，向资源管理；向下负责，经营下属。

管理需要资源，而资源的分配权力在你的上司手上，这是由管理的特性决定的。因此，当你从事管理工作的时候，你所需要做的就是获得资源，这样就需要对你的上司进行管理。

上司既不是组织结构图上的一个头衔，也不是一个"职能"。他们是有个性的人，他们有权以自己最得心应手的方式来工作。与他们共事的人有必要观察他们，了解他们的工作方式，并做出相应的自我调整，去适应上司最有效的工作方式。事实上，这就是"管理"上司的秘诀。

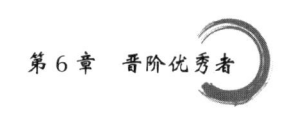

这种方法适用于所有与你共事的人。**每个人都有自己的做事方法，也有权按照自己的方式来工作，而不是按你的方式来工作。**至于工作方式，各有差别。

提高效率的第一个秘诀是了解跟你合作和你要依赖的人，以利用他们的长处、工作方式和价值观。工作关系应当既以工作为基础，也以人为基础。

组织已不再建立在强权的基础上，而是建立在信任的基础上。人与人之间相互信任，不一定意味着他们彼此喜欢对方，而是意味着彼此了解。因此，**人们绝对有必要对自己的人际关系负责。这是一种义务。**

◇管理上司的重要性

管理上司的真正原因在于：获得我们能以最佳方式完成工作所需的资源，以让自己、上司及组织能够取得最佳业绩。卓有成效的管理者，不仅把时间和精力花在处理与下属的关系上，还要花在处理与上司的关系上。但很多富有才干的管理者却忽视了这一点，他们能够对下属、产品销售、市场和技术给予积极的指导和监督，在面对上司时却采取了一种几乎被动的态度；而这种态度总是会损害他们自身及公司的利益。

为什么要向上管理？

领导"掌控"你。

在职场中，你想"升官""发财"基本就靠你的领导，你想"扬名立万"也要靠你的领导，你想拥有行业"人脉"圈也要仰仗你的领导，因为你的领导手握更多的资源与信息。任何组织的加薪、晋升不可能不考虑直接领导的意见，你如果是天才类型又被大领导直接看中的，那另当别论。

领导是最直接的"名师"。

提升你的职业技能，少走点职场弯路，想要有一个榜样，领导也许就是你的"名师"，可以为你"指路"，可以成为你的标杆。当然，你也要有智慧去鉴别，有时领导也会"指鹿为马"，让你误入歧途。

开心工作需要。

工作为了钱，也需要开心。一个人的离职，要么钱没给到位，要么心里受委屈了。职场中你的委屈大部分来自你的领导，每天与你相处时间比你家人还长的人，天天让你受委屈、不开心，想必对心理健康也是一种威胁，所以才会有职场中 90% 的离职跟直接领导有关的说法。与其说员工离职是离开公司，不如说是离开上司。

所以，要想在职场混得好，除了自律，能够左右逢源搞定同事与客户，更重要的是要讨领导欢心，实现共赢，那就得学会向上管理。

◇管理上司的误区

"秀"与"拍"的错误。

在职场中，不是所有的努力都会被看到，你累死累活地加班加点，还不如人家轻轻松松地自我表演、半夜在朋友圈发个矫情的加班自拍照管用。

在职场中，优秀的业绩并不全是晋升加薪的武器，有时你制作的优秀的 PPT，远不如人家顺溜地拍马屁。

可是"表演""拍马屁"只能赢得一时，要想长久地赢得领导的信任，还是得有"硬货"，要能够玩组合拳，毕竟在公司中要实现你赢、领导赢、公司赢，只有多赢的局面才是长久的。

你是否很难让上司接受你的观点？你所知道的是：你做出的成绩都得不到领导认可；而所有的美差也都与你无缘。

如果这种事你听起来很耳熟，问题可能在于你无法按照上司的作风与他进行沟通。这就是所谓的"向上管理"的失败。

"向上管理"是指从战略上配合上司的作风和预定的目标，并将其与自身的特点和目标融合起来，从而能够有所作为并实现个人的职业目标。换句话说，你必须以你所欲施加影响的对象所使用的语言与其进行沟通，并且突出强调对方所关心的问题。无论你在公司身处何位，这一点对你职业的成功都至关重要。即便你再位高权重，仍有可能在某个时刻碰上一位难以亲近或施加影响的上司或客户。

下属该做什么？

任何一个组织都存在上下级关系，上司管下属天经地义。而谈论管理上司，似乎有些离经叛道。1986 年，彼得·德鲁克在《怎样管理上司》里就对这个话

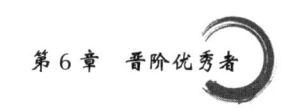

题进行了探讨。

对一个下属来说，什么该做，什么不该做，德鲁克列了个清单。首先，下属要明确：自己的职责和利益同上司的成就密切相关。**下属应该问的问题是：**"你期望我和我的团队做什么，才能对你的工作有帮助？我们做的哪些事会妨碍你的目标实现？"其次，下属要清楚上司也是普通人，不能去改造上司、教育上司或是让上司的举动符合商学院和管理书中的标准。下属要想："老板希望我多长时间汇报一次我的计划、表现和问题？我是采用正式的书面报告还是口头汇报？""我该早上就把报告放在桌上还是下班前交上去？""老板的强项、弱项在哪里？我该怎样来帮他？"最后，下属要清楚老板对自己的期望。

下属不该做什么？

第一，别让老板感到意外。不同的老板对于意外的发生有不同的反应，有的仅仅需要知道一些警示性的提醒，有的则要求有详细的报告。但不管什么领导，都需要在意外发生的时候有应对之策，下属的防范工作做得不好，就会失去信任。

第二，不要低估上司，即使他们看起来什么都不懂。最糟糕的是，他们一旦识破你的小把戏，你就等着受惩罚吧。

◇向上管理的六大核心关键

向上管理的核心就是有意识地配合上司取得工作成效，建立并培养良好的工作关系。

好的工作关系是由六个方面组成的，具体如下。

第一，和谐的工作方式。

和谐的工作方式要求能够采用双方接受的形式处理问题、交流看法并明确各自的职责，这种关系类似团队角色的关系。

每个人的角色是不可替代的，各自更关心的是荣誉而不是权力，更关心的是责任而不是地位，各自更注重互补性而不是彼此的差异。

管理上司是管理跟上司的关系，而你是关系的另一半，所以你不但要了解上司，还要了解你自己。

领导力大师约翰·科特举过一个小案例。

有一个人和他的上司每次出现意见分歧时都会发生争执。他的上司的典型做法是坚持己见，决不让步，而这位下属就和他较劲，坚持认为自己有理。在争执的过程中，他把内心的不满化作犀利的语言，狠狠抨击上司推理中的逻辑谬误。而他的上司变得愈加固执。争吵的结果是，后来他尽量避免与上司进行任何有可能引起冲突的谈话。

多多了解上司的性格类型。

每个人的性格不同，处事风格就不同。领导也是普通人，所以在工作中，你要知道上司的性格特质、处事方式是支配型、表达型、和蔼型还是分析型呢？

分析型的上司喜欢找出事情的真相，支配型的上司喜欢工作绩效突出的下属，和蔼型的上司喜欢肯定表扬下属，表达型的上司喜欢当众表现。分析型和支配型的共性是情感反应少，喜欢关注事情而很少关心人。支配型和表达型的共性是果断性强、强势，比较忽略细节。和蔼型和表达型的共性是情感反应多，容易相处，常常鼓励下属，但决策效率会低一些。

第二，相互期盼。

在与上司的配合中，非常重要的是能够经常说出双方的期望，并通过不断提升期望来提升各自的能力。一旦形成这样的状态，双方都会发现对方是一个最好的参照物，各自会不自觉地拉升自己的期望，使各自都逐步上升到一个新的高度。

沟通你的目标是最重要的工作，没有之一。

你的目标是什么？你需要跟上司沟通这一点。让上司知道你想要什么，首先是让上司放心。一个让人捉摸不透的下属是最让上司担心的。你要让上司了解你的目标合情合理，让他知道你并不想篡夺他的职位，你只是想怎么把自己的工作做好。

你还要让上司知道你能做到什么，让上司对你有信心。因此，跟上司沟通你的目标的时候，最好有一个简单的SMART的行动方案。

沟通你的目标，也要得到上司的反馈。让上司知道你正在做什么，他才能告诉你这些事情是否符合他的需要。

当然，告诉上司你的目标，还有一个重要的目的，就是让上司知道你需要他在哪些方面帮助你。作为上司，他总是掌握比你更多的资源，能够在你没有想到的地方为你提供帮助。

第三，信息流动。

组织管理中最困难的是保持信息有效流动，所以管理不好组织信息是组织失控的根本所在。

组织信息的正式传递、过滤、发布、沟通、形成与控制，在所有的这些命题中，是由一个要素贯通的，这个要素就是你与你的上司之间的信息流动。

很多人不愿意和上司保持持续沟通，认为只要自己把事情做好就可以了，但实际上这是错的。

因为如果你没有时间见到上司，你就没有机会得到上司的理解和认同。正如很多经理人告诉我：领导经常变化，没有办法跟得上，因此认为领导不对。但是我可以很明确地告诉大家，领导就是要促进变化，所以他一定会变。你为什么会觉得他的变化你接受不了？是因为你跟他的沟通时间很少，你不知道他是怎么想的，为什么会变。如果你保持与上司在合适的时间沟通，他的每个变化你都知道，你就能够很好地适应这种变化。

所以，一定要利用上司的时间，这是很重要的。

保持正式的沟通。上下级之间的关系一定要保持在工作关系状态上，不要保持在非工作关系状态上。工作关系状态就是正式的沟通方式：会议、面谈、工作情况的探讨、报告及文件交流。而非工作关系状态就是情感沟通，最典型的情形是工作时间之外的交流。很多人以为和上司保持亲密的关系、能够在工作时间之外和上司沟通和交流情感是一件非常重要的事情，但这是错误的。

所以，一定要保持与上司的沟通方式是正式沟通，在工作时间内探讨问题、交换意见、获得指令及指引，甚至获得支持和帮助。不要在工作时间之外投入太多的时间和精力，虽然这样可以拉近下属和上司的情感关系，但是对工作而言并不是一个好的选择。

第四，诚实可靠。

你与你的上司之间只能用一种状态来描述，那就是诚实可靠。

记住向上管理是一个相互依赖的关系，不是管理与被管理的关系，而是配合和协助的关系。做下属的永远不要让上司觉得难堪：事前提醒他、保护他以免在公众前受到屈辱，永远不要低估他，**因为高估没有风险，低估会引起反感或者报复。**

下属对上司不隐瞒。这是建立诚实可靠关系的基础。

第五，合理利用时间与资源。

对于你而言，**上司的时间和资源就是你要争取的内容。在销售上，我们只有更多利用客户的时间才有成交的机会，也是同样的道理。**

时间的意义在于可以让信息流动顺畅，可以感受各自的期盼，**时间最好的作用是能够带来机会，一个可以信任的机会。**

上司的资源最直接的功效就是为你的工作提供帮助，每一个上司都希望他能够为公司的工作发挥作用，很多时候我们却忽略了这一点。

很多管理人员得意于独自解决问题，自豪于独自完成任务，但是他们没有想到，也许借力会有更好的效果。

上司的资源一定比下属的资源多，所以下属要利用上司的资源，这些资源一定可以让下属很容易获得高绩效。

第六，欣赏与信任。

管理是一个讲究实效的工作，对于工作效果来说，上司的支持和指引是非常重要的，而要获得上司的支持，下属对于上司的尊重和维护就显得尤为重要。

一定要真正理解和欣赏你的上司，千万不要不欣赏你的上司。

很多新入职场的人不懂得这一点，他们总是觉得自己比上司水平高，读书多，知识多，英语好，计算机水平高。但是，事实是：责任大于能力。一个人可以承担更大的责任才是最重要的，而不是你所具有的能力。能力可以帮助我们承担责任，**但是能力之上还有一个更重要的因素，就是信任。**

从信任的层面上讲，你的上司一定是超过你的，正是因为他能够获得信任，也许能力上不如你，但是得到更高职位的是他而不是你。

领导职能就是把人用好，让每一个人能够去做领导者想做的事情。

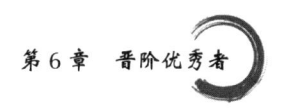

◇管理上司的四大技巧

第一，让领导满意，不一定要句句听话。

事事谨慎，不一定就能让领导满意；让领导满意，也不一定要句句听话。

第二，下属需要了解上司的长处，弥补短处。

上司的长处如果被释放出来，对于你的工作一定会有极大的帮助，永远不要挑上司的短处。

因此，下属需要了解上司的长处是什么，下属需要配合上司，把上司的长处发挥出来。也许有些人会遇到这样的困难，就是上司的长处和你的长处是一致的，这是很尴尬的情况。但是，请记住，我们需要探讨的是上司的长处，我们的长处是需要上司了解而不是我们自己了解。因此，你只需要记住上司的长处就可以了。

当然，最好的状态是上司的长处跟你的长处刚好互补，不过根本的问题是上司的长处如何发挥，而不是我们个人的长处如何发挥。

第三，管理领导的三大行动原则：事不能拖，话不能多，人不能作。

事不能拖。上司安排的事情必须立刻着手去做。不懂上司的意思、不知道如何开展，那就去问、去请教、去查资料，不能拖拖拉拉，到最后关头才急急忙忙地去做，给领导留下拖沓的印象。接到上司的任务时最好是当面厘清任务目的和要求，然后立刻按照要求着手去做，边做边解决问题。

话不能多。领导买你的时间，也讲性价比。同样的事情，能一分钟汇报清楚的，绝不拖到一分半钟，还能让领导可以迅速抓住重点。

能做到前面这些的，都是下属中的能人，所以有时他们难免会觉得自己屈才了。人一旦委屈了，就很容易在人不能作上栽跟头。

人不能作。在执行任务、完成工作的过程中，有些人难免会因为沟通不及时受到委屈，甚至有时候会被领导误会。这时，你只需将事情原委弄清楚，和领导沟通清楚，让他知道你的贡献，然后迅速回归到下属的角色中，适时地原谅领导，在外人和员工面前要给领导台阶下。不能因为受了委屈就不依不饶，跟上司耍脾气，胡乱搪塞工作，将个人情绪带入职场中，进而影响工作。

第四，当上司不胜任怎么办？

让上司满意比服务好顾客更重要！

管理学上有个著名的彼得原理：在层级组织中，每一个员工都有可能晋升到不胜任阶层。在层级组织中，如果你在一个位置上胜任，就可能被提拔到一个能胜任也可能不胜任的更高位置。如果你不胜任，你就留在了这个位置上，再也得不到晋升；如果你能胜任，你就会得到再次提拔，最终被提拔到一个你不胜任的位置上。

像所有的真理一样，彼得原理尽管内容简单，内涵却无比丰富。比如，你可以推出"彼得推论"：每一个职位最终都会由对工作不胜任的员工把持。也就是说，最终所有的上司都不胜任。为什么不胜任的上司不被开除？因为他们的上司也不胜任。

从彼得原理还可以推出**"彼得反转原理"：组织内部的和谐一致比对外的服务效率更受重视。员工是否胜任，上司说了算**。如果上司还胜任，他会根据工作表现来考核；如果上司已经到了不胜任级别，他会认为维持现状、遵守程序就是胜任，他会喜欢听话的、照章办事的、没有思想的员工。

那么作为下属该怎么办？

管理不胜任的上司要遵循"彼得反转原理"：让上司满意比服务好顾客更重要！根据"彼得反转原理"，过分胜任比不胜任更令人反感，往往会遭到解雇。因为过分胜任就是对上司、对现状的挑战，它会使层级组织陷入混乱。

同时，我们也要注意到一个事实：再不胜任的上司都需要能干的下属。作为下属的你需要在目前的工作上表现出"创造性的不胜任"，这样才能避免被提拔，而快乐地待在自己喜欢并且擅长的工作岗位上，既能快乐，又能做自己擅长的事情，同时也满足了不胜任的上司的需要，这也是一种积极的职场策略。相信你的能干未来终将以某种方式展现。

优秀管理者的六大要务

在未成为主管之前，全力以赴让自己成长；成为主管之后，全力以赴帮助他人成长。

——杰克·韦尔奇

"管理"这个词对于我们现在的职场人来说已经不陌生了。在过往的咨询案例中，当客户找我们时，首先就会提出："我们公司管理出了问题。"这种描述不一定对，通过诊断调研后，我们发现一个有趣的现象：部分国有、大型企业内部的管理机制很完善，考虑得很细致，但依然还有提升的地方。其实，大多数情况下，问题的关键出在管理者身上。

事实是，伴随职位的晋升，很多职场人走上管理岗位。无论是中层管理者，还是基层管理者，一旦进入管理岗位，其角色、工作内容和性质都会发生本质变化。

为此，我们先来认识一下管理者的角色。

◇ 管理者的角色

传统的观点认为，管理者是运用职位、权力，对人进行指挥和驾驭的人。这种概念强调的是组织中正式的职位和职权，强调必须拥有下属。然而管理者的管理工作并非仅仅针对人，更多时候还有事情和任务。

管理者的八大学派。

古典学派。管理者的工作是一套综合的职能。这些职能有：计划、组织、人事、指挥、协调、报告、预算等。

伟人学派。管理者是各种特性的综合，包括家庭、教育、社会交往、事业、个性等。

企业家学派。强调管理者最重要的作用是创办企业时的创新。

决策理论学派。强调管理者的决策作用。

管理者效率学派。侧重于研究管理者的领导方式——专权式、参与式等。

管理者权力学派。强调管理者的权力和影响——管理者进行操纵的权力。

管理者行为学派。强调管理者的某些行为和感觉。

工作活动学派。强调管理者的工作活动。

这八个学派虽然在某些方面得出了一些有用的结论，但并未全面而确切地描述出管理者的工作和职务。

管理工作的显著特点。

不论是哪种类型的管理者，其工作都有以下六个特点。

第一，工作量大，步调紧张。

管理者由于全面负责一个组织或组织中的一个单位（如车间）的工作，并要同外界联系，所以总有大量的工作要做。因而必须毫不松懈，保持紧张的步调，很少有休息的时间。高级管理者尤其是这样。

管理者之所以会工作量大而步调紧张，是由于管理者职务本身的广泛性及工作没有一个明确的结束标志。例如，工程师的设计或律师的案件都有个终结，而管理者必须永远前进，永远不能肯定何时已获得成功或何时可能失败，永远必须以紧张的步调工作。

第二，活动短暂、多样而琐碎。

有关调查显示，某个车间主任每天平均要应付583件事。他的活动特点是中断性、多样性和不连续性。这与一般工人的工作不同。工人的工作重复而不常中断，并从属于传送带稳定而无变化的节奏。

管理者往往不愿采取措施改变工作中的这种短暂、多样而琐碎的情况。这是由于他的工作量太大，而他又意识到了自己对组织的价值，因此对自己的时间的机会成本（由于做某件事而不做另一件事所造成的损失）特别敏感。于是就用这种短暂、多样而琐碎的方式来工作。这样，**必然造成管理者工作中的肤浅性。**这是管理者必须努力加以克服的。

第三，把现实的活动放在优先地位。

管理者趋向于把注意力和精力放在现场的、具体的、非常规的活动上。他对现实的、涉及具体问题和当前大家关心的问题表现出积极的反应，而对例行报表及定期报告则不那么关心。他强烈希望获取最新信息。因此，他经常通过闲谈、传闻、推测等来收集非正式的、及时的信息。从更高层管理者对时间的安排也可以看出这一点。**有一项调查表明，在更高层管理者的 14 次口头联系中，只有一次是事先计划的，其余 13 次都是有关现实问题的非常规活动。**

第四，爱用口头交谈方式。

管理者使用的工作联系方式主要有五种：邮件（书面通信），电话，未经安排的会晤（非正式的面谈）和经过安排的会晤（正式的面谈），以及视察（直观的）。这几种联系方式有很大的差别。书面通信要使用一套正式的语言，并要经过很长时间才能得到答复。口头交谈（包括电话交谈）则除了话语中所包含的信息以外，还能通过音调的变化和反应的快慢来传递信息。当面交谈则还可借助于表情传递信息。

调查材料表明，管理者们都爱用口头交谈的方式。他们用在口头交谈上的时间占很大比重。车间主任与人面谈的时间约占 57%，一家制造公司的中层管理者花在口头交谈上的时间约占 89%。我们对更高层管理者的调查表明，其口头交谈的时间占了 8%，按活动次数计算则为 67%。

第五，重视同外部和下属的信息联系。

管理者同三个方面维持信息联系，这三个方面是：一是上级（更高层管理者的上级是董事会）；二是外界（指管理者所管理单位以外的人们）；三是下属。管理者实际上处于其下属和其他人之间，用各种方式把他们联系起来。

调查材料表明，管理者与下属进行联系所花费的时间占相当大的比重，通常占他们全部口头联系时间的 1/3 ~ 1/2，而他们与上级联系的时间一般只占 1/10。他们与外界联系的时间通常比同下属联系所占的时间还要多，占全部联系时间的 1/3 ~ 1/2。

第六，权力和责任相结合。

管理者的责任重大，经常有紧急事务要处理，似乎很难控制环境和他自己的时间。但他也有很大的权力。他可以采取一些措施，在解决问题的过程中想出一些新的主意，把问题变成机会，为企业的发展服务。

成功的管理者与有效的管理者。

有效的管理者也是成功的管理者吗？在组织中提升最快的管理者，与在组织中成绩最佳的管理者从事的是同样的活动吗？管理者工作的强调重点一样吗？

研究表明，管理者"平均"花32%的时间从事传统管理活动，29%的时间从事沟通活动，20%的时间从事人力资源管理活动，19%的时间从事网络活动。但是，不同的管理者花在这四项活动上的时间和精力明显不同。

成功的管理者在对各种活动的关注上与有效管理者不同之处在于：

维护网络关系对管理者的成功相对贡献最大，从事人力资源管理活动的相对贡献最小。而有效管理者，沟通的相对贡献最大，维护网络关系的贡献最小。

两种管理者的区别在于：能否使工作在量和质上都达到很高的绩效标准，能否使其下属有满意感和奉献精神。

成功的管理者是指在组织中相对快速地获得提升的管理者。那么，优秀的管理者如何中和这二者的不同要素？在下面"优秀管理者需要知道的六大要务"中，我们来分析如何实现。

◇优秀管理者需要知道的六大要务

第一，构筑愿景。

为什么在这家公司工作？

你打算如何告诉你的子孙们，你在这儿工作超过30年的原因？

10年后，你希望这家企业是什么样子呢？你希望到时创造出怎样的成就？

回答以上问题，就是关于如何构筑愿景的问题。

以我的经验来看，每位优秀的管理者和他的企业取得的持续成功几乎都来自清晰描绘的愿景。身处职场，时间和其他资源都很稀缺，管理者和员工在做出重要决定前，最好先知道自己的方向。因此，优秀的管理者的第一要务就是：构筑愿景。

构筑愿景的关键点有以下几点。

一是好的管理者要具有远见和愿景，具有很强的目标感。

二是管理者必须对未来有明确的发展方向，他们应该向下属展示自己的梦想，并鼓励成员向梦想前进。

三是缺乏清晰的愿景可能是重大决策难以统一的核心问题。

四是管理者带领团队实现愿景的关键点是：有责任把愿景转化为可掌握、可实现的关键要务。

第二，反馈。

当你当上领导后，是否坏消息在你身边消音的概率大大降低了？

你会主动当下属的教练，培养优秀的下属吗？

你的反馈意见是否具体、及时、可执行？

你有没有从你的下属那里获得过可执行的反馈意见？

你有没有培养出一些敢于提出可能不想听的建议的顾问？

很多管理者都觉得：培养人才才是公司成功与否的关键。说得很对，但在实际管理工作中，大家常常混淆了"指导"与"评估"两种不同的方式。很多管理者等到年终评估时才第一次给予下属该有的指导，且评估流程耗费了很长时间，当被指导对象听到年终评估结果时往往感到惊讶、困惑甚至沮丧。因此，优秀管理者的第二要务就是：学会反馈。

大部分成功企业的秘诀，即吸引、招募、培训专业人才，并带领人才实现企业的重要目标。为了做到这一点，管理者需要建立有效的教练制度及人才评估流程。

管理者可以采用教练制的方法给予员工反馈。教练制的方法如下。

一是观察指导对象的职场表现，询问其他同事相关问题，专业指导并教练员工，及早及时指出员工工作中的不足，从而改善工作现状并提高绩效。

二是讨论问题越坦率、次数越多，指导教练效果越好。管理者要安排好时间与你的直接下属讨论你的观察结果，碰面时间至少比年终评估提前6个月。

三是如果你无法对下属进行指导，大概率是因为你的管理幅度太大了。

四是接受下属的反馈意见，这是领导100%的工作职责。领导也必须采取积极措施接受下属的反馈意见。

员工是岗位的主人

第三，学会授权。

公司里有替身计划吗？（AB 角）

你是否经常坐下来，列出公司或部门的明日之星，有没有 2~3 名员工可以接替你的职位？

你是否列出了明日之星发展的重要需求？为培养他们未来可能接班的能力，你采取了哪些行动？

对于你已经承诺要授权的工作，是否授权他们来处理？

已经授权出去的工作，你是否按"做得最好""还算可以"进行了分类？

参与的方式是教练指导，还是直接干预下属决策？

在优秀的管理者肩负的重任中，其中一项便是"把对的人放到对的位置上"，这就需要授权管理。

授权，即管理者授予直接被管理者以一定的权力，使其能够自主地对授权范围内的工作进行决断和处理。授权后，管理者拥有指挥和检查监督的权力，被授权者负有完成任务与报告的责任。

授权只发生在管理者与直接被管理者之间，隔级之间不应该存在授权问题。

授权是最好的替身计划。

第四，培养你的下属，经营你的下属。

培养下属的原因有以下几点。

一是管理者的职责是教员工成为"钓鱼"高手。

二是找人才不如留人才，留人才不如造人才。

三是在人身上投资总能得到最高回报。

四是造就人才可以使其分担自己的重任。

五是成功管理的意义：充分利用（下属）资源。

管理者应该相信，无论是上司、同事还是下属都是企业可以依赖的资源，都是企业的绩效伙伴。要让每一个人都要做事、都能做事。做事就是培养下属。

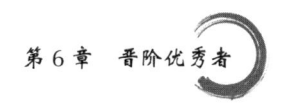

第五，时间管理。

你知道自己是怎么利用时间的吗？
这种利用方式与你的关键要务相符吗？

要成为优秀的管理者，你还需要构建利用时间的方式。你利用时间的方式，正说明了你所坚信的东西，也道出了你希望组织去做什么。**你和员工的时间，就是你最重要的资产，且是一项有限资产，一旦使用，无法补充。**

如何有效地管理时间？

记录时间。每位管理者，想要有效地管理时间就必须将时间做整块的运用。如果将时间分割开来零星使用，纵然时间总和相同，使用效果与整块使用时间肯定大相径庭。要提高时间的有效性，第一步就是记录其时间耗用的实际情形。（时间记录的具体方法不再赘述。在实际工作中，许多管理者都备有一本小册子。重要的是，必须在处理某一工作的"当时"立即加以记录，而不能事后凭记忆补记。）

管理时间。将待办事件分门别类。先要将非生产性的和浪费时间的活动找出来，尽可能将这类活动从时间表上剔除。可以试问自己以下问题。

找出什么事情根本不必做，这些事情做了也完全是浪费时间，无助于成果。这些事该立刻取消。

找出哪些活动可以由别人代为参加而又不影响效果。可以由别人做的事情尽量交给别人，这样才能做真正应该由自己做的事——这才是有效性的一大改进。

时间盘点。当工作结束后，盘点了当天工作完成情况及效果，统筹规划自己的时间，这样能事半功倍。

第六，驾驭你的情绪。

情绪是个体对外界刺激的主观的有意识的体验和感受，具有心理和生理反应的特征。他人无法直接观测我们内在的感受，但是他人能够通过我们外显的行为或生理变化进行推断。

情绪无好坏之分，一般只划分为积极情绪、消极情绪。由情绪引发的行为和后果则有好坏之分。所以，情绪管理并非消灭情绪，也没有必要消灭情绪，而应疏导情绪，并将情绪合理化。优秀管理者的最后一大要务：驾驭情绪。

如何进行情绪管理？

自我认知能力。作为管理者，你要学会认识和分析自己的情绪，要善于从不同角度了解自己的个性特点，恰如其分地评价自己并给予一个合理的定位。很多企业每年做人才盘点，通过测评，从更多维度了解员工是否能胜任管理岗位，避免把合适的人放在不合适的位置。

用理智停止愤怒。任何时候我们都应保留一丝理智。当我们怒火冲天的时候，要利用这一丝理智来告诉自己："这么生气又能怎样呢？发火只能使一切更糟吧。"就算当时确实有些气愤，但只要在心里默念这些也能稍微舒缓愤怒的情绪。

尝试理解发怒的人。有时你的下属可能也有控制不住自己情绪的时候，这个时候，尝试理解他发怒的原因可能会比利用职权强制他冷静更有效果。

所以，优秀的管理者的经验不是靠知识的堆积，而是在管理实践中不断总结出来的。

教练技术——"猴子"管理

管理者除了完成目标，还能领导一群下属，帮助他们成长。

我们常常听到像鸡汤一样的话：鸡蛋从外打破是压力，从内打破才是成长。在现实工作中，作为一名管理者，学习帮助员工从外打破压力的方法显得尤为重要。今天我们就来学习教练技术——"猴子"管理办法。

领导培养下属的方法有多种，其中有一种管理方式具有杠杆作用，学会使用，将达到事半功倍的效果，即"猴子"管理。这种管理方式可以顺利地引导和训练下属发现问题、分析问题和解决问题。

那么，到底什么是"猴子"管理，"猴子"是什么，如何管理"猴子"呢？

◇什么是"猴子"

简单地说，下属的工作或者亟待解决的问题，被管理者称为猴子。我们用"猴子"来比喻我们日常工作遇到的某一些问题，某一项棘手的、马上需要解决的事情或者工作任务。

在实际工作中，有些人接到工作任务，不是积极地想办法寻求解决的方案思路，快速地完成任务，而是拿着问题请示领导如何做，希望领导告诉他做的方法、方案，甚至把任务和问题抛给领导，让领导替自己做，以至于很多领导忙得不可开交。遇到这种情况，领导不要急着接招，替下属做决策，应该在工作中利用这些机会训练下属独立思考、解决问题，这样才能使下属快速成长。

那么，怎么管理好这些"猴子"？

心理学上的建议是不提供答案，即只问问题，不给答案。学会"猴子"管理的领导，将解决问题的答案、方法、策略隐含在教练下属的过程之中，启发下属思考，让下属把带来的"猴子"问题带回去自己解决，领导只做关键性的引导、启发、路径开拓等。

◇"猴子"管理的两种方法

"猴子"管理是让管理者充分运用教练的优势和方法，教导下属遇到事情自己想办法解决，具体有以下两种方法。

第一种方法是只问问题，不提供答案。

当下属把"猴子"带到面前时，不要把"猴子"接过来，而是要学会问问题，以帮助下属打破思维方式，激发下属的创新思维。

例如，当下属遇到问题请示领导，适合用提问的方式回应，启发引导下属：

对于这个问题你有几种解决方案？

你会如何选择？

你目前最想处理或解决的问题是什么？

你是否能做一个初步方案明天拿来我们讨论？

关于这个方案我给你提两点建议，接下来，你具体想一想还有什么好的解决方案？

用一连串提问的方式引导管理者得到想要的结果。

第二种方法是让下属自己做决定。

作为管理者，我们一定要知道自己想要的答案和结果是什么，如何"问问题"，有效地提示引导下属，让他按照自己预期的方向或者方案去决定和实施。

教练的具体步骤如下。

（1）要鼓励下属主动思考。

（2）要学会提出合适的问题让下属想出答案，帮下属打开思路，启发下属思考。

（3）指出存在的问题，让下属自己悟出问题的所在。

（4）引导下属一步一步找到解决问题的办法。

（5）促成共同想要得到的答案。

具体案例如下。

领导应该这样引导下属

总经理："小李，对于今年的策划，你有什么好的方案？"

策划经理："总经理，我前几天给了您一份简单的方案，方案不太合适，因此，我想请教一下您，希望您修改一下方案。"

总经理："方案还是不错的，同时，我认为你们可以拿出更加优秀的方案。对了，你们可以调查一下我们的竞争对手的方案案例，你可以组织部门开个头脑风暴会议，群策群力，拿出一个更加优秀的方案。"

第二天。

策划经理："总经理，经过我们部门的商议，我们策划出了5套可以执行的方案，我认为方案一是最好的，很不错，我们可以采纳……"

总经理经过简单阅览和听到策划经理对方案的描述，发现方案存在一些问题。

总经理："如果出现这样……那样……的问题，若按照这个方案执行，会出现什么问题？有什么可以解决的方法？再研究讨论一下这个方案再做决策。"

管理者要学会提出合适的问题让下属自己想出答案，帮助下属打开思路，启发下属思考，让下属提出方案。当然，当下属提出若干个方案，管理者要阅览审核一下，做到胸有成竹，给下属独立决策的机会，引导下属将最好的方案提出来。指出存在的问题，让下属自己悟出或者找到漏洞，比直接指出好。总之，要最后让下属自己做决策。

关于做决定，记住以下准则。

一是该下属做决定的事，一定要让他们自己学着做决定。

二是做决定意味着为自己的决定负责任。不想做决定，常常是潜意识里他不想承担责任。

三是下属不思考问题、不习惯做决定的根源一般有两个：其一是有"托付思想"，依赖上司或别人，这样的下属不堪大用；其二是上司习惯代替下属做决定或喜欢享受别人听命于自己的成就感，这样的上司及他所带领的团队难以胜任复杂的任务。

四是让下属自己想办法，做决定，就是训练下属独立思考问题的能力和培养他们勇于承担责任的行事风格。

经过几次循循善诱，最后选定的方案肯定是切合实际可行的方案，也达到了"猴子"管理的目的。多次训练后，下属的能力也会迅速提高，能做更多的事情，管理者也可以做自己的事情。

◇ GROW 教练技术

通过合适的问答和引导，我们可以不断地培养下属，而提问式管理方式也有诀窍。

英国的约翰·惠特默（John Whitmore）爵士在《高绩效教练》中总结出 GROW 教练模型（见图 6-3），可以帮助我们更好地提问和教练下属。

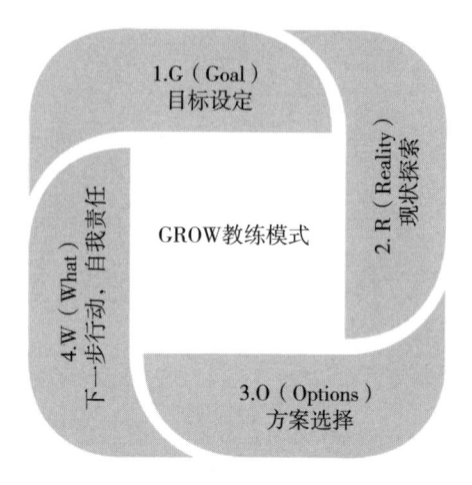

图 6-3　GROW 教练模型

在 GROW 模型中：

G（Goal）：代表确认员工业绩目标；也代表本次教练对话的目标，以及教练的短期目标和长期目标，期望的成果是什么。

R（Reality）：要搞清楚现状，澄清客观事实，探索当前的情况。

O（Options）：可供选择的策略或行动方案，探寻备选方案，征求建议。

W（What）：代表制订行动计划、建立评定标准、意愿如何、建立自我责任等。

为了更好地在教练员工的过程中使用 GROW 教练技术，我们总结出每一个步骤的基本问题库，供大家使用和参考。

你要特别注意，**教练下属提出的"问题"应是开放式问题**。因为面对开放式问题，人们自然就会思考，而封闭式问题会封闭人们的思考，让人们不需要思考。

目标设定（G）的一般问题库：

你的目标是什么？

如果你知道答案，那是什么？

具体的目标是什么？

实现目标的标志是什么？

如果需要量化，拿什么量化你的目标？

探索现状（R）的一般问题库：

目前的状况怎样？

你如何知道这是准确的信息？

这是什么时候发生的？

这种情况发生的频率如何？

你都做了些什么去实现目标？

都有谁和此相关？他们的态度分别是什么？

是什么原因阻止你不能实现目标？

和你有关的原因有哪些？

是什么令你……

其他因素有哪些？

你都试着采取过哪些行动？

可供选择策略（O）的一般问题库：

为改变目前的情况，你能做什么？

可供选择的方法有哪些？

你曾经见过或听说过别人有哪些做法？

如果……会发生什么？

哪一种选择你认为是最有可能成功的？

这些选择的优缺点是什么？

请陈述你觉得采取行动的可能性，如果最高分为 10 分，打分多少？

调整哪个指标可以提高行动的可能性，或者提高分数？

行动计划意愿（W）的一般问题库：

下一步是什么？

何时是你采取下一步的最好时机？

可能遇到的障碍是什么？

你需要什么支持？

谁可以对此有帮助？

你何时需要支持，以及如何获得支持？

还有一些有帮助的问题一并汇总如下，希望对管理者教练下属有所启迪。

"还有什么？"在大多数回答之后使用，保持安静，同时让下属思考，经常会激发更多思考。

"如果你知道答案，它会是什么？"听起来有点简单，其实不然，它让下属越过障碍向前看。

"它对于你或是他人造成的结果或影响是什么？"

"你使用的是什么标准？"

"对你而言，这件事情最难或最具挑战的部分是什么？"

"如果你的朋友面临你现在的处境，你会给他什么建议？"

"想象你和你认识或者想象中最有智慧的人对话，你认为他会告诉你该怎么做？"

"我不知道下一步该怎么办，如果是你，你会怎么办？"

"你这么做或者说，将让你得到或者失去什么？"

"如果有人对你说或做了这些……你会有怎样的感受或想法或行动？"

◇ "猴子"管理的启示

"猴子"管理法只授出任务，无法授出责任。

"猴子"管理法的教练标准是："问"到他说出你要的答案为止，"教"到他做出你要的结果为止。让员工感到自我决策能够得到尊重与激励。

同时，"猴子"管理法作为教练下属的有效方法，它把工作任务授权下属决策和实施，这有利于培养下属自我管理的意识和行为。但这个管理过程并没有把管理者的责任一并授权出去，**即"猴子"管理法只授出任务，无法授出责任。若此项任务做对了，功劳是下属的，做错了，责任由授权者承担。**

管理者要有担当力，如果下属工作中出现了问题，说明我们管理不到位，我们应该自觉地将责任担起来。优秀的管理者能主动承担责任，下属肯定会死心塌地地追随，以后再遇到"猴子"，下属会主动承担，将工作做好，而不是想着如何将问题推到管理者头上。

"猴子"管理并不适合所有的管理场景。

管理模式可以复制，方法可以借鉴，"猴子"管理并不适合所有的管理。例如，紧急情况下不宜做"猴子"管理，如创业初期，需要创业者或者创业团队背负所有的"猴子"，并且主动帮助他人解决问题，否则创业不会成功，管理者就是直接管理"猴子"的人。

当然，经常"救火"说明你"防火"不严；经常不得不自己看管"猴子"，说明你平时训练下属不够。

"猴子"管理给我们的重要启示。

每一个人都应该照看自己的"猴子"。

不要麻烦别人照看自己的"猴子"。

组织中，每一个人都应明白自己应该照看哪些"猴子"及如何照看好它们。

不要试图把自己的"猴子"托付给别人照顾。这里的别人可能是上司、下属、其他部门的同事，也可能是公司、社会等。

不要出现没有人照看的"猴子"，也不要出现有两个以上"主人"的"猴子"。

作为上司不仅应明确让下属知道他们应该照看好哪些"猴子"，更需要训练下属如何照看好他们的"猴子"。

在某种程度上，"猴子"管理会使人变得自私，类似于各人自扫门前雪会使团队失去活力。正常的团队应该是抢着"猴子"背负，而不是千方百计防止别人的"猴子"窜上自己的肩膀！领导会鼓励主动背负别人"猴子"的下属。也只有愿意主动背负别人"猴子"的下属才有机会成为领导，也只有愿意主动背负别人"猴子"的小领导才有机会成为大领导！

"猴子"管理办法是教练技术中最重要的方法。

约翰·惠特默爵士说，提问能够激发人的思考能力，也能激发一个人的潜在能力，还能让人主动承担责任。提问比答案更有力量！教练技术可以帮助我们提高情商，增强沟通能力，减少误会，重塑人际关系和团队文化，有效激发团队潜能，提升个人领导力和团队绩效。

领导力回归四件事

谈及领导力，我想它是每一个追求进步的管理者孜孜以求的。

有时，因自身"怀才不遇"的处境，我们对于领导不力的上级会有一些批评和抱怨。古罗马就有一句谚语："士兵有权利获得有能力的指挥官。"当然，追随一个有影响力、有能力的领导，也是绝大多数下属的期盼。

传统的领导力的模型很多，主要围绕着前瞻力、学习力、决策力、组织力、教练力、执行力、沟通力、感召力、影响力等方面进行解构。因管理者个人能力提升太过全面、要求太过严格苛刻，有些人认为领导能力是天生的，是没有办法训练的，以至于绝大多数管理者在提升领导力方面心生向往、努力琢磨，但又望而生畏。

◇ 呼唤领导力回归

放眼全球，我们正经历世界百年未有之大变局。对正处于产业结构调整、经济增速换挡的中国而言，注定了商业社会结构的复杂性，机会主义的所谓创新引导盛行，也炒热了商业领导力的概念。

同时，社会信息化的深入发展，5G场景化的应用渗透，打破了组织边界的全新商业时代，传统的经营管理及领导力效力正在接受前所未有的全新课题和挑战。

此外，在互联网下的新商业模式，商业被要求回归人性达到了史无前例的高潮，更加开放、平等、自由的经济连接和联盟风起云涌，这是新时代的商业本

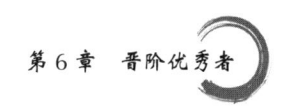

质回归。回归人性，尊重人性，以人为本已成为这个时代呼吁管理变革的最强音。

◇ "出主意，用干部"

领导就是"出主意，用干部"。

领导力回归，自然就要谈到领导的职责究竟是什么，什么是领导力。有没有一些关键要领，在新的商业时代依然有用，并可以让绝大多数管理者都能掌握呢？

回到领导力本身，领导就是"出主意，用干部"。出主意，就是抓方针；用干部，就是抓头头。抓住了这两条，也就抓住了做领导的根本和关键要领。

"出主意"，最常见的是领导在一些重大决策上发挥关键作用。领导要拥有"见事早，得计早"的谋断能力，也就是在战略上的判断能力和决断能力。如果战略上的"势"已经表现出来，决断的能力就最能体现领导是否称职了。

"用干部"的关键，就是选择什么样的人贯彻实施既定的路线、方针和政策。干部除了选择"与对的人"在一起以外，重点还在一个"用"字，"用"也是体现领导力最为重要的地方。

所以，任正非说："人才不是华为的核心竞争力，对人才进行管理的能力才是企业的核心竞争力。"在《华为基本法》里有一句话："认真负责、管理有效的员工是华为最大的财富。"这些都体现在"用干部，用团队"的"用"字上。

"用干部"不仅体现在策略和方法上，更为重要的是体现在对人性的洞悉及对人的需要的把握上。

领导力回归必须掌握两个要点：**商业要洞悉人性，领导力要洞悉人性的需求。**

商业的本质就是让人性得到释放。商业的进步是不断解读人性的过程，也是满足人性需求的过程，所以，领导力是要满足人性的需求。

我们都知道，人性有优点，如责任、勤劳、勇敢、宽容、善良、感恩等。人性也有弱点，如傲慢（虚荣）、嫉妒、暴食、淫欲、愤怒、贪婪、懒惰等。有人把人性的上述 7 个弱点称为人性的七宗罪。

领导力回归一定要洞悉人性。**在做领导时，要做到两点：充分弘扬人性的优点，充分利用人性的弱点。** 我们常讲"利用"人性的弱点，而不是"规避"人性的弱点，是因为前者有接纳和洞悉人性需求的一面，而规避人性的弱点却少有接纳意识。

根据马斯洛的需求层次理论，我们知道人的需求有 5 个层次，从最稳定、最基本的生理需求、安全需求、社交归属需求，到高级的尊重需求和自我实现需求。从中可以得出，不同的员工因需求处于不同的层次，他们的需求也不相等。领导力回归就是要对不同需求层次的员工给予对应的需求反馈，也就是不平等的需求反馈，这才是最有效的领导激励。

不要用公平的需求对待不同需求层次的员工，那是不公平的。

◇ 让领导力回归的四件事

在研究领导力回归时，我们总结出了四个具有持续效力的方法，具体如下。

第一，降低员工的需求层次。

领导力的回归，第一我们要做的，就是要降低员工的需求层次，不要一而再、再而三地拔高人的需求层次。因为低层的需求更具有稳定性。

企业经营实践中，常常处于资源有限或外部环境不确定的状态。因此，特定情况下，管理需要通过调整员工需求层次的优先级，优先满足其低层次的需求，以此确保组织运行的稳定性与效率，如若强行推进高层次需求激励可能因条件不成熟导致激励失效甚至负面效应。

曾有一家制造性企业，某个月因现金流紧张延迟发放工资，尽管管理层承诺未来补发并推出"员工持股计划"，但次月员工流失率仍飙升 25%，生产线效率下降 40%。

试问，当员工面临"下月房租能否支付"的生存压力时，"股权激励"这类高层次需求激励无异于空中楼阁。低层次需求的缺失会触发心理防御机制，员工优先选择"用脚投票"而非等待远期回报。

稳定的收入与职业保障是员工低层次的需求，当这些低层次的需求满足后，相当于为员工构建了"安全网"，使员工能够专注于工作而非外部风险，从而降低了频繁招聘、培训等管理成本。

所以，低层次的需求具有安全性、稳定性，享受优先级的待遇，即领导者首先需要关注它、执行它。

实践中，有些领导热衷于激发员工"自我实现"的高层次需求，鼓励员工利用自由时间创新项目、提合理化建议等，但现实是员工的需求与公司激励资源错配，缺乏配套机制，结果组织的创新目标并没有达成，员工"自我实现"的需求也没有激活，反而暴露了组织资源（如时间、人力）的匮乏、管理上的不完善，加剧了企业和员工的信任危机，凝聚力不增反降。

当企业条件不成熟时，不要过度拔高员工的需求层次，管理者要聚焦低层次需求的保障，如正常上下班、按时发放工资、购买社会保险等。

所以，低层需求优先，尽量满足低层次需求。唯有当低层次需求成为稳固基座时，高层次激励才能真正释放生产力。

管理是"管理需求优先级"的艺术。降低员工的需求层次，就是降维满足员工的需求，优先保障低层次需求。这既是管理科学的理性选择，亦是对"以人为本"理念的务实诠释。

第二，不要先吃第7个饼。

用榜样激励员工是领导喜欢且经常用到的一种激励行为。如果**找对了合适的对标对象**，榜样的激励效果总会事半功倍。

有这样一个笑话：一个人吃了7个饼，吃饱了。他很感慨："为什么不直接吃第7个饼呢？"这就像我们有些企业总想对标伟大的公司，总想一夜成为伟大的公司，这不现实。

一个成长型的公司对标世界级的公司，找差学习，自然是找错了对象。榜样的效果因差距太大、追赶吃力而让员工失去了学习模仿的动力，效果自然会打折扣。这也是我们经常看到很多企业把这些向世界级公司学习的内容当成了口号贴在墙上，却很难落地的原因。

向世界上最优秀的公司学习，向行业内最优秀的公司学习，这样的对标学习方式往往是揠苗助长、得不偿失。我们都是从原始社会、农业社会、工业社会一步步走到今天信息社会的，这是时代的迭代；汽车在迭代，芯片在迭代，我们几乎所有的产品都在不断迭代，为什么就不能允许我们的对标对象慢慢迭代呢？

因此，**榜样不在天边，榜样就在身边**。"不要先吃第 7 个饼"，那是吃不饱的，也是长不好的。

做领导要有耐心，次第花开，花开次第。

第三，激发员工的愿景力。

很多创业者当被问到为什么创业时会回答："为了赚钱。"当然，创业为了赚钱并没有错。

当再问到创业者：如果你要招聘一个员工，你又会怎么跟他讲呢？

很多创业者就会说："我们想招一群有情有义的人，加入我们吧，我们一起做一件有意义的事情。"

创业者的回答已经告诉我们，当我们需要领导一个团队的时候，我们需要做一件有意义的事情，而且是一起做一件有意义的事情，这就需要一个组织有愿景了。

共同的愿景，本身就是领导力。

第四，更高频度的成长反馈。

商业回归人性，管理以人为本。在知识经济时代，知识型员工以人为本的需求就更加突出。

知识型员工综合素质能力强，他们更喜欢富有创造力的工作，沉浸于知识和灵感的创新活动中。知识型员工个性自由、张扬、独立，自主意识较强，不愿意受制于外部。

正是由于他们独立创作的工作习惯和个性，注定了他们更期待领导的反馈，以确定他们在工作中是否得到肯定、表扬和赞赏。

因此，在领导力回归的工作习惯上，我提出了以下建议。

清晰明确的工作任务及要求。这是知识型员工独立工作也能达到公司要求的高效的工作方法。这个有效的工作方法是基于领导力回归所提出的，具有立竿见影的领导效果。与传统的情景领导力授权领导风格不一样的是，这是一种有要求、有限度的授权。

更高频率的业绩反馈。高频率的业绩反馈，理应是领导者的行为习惯。增加频率是增加与知识型员工的共情互动，这是商业回归人性、管理以人为本的基

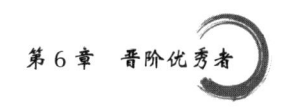

本要求。

适时给予员工能力提升的反馈。独立工作的员工，有时没有经验，也没有外部能力参照，很容易埋头苦干，而忘记抬头看路。领导的带路者形象在这里就可以得到体现。

总之，要想让领导力回归，首先我们要"与对的人"在一起。选定合适的人是根据战略来定的。所以，某种程度上讲是**战略在选人**。

商业的本质是回归人心，领导者不是要迁就人性，而是要洞悉人性的需求。在领导力回归的行为上，要努力降低下属的需求层次。领导要与员工一起做一件有价值的事情，并清楚、明确地给员工制定任务和要求，更高频率地给予员工业绩反馈，这些反馈包括实时任务反馈与能力提升反馈。反馈也许是领导力训练的一个有效的方法。

权力是如何分配的

在一般人的心目中，权力这个词语所产生的联想很复杂：首先是负面的厌恶和恐惧，其次是隐蔽的崇拜和向往。人们对权力的误解远远超过了对它的认识。一说到权力，人们本能地把它与压迫和强制性的力量画等号，将其称为强权。

客观来讲，就权力本身而言，它既不是一种压迫性的力量，也不是强权，而是一种行动者的行动能力，是行动者在组织成员互动过程中占据获利优势的动员能力，或者说是在其他行动者那里调动资源、使用资源的能力。用概念定义式语言来表述：权力是指一个人或一个群体对另一个人或群体施加影响的可能性及程度。

◇ 权力的种类

一个组织的权力有多种。大致可以分为以下5种。

一是强制性权力。这种权力是指使用或威胁使用生理上的处罚、精神上的打击甚至是某种其他形式利益的直接的强制性剥夺。在人们可利用的所有的权力中，伤害他人的权力也许是最常用的，也是最受谴责和最难以控制的，这是由权力关系的不对称性决定的。

二是奖赏性权力。奖赏性权力与强制性权力在形式上相反。人们服从于一个人的愿望或指示是因为这种服从能给他们带来益处。因此，能给人们带来他们所期望的报酬的人就拥有了权力。

三是法定性权力。在正式的群体或组织中，获取一种或多种权力基础的最通常的途径是一个人在组织结构中的职位，由此获得的权力就是法定的权力，它代表一个人通过组织中正式层级结构中的职位所获得的权力。职位的权威包括强制性和奖赏性权力、决策权、影响权等。

四是专家性权力。这种权力是基于专长、技能和知识所获得的权力。工作分工越细，专业化越强，目标的实现就越依赖专家。所以，我们现在所处的时代被称为知识经济时代就是因为专业化程度越来越高，知识拥有了比以往任何时候都更大的权力。

五是偶像权力。由于对他人的崇拜及希望自己成为那样的人而拥有的权力。

当然还有其他一些权力。比如，拥有信息的权力，受领导重视的隐性的权力。不同的分类下面也还有不同的权力概念，比如指挥权、监督权、协调权等。

◇权力在组织中的分配

从法定权的分配角度上讲，权力分配一般有两层意思：一是指权力在组织中的分布配置；二是临时授权。

权力在组织中的分配对组织的运行有着至关重要的影响，它直接或间接地影响着组织的决策速度、准确性及这个组织所承受的风险等。

在一个组织中，权力一般是自上而下分配的，每一个层级的管理人员都有自己的权限。

权力分配要求领导层必须按照组织结构和组织形式进行权力分配，并且每一职位权力的大小和责任的轻重都有相应的规定。

临时授权是指将权力临时授权给下属。这是从实际和工作的需要出发的，职业经理根据实现任务和完成工作的需要而将其权力的一部分分配给下属。相对第一层的权力分配，它在权力的分配方式、权力和责任的大小上都有相当的灵活性。

◇企业各层级的权力侧重点

为了更好地阐明组织中各个层级的权力侧重点，我们将企业的组织结构分为5个层级：决策层、高层、中层、基层和操作层。需要强调的是，层级划分并没有严格的界限，甚至有交叉的现象。因为法定权力在分配后，在实施权力的过程中，权力的影响因素并非仅仅受法定分配权的影响，它还受到个人的权威、知识、技能等方面的影响。

下面我们将对企业5个不同层级人员所需要的最主要的权力进行分析。

第一层级决策层权力重心——选择与决断。

美国著名管理与决策大师赫伯特·西蒙认为："决策是管理的心脏，也就是说决策决定着组织发展的成败，关系到组织的生死存亡。"

经济学家周其仁曾经说过，决策的本质特征是主观选择，决策是在信息不完全的情况下在未来的几种可能性中做出的一种选择。当然，在决策中可以降低主观性，但讲到最后，决策都是主观的。在决策中，决策者的能力至关重要。

因此，我们说决策层所需要的最主要的权力就是选择权、决断权。这个选择权主要是指选择方向与决断的能力及选用干部的能力。

由于企业的各种资源都是有限的，所以经不起随意的折腾和失误。在投资决策中，如果判断失误，导致资源投错方向，企业将会遭受挫折，有时还会从此一蹶不振，从而面临倒闭危机。

因此，站在战略发展的高度为公司指引正确的方向，永远是公司决策层的首要任务和基本职责。

同时，选用对的领导班子成员也是决策层所必须拥有的能力。我们常说人才是企业的核心竞争力，其实人才不是企业的核心竞争力，对人才进行有效管理的能力才是企业的核心竞争力。这也印证了我们所说的决策层要有选择干部的能力，我们要有一套选择干部的原则和标准，并且要有管理这些干部的能力。

第二层级高层权力重心——影响与扛事。

高层所需要的最主要的权力就是影响权，我们说最有效的领导不是职务权力，也不是行政命令，而是管理者通过个人的品格、能力、魅力等综合形成的影响力，在企业成员中产生鼓舞、示范、推动、凝聚作用。因此，高层管理者应该不断地完善自己，在企业内部树立威信，通过自己的影响力提高自己的管理水平，提高企业的经营业绩。

当然，建立自己的影响力最主要的就是要有担当能力，具有出了事情能主动承担责任、可以扛事的能力。懂得为团队说话、办事，在关键时刻能够保护团队，并为他们争取应得的利益，跟着这样的领导有好处、有面子、有前途，心里舒服。

作为一名称职的、优秀的高层领导人，需要培养的一个重要的性格特征就是勇气和韧性，看到团队淋在雨中，站出来，伸出手，为自己的团队撑把伞。

第三层级中层权力重心——整合与调度。

企业的中层管理者处于企业组织架构的中层位置，在企业中具有桥梁作用，是企业重要的中枢系统。中层管理者决定着企业能否健康持续发展。

对中层管理者来说，最令人尴尬和担忧的一种角色认知，是认为只要把领导的指令传达下去，他们的任务就完成了。由于中层定位的相对性，又是从基层到高层的必由之路和管理过程的必由之路，角色认知相对困难。

那么，中层所需要的最主要的权力就是调度权，中层管理者可以被称为战术管理者，其主要职责就是将组织内部的资源有效结合，合理计划、协调组织、制定进度、分配权责、流程控制、基层管理，最后实现高层的目标。

所以，中层管理者其实是要考虑整体的，只要你是中层，你就必须把你管理的这条线盯好，既不能仅仅盯在点上，对于影响整条线的问题视而不见、见死不救，又不能整天盯着线外的事情，看起来具有"大局观"，很热心。后者是不落地、不专注的体现。

第四层级基层权力重心——事权与实权。

德鲁克在基层管理者的管理问题上，其思想主要有两点：一是基层管理者的行动要实，通过不断提升自身的素质，把掌握的技能变为绩效；二是强调基层管理者眼界要高、胸怀要宽，能够突破岗位和工作的局限，从宏观上考虑能够为组织的发展贡献什么。

这么看来，基层所需要的最主要的权力就是事权或者说是实权，也就是完成一件具体事情的实际权力和能力。

作为基层管理者，即一线员工的直属管理者，需要十分精通其所辖分部门的工作内容与业务，这样才能做出有效、高效的工作安排。基层员工被管理时，会佩服其专业性或者经验。这就是"从基层提拔管理者"被大量企业采用的原因。

基层管理者作为企业"战场"上的直接团队组织者，肩负着把企业中高层决策指令现实化的重要任务。接到公司后台的指令和决策后，基层管理者应该高效组织部门员工将其付诸实施，贯彻好各项准则，标准化要求其下属的工作环节。

第五层级操作层权力重心——专业与专家。

公司的发展离不开员工的努力，更离不开公司领导层的战略决策的制定。但更重要的是领导层的战略决策得到了员工的执行。没有执行力的团队，再好的点子也实现不了。

操作层作为执行者最主要的权力就是专业权，也就是专业权威，就是说要具备做某件事情的专业技术能力和执行力。

专业技术能力，顾名思义就是指从事某一职业的专业能力。执行力的定义很简单，就是按质按量、不折不扣地完成工作任务。这是执行力最简单也是最精辟的解释。但正是这么简单的执行力，却是很多个人、团队、企业所欠缺的。

个人执行力是指个人把上级的命令和想法变成行动，把行动变成结果，没有任何借口保质保量地完成任务的能力。

团队执行力是指一个团队把战略决策持续转化为结果的满意度、精确度和速度，它是一项"系统工程"，表现出来的就是整个团队的战斗力、竞争力和凝聚力。

一个优秀的员工从不在遇到困难时寻找任何借口，而是努力寻求办法解决问题，从而出色完成任务。要提升执行力，就必须学会在遇到困难时不是找借口而是积极地寻求解决困难的方法。

操作层因为拥有专业权威，工作本身更有激励性，所以，招聘专业人员更好管理。

总之，我们前面分析了不同层级所需要具备的最主要的权力，这并不代表这些权力就仅仅只是需要这个层级的人具备，也不代表这个层级只需要具备这项权力,而是说这是主要权力。

每个员工都有相应的权力,放弃这些权力,可能就被认为没有履行好相应的职责。因为"责权利对等"原理已经告诉了我们答案。

如何低成本激励员工

员工激励是管理中的一个永恒主题。以下总结出了低成本激励员工的四大方法。

◇ 低成本激励员工的方法一

管理者经常为了激励员工挖空心思想办法,加薪、晋升、授权等方法有效果,但效果有时不能持久,且加薪、晋升等办法总会增加一些成本。那么,有没有一个成本低、激励效果也很好的方法呢?

回答是肯定的。

在寻找低成本激励方法前,我们先来看一个问题。

为了激发员工内在的积极性,一项工作最好授予下面哪类人来做呢?

我们给出4个选项。

第一类人:能力远远高于任务要求的人。

第二类人:能力远远低于任务要求的人。

第三类人:能力略高于任务要求的人。

第四类人:能力略低于任务要求的人。

很多人会选择第四类人,原因如下。

第四类人能力略低于任务要求,工作任务本身对他们有一定的挑战性,追求积极上进的人的本性会激发他们努力去完成工作任务。而且,通过努力他们也能完成工作任务。这就是说,工作本身带给了他们自主的能动性。

我们在前面讲过管理学上的基本原理叫作"责、权、利对等"原理,也叫"责、权、利"等边三角形原理。具体内容大家可以回顾前面的相关章节。

在这个等边三角形原理中，如果一个员工在企业里工作，其承担的责任即完成工作任务的责任，应与其拥有的权力和享受的利益相当。责权利对等，才能更好地处理"有责无权"或"有责无利"的责权利脱节的状况，从而更合理地体现出公平的激励效用。

在责、权、利对等的等边三角形中，更有价值意义的是底边上的那条"高"，底边上的那条"高"被称为员工的能力。作为直角边的"高"（能力），显然比斜边（等边三角形的边长"责、权、利"那个边）要短一些。

所以，管理的基本原则告诉我们，员工的能力应略低于他的任务要求，即低于他的责任要求才是管理中最正常的现象。

难怪当年乔布斯曾说：工作本身就是激励。道理就在于此。

美国的行为科学家赫茨伯格提出的双因素激励理论认为，加薪、晋升、授权都是外在的激励，属于保健因素。就算企业做得再好，也只能达到"没有不满意"的效果，很难实现工作本身带给员工的内在满足的激励效用。

所以，我们总结的低成本激励员工的第一个方法，也是根本的激励方法——**要大胆使用能力略低于任务要求的员工。**

◇低成本激励员工的方法二

任何一个追求持续发展的企业，都想打造团队，培养后备干部。但很多企业既做经营又做学校，有一些顾不过来。有没有一个低成本的既能培养后备干部又能激励员工参与的方法呢？

答案同样是肯定的。

低成本激励员工的第二个方法，也是低成本培养后备干部的方法。

一般情况下，有一定规模的企业都会开周例会。参加周例会的人员无一例外地是部门经理级以上的人员。如果一个企业的管理层很稳定，参加例会的人员也基本是固定的。哪位经理喜欢发言，哪位经理沉默寡言，哪位经理主动揽事儿，哪位经理等待工作安排，与会者都很清楚，没有例外。久而久之例会也就开成了一个例行公事甚至变成了一种负担，早已失去了争先的激情和动力，而没有了激励性。

能否把参加例会变成一种有竞争的资格呢？

假如每个月有一个例会开放日，让一些优秀的骨干人员破例参加部门经理会，骨干人员因为是优秀员工竞争上来的，因参与了决策而得到了激励，同时，因参加例会并观察到管理者决策时的一些方法、流程，渐渐地也学会了一些管理的技能。

而对于现有的部门经理等人员，因有优秀的骨干人员参与管理者的周例会，就有了竞争压力和鞭策效应，对他们则是另一种"激励"。

"让优秀的骨干人员参与管理者工作例会"，小小的一个方法，竟然有多重的激励效应。这也许可以作为一个企业对人才的有效管理、有效激励的机制。

◇低成本激励员工的方法三

人类有两个最伟大的发明：一个是时间，一个是数字。

如果说时间是被发明的，我们可能会惊讶，日升月落、四季更替，这不是自然规律吗？但从与人的关系来看，人类一直在努力让时间变得更实在，如知道自己是青年还是老年，让我们更容易地感知到自己的成长和变化。

在原始时代，人们在生产活动中注意到一只羊与许多只羊，一头狼与整群狼在数量上的差异，渐渐也就有了数的概念。正因为有了"数"的概念，也就加深了我们对"数"的变化的深刻印象。

所以，从古至今，时间和数字渐渐成为我们记录变化和成长最直观、最基本的方法。这对我们在管理上激励员工有什么启示呢？

如果一个员工在公司上班，无论上班时间为一年、三年或是更长时间，他的每一次成长都得到了很好的肯定和记录。当这个记录下的数据累积到一定程度以后，他会倍加珍惜，就像珍惜他 10 年的朋友关系一样。他记录的不仅是数据，还有更多的连接和友谊。

篮球场上 NBA 就有很多数字记录，如：3 万分以上的球员、十年得分王、篮板王、场均得分、MVP、FMVP 等。球员退役，球员号码这个数字也要随他一并退役。

这就是数字积累的意义。积累的数字（也可以称为积分）把每个人的成就都进行了很好的分类和肯定。数字积分，让每个员工的成长和成就看得见。

在知识经济时代的今天，每个人的奋斗被鼓舞、被肯定、被赞扬，"个人"

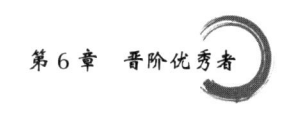

的价值正在被重新发现和定义。信息技术的发展让记录个人的历史变得正常和必然。

所以，**分类积分绩效，记录员工成长，让每个员工都有赢的体验**。这就是最好的激励和肯定。

◇低成本激励员工的方法四

工资收入在激励员工的过程中是一个绕不开的话题。毕竟，工资收入代表了员工的能力水平和价值贡献。

员工对自己的薪酬总是不满意。

我们在调查中发现，大家对薪酬的结构、公平性，特别是薪酬水平的满意度还不到40%；大多数人都提到在原来的基础上增长50%~100%比较合理；同时，95%以上的管理层认为工作压力大，心里存在不安全感。

结合更多的实际调查，我们发现，一方面，要有更大激励力度的工资水平，在平均水平或现有水平之上增长50%~150%就能吸引或者留住更优秀的人才。另一方面，最低的工资水平一定要高于员工的安全需求，否则因员工生存压力太大，而使工资失去保障性激励。

根据马斯洛需求层次理论，人要有安全感才能更好地工作。

进化心理学家认为，我们的大脑是由有意识的很多小模块组成的，最主要的模块有：自我保护的模块、吸引和保住配偶的模块、建立友好关系及关爱亲属的模块，还有保持社会地位和预防疾病的模块，等等，所有的模块都跟我们的原始进化有关，即与我们的基本生存和发展有关。由此可以看出生存和安全需求的重要性。

所以，管理者在制定薪酬标准的时候，最低的薪酬标准是要保障员工的安全需要。

古人云"仓廪实而知礼节，衣食足而知荣辱"。意思是说，**当我们的安全需要都没有保障的时候，就不要谈尊严了。这就是低成本激励的基准。**

第 7 章

个人高效成长的 1020 法则

生命是完成连续一体任务的组合体

生命是一个过程。我们走过了昨天，来到今天，还要走向明天。在这个过程中，生命每时每刻都在完成相应的任务，一呼一吸、一脉一搏，都是新陈代谢的任务。生命是完成这些连续一体任务的组合体。

累积完成任务的过程，以促进生命的时刻变化。这一事实告诉我们：成长是生命的内在必然。

保持良好的生活状态，让身体的五脏六腑都健康运转，是生命的内在成长；营造良好的工作生活场景，培养一技专长，并提升身体的综合能力，让工作任务高效完成，是生命的外在成长。追求驻颜不老、健康长寿；追求技术创新、AI智能、高效协同；无论是生命的内在成长还是外在成长，都在寻找最恰当的成长方式，人类一如既往、孜孜以求、勇往直前……

就个体而言，同样也在不遗余力地寻找自己的最佳成长方式。

高质量完成一系列任务的强烈意识与低成本行为的默契配合，就是个人成长的最佳路径。短期内培养技能，提高生命的密度；长期内累积经验，提升生命的质量。这是个人成长的效率问题，也是效益问题。

既然如此，有没有一个方法，让人们能容易地发展和成长？

有，当然有。**科学的本质就是方法。**

"不要去重新发明轮子。"人类过去的知识、经验、智慧，已经给了我们答案。

个体成长的三个事实

我们说生命是完成一系列连续一体任务的组合体。同样，个人成长的法则也是一个连续不断的、持续行动的行为，而非一个一挥而就的绝招。

所以，在回答个人成长的法则前，我们必须弄明白三个事实。

第一，生存和发展是人类和有机体存在的两大主题。保守和激进具有同等

价值。

第二，人是自然人，更是社会人，真正的社会联系促进个体更好地成长。

第三，模仿是一项最原始、久远的高效学习策略。

◇ 保守和激进具有同等价值

生存和发展是人类和有机体存在的两大主题。保守和激进具有同等价值。生存与发展是人类和许多有机生物存在的基本规律。经历生存，方有发展。

生存是人类和有机体首要的任务。它是我们面对威胁和挑战时维持自身存在的能力，包括寻找食物、住所和抵御掠食者等一切生存需要的任务组合。

持续的生存需要要求人类不断追求发展。发展是我们有机体复杂性和精细度不断增加的生长和变化过程。这些发展包括身体的成长，体质的增强，健康的管理，工作实践所需要的知识技能的提升，还有个体心智的成长、认知的发展及情感意志的成熟等。

生存延续生命、发展成长个体和社会进步。生存是基本，发展是更高级的生存。生存与发展密不可分。

对一个社会和组织来说，生存是社会、组织面对外部和内部挑战时维持其社会结构和制度的能力。发展是社会、组织的进步和改善过程，它可以带来更多、更好的繁荣、平等和自由。

因此，生存需要一个稳定的组织环境、组织结构，它是一种维持的能力。发展需要一个创新的环境，是一种创新能力。发展必定包容失败、允许失败，并在一次次总结经验的基础上循序渐进。生存保守求稳，发展激进求变，两者都具有同等价值。

保持稳定，更有利于组织、个体的生存，稳定是安全的基石。"乡有稳定，国必有宁安。"稳定是沃土，能更好地孕育创新和发展。

创新是发展的源泉和动力。创新推动着发展，而发展为创新提供了更多的机会。

在保守和创新之间寻求平衡，并推动平衡点不断前移，促进社会、组织和个体的不断进步，这就是人类永恒的实践主题。

实践是人的生成方式，所以，人们的生存状态不是固定不变的，而是处在不断的建构和改变中。生存所需的是建构和习惯，它有稳定性；发展就是打破这一建构和习惯，追求创新性。人的生存发展实践正是人不断追求"建构—打破—建构"的需要与结果的过程。

所以，稳定保守、激进变革相互对立又合作相依。

如前文所述，**生存建构保守，发展变革激进**。

但是，建构保守或许更有价值，因为根须深厚比枝叶繁茂更加重要。同样有价值的是，新的观念应该被听取，因为少数新观念可能有用。

从历史发展的情况来看，新观念必须经过异议、反对及轻蔑的研磨，才逐渐被接受。如尼古拉斯·哥白尼提出的"太阳中心论"被当成了异端；手术时严格的消毒曾被认为是多余无用的；瓦特发明的蒸汽机机车被嘲笑没有马车快；萨尔诺夫提出无线电波频率复用可以做成无线电广播的想法被冷遇和嘲笑；20世纪20年代，戈达德认为，他可以将火箭送上太空，被当时的《纽约时报》评论为天真和无知……

新观念被异议、反对、嘲笑和轻蔑，这是对的。这是新观念被允许进入人类赛场之前必须存在的预赛。因为人类生存的实践需要稳定实践场，它不想因为一个新的观念的试验导致混乱。而这些被异议、反对、嘲笑和轻蔑的新观念，最终登上人类的实践场，同样是人类发展、追求更好机会、更多繁荣的需要。

如果老年人代表经验、习俗和成熟的建构，他们会更传统保守一些；年轻人代表创新、变革和新观念，他们就会更现代前卫一些。

保守的老年人抵制前卫的年轻人，前卫的年轻人刺激保守的老年人，这是人类生存、演进与发展的能动关系。社会的进化一直都是习惯与创新相互作用的过程。

这是对的，也是事实。

经过保守的老年人与前卫的年轻人的对抗、冲突，社会、组织和个体由此充满张力，迸发无尽的创造性力量，进而给社会、组织、个体带来富有活力的发展，整个社会组织才能形成一个能动、自觉的整体，一个隐而不彰的、基本统一与成长运动的整体。

◇社会联系促进个体成长

人是自然人，更是社会人，真正的社会联系促进个体更好地成长。

"人，力不如牛，走不若马，而牛马为用，何也？曰：人能群，彼不能群也。"这是《荀子·王制篇》的内容。大意是：人，力气不如牛大，走路不如马快，而牛马却为人所用，这是为什么呢？荀子说，是因为人能够相互团结，而牛马等动物则不能相互团结。

是的，人可以相互团结，相互团结的人之间就形成了相互关系，所以，人人都生活在社会关系里，而非生活在一个孤岛里。

"人的本质不是单个人所固有的抽象物，在其现实性上，它是一切社会关系的总和。"这是马克思曾经说过的话。人是自然人，更是处于林林总总社会关系中的社会人。

家庭关系、父母关系、亲密关系、同事关系、朋友关系、地缘关系、文化传统关系等，这些关系都是我们"自我"与"他者"的一种结构。每个人都是这些关系的综合性表现。

有些关系是一出生就定好了的。如父母关系、地缘关系、文化传统关系等，但更多的关系是在成长过程中逐渐发展起来的。在这一点上，马克思说，人的本质是通过实践才得以呈现的，才是可以被理解的。而没有实践的人的本质，没有经过社会交互的人的本质，只是一种假本质。人的本质联系着现实实践中的人，包括现实中的"自己"和"他者"。

所以，"社会关系的总和"并不是一个机械的集合。你加我加他不是人的本质，人的本质是现实生活中真正的社会联系。就像今天，有人总是说自己的微信朋友圈里有几千个联系人，那些就是他的朋友，是他的社会关系，不是这样的。

人的本质是社会关系的总和。这种"总和"是实践性的，是现实的。每个人的身份、饮食男女的活动等组成了社会的本质。个人的需要、自我成就的需要及利己主义就会产生真正的社会联系且发展成为真正的社会联系。真正的社会联系是个人在积极实现其存在时的直接产物。这种社会联系是不以人的意志为转移的。

正因为人们在实现自我的过程中产生了真正的社会联系，且是不以人的意志为转移的，反之，**人们可以采取积极的行动，主动发展社会联系，助力自我需要和自我成就的实现。**

认识到这一点，人们就会认为经营好人际关系是一件必须做的事，就不会被当下的人际关系困扰，继而主动去维护和发展人际关系。维护和发展能积极实现自己本质的关系。微信朋友圈里有几千个联系人，如若没有主动发展人际关系，就形成不了自己真正的社会关系。

如前文所述，人们在实现自我的过程中产生了真正的社会联系。换句话讲，真正的社会联系发端于自我成就、自我需要的利己主义。维护社会联系是为了满足自我的需要。这是否太自私呢？

其实，并非如此。

人的本质是社会关系的总和。"社会关系的总和"是实践性的，包括"自我"和"他者"的一切实践联系，是真正的社会联系。从独立的个体来讲，这种联系是"我的"，是满足自我需要的，也是"他者的"，也是满足他人需要的。

所以，真正的社会联系是利己主义、自我需要的，也是利他主义、他者需要的。社会关系的真正联系，是人与人之间的纠缠和共生。相互独立又彼此需要，并在这样的纠缠、需要和渗透中汲取养分，向上生长。

人并非是一个孤独的个体，而需要他人的联系。

比如，我们想要对自我有正确的认知，就需要他者的反馈；想要实现马斯洛五大层次的需求，也要由他者提供，自我实现更是需要由他者给予机会。

由此可见，真正的自我需要、自我成就的实现是满足他者的需要，在帮助他者的过程中满足自我价值的实现。能够帮到的人越多，自我价值就越大，如果只能服务自己，自我价值就只有一个人。

对个体来讲，社会联系有好有坏。好的社会联系帮助自己，也帮助他者。利己也利他。坏的社会联系可能会给自己添乱，阻挡我们前行。

所以，我们要主动搭建好的社会联系，靠近好的社会联系，同时，也远离坏的社会联系。让自己在社会联系、社会关系里得到滋养，实现人生价值。

◇模仿，最原始的学习天性

模仿是一项最原始、最久远的高效学习策略。

"模仿是人类固有的天性和本能。" 亚里士多德如是说。

"人类是富于模仿性的，见他人的事物，和自己不同，自会从而效仿。"吕思勉说。

"模仿是对竞争者最好的赞美，因此，百度就是对我们最好的赞美。"李开复这样说。

"一般的生活都是模仿，模仿一直在持续着，整个世界都在模仿，你的成长过程就是一个模仿的过程，不论是语言、道德、社会或文化，每一件事都经由模仿学习而来，每一件事都经由模仿而吸收。"奥修这样说。

"模仿是创造的第一步，模仿又是学习的最初形式。"茅盾也这样说。

英国哲学家牛顿说："如果说我比别人看得更远些，那是因为我站在巨人的肩膀上。"他还说："我们知识的总和，并不是从我们自己的天才、力量，或者视力中得来的，而是从我们继任者的天才、力量和视力中得来的。"

站在巨人的肩膀上看世界，正是我们模仿借助前人的智慧和经验，突破自己的局限，拥有了更广阔的视野，更深刻地理解和更高的境界。

模仿是最直接、最快速获得别人的经验、智慧，是我们最原始、本能的学习方式，也是我们创造的第一步。

人类从原始时期就开始了模仿学习，这也是人类的最为独特之处。因为就算在原始的狩猎时期，人类"累积性的文化适应"而引发的合作程度也大大超过了其他物种。累积性的文化适应正是罗伯特·博伊德在《人类的价值》一书中提出的观点。

人类之所以能够掌握不同环境中所需要的知识和技能，是因为人类在生存活动、模仿练习的过程中学会了以文化的方式不断累积对生存至关重要的信息，这些信息集成到大脑中，累积成了知识、技能和文化。所以，人类之所以能够适应各种不同的环境，解决各种问题，主要依靠的不是个人智慧，而是不断"累积性的文化适应"，这是人类最大的，也是最独特的优势。

具体来说，文化适应的作用可以包含两个方面：一是模仿学习，让人类更快、更好地适应环境；二是社会规范，让大规模合作成为可能。

模仿，是人类最原始、最常用的学习方式。

即便在原始社会，最简单的狩猎—采集活动，要获得知识的困难程度，也远远超出了个体的能力，如"如何处理有毒的植物""如何制作和使用渔网"等。如果所有这些知识和技术都需要一个人从零开始自己摸索，那么，人类的技术水平永远无法提高，人类进步也无从说起。

罗伯特·博伊德曾在书里讲了这么一个故事。没有模仿学习相应的技能，有时会带来生命危险。

伯克－威尔斯探险队的灾难

1860年，墨尔本市的一个探险队前往澳大利亚内陆探险。对于当时的澳大利亚白人来说，内陆还是一片未知之地。

探险队雇用了罗伯特·伯克（Robert Burke）当他们的领队，他是一名勇敢的退伍军人。此外，还有18名队员，其中包括威廉·威尔斯（William Wills），一位科学家兼制图员。

不幸的是，出发4个月后，伯克－威尔斯探险队遭遇了不测，食物补给所剩无几。幸运的是，他们遇到了当地的人，受到了邀请，到对方的居住地，并在那里获得了很多的鱼，以及用澳大利亚大柄苹(水生蕨类植物)的种子做成的糕点。

这群探险者很喜欢这种糕点，甚至觉得要想活下去就必须先学会把澳大利亚大柄苹的种子磨成粉。

但当时他们并不知道这种粉是由哪种植物的种子磨制而成的，而且此后很长时间，他们一直都没有再遇到过当地人。

经过两周令人绝望的寻找，这群探险者终于找到了澳大利亚大柄苹，采集了足够多的种子，并把种子磨成了粉。

然而，尽管有足够的澳大利亚大柄苹吃，但他们的身体还是变得越来越虚弱。3个月后，相继有人死去，伯克和威尔斯也去世了。最后只有一个人在土著人的照料下，几个月后才存活了下来。

为什么这些白人会饿死在物产丰裕之地呢？原因是他们并没有掌握在当地生存必要的知识。他们吃的那些种子，虽然能提供充足的能量，但是那些种子却含有一种毒素，会慢慢降低肠胃对维生素的吸收，最终导致脚气和坏血病，让人在虚弱中死去。

在过去的几个世纪里，伯克－威尔斯探险队的故事一再上演，结局也都大同小异。一小队欧洲探险者在陌生地带身陷困境，而当地原住民却过得顺风顺水。尽管付出了巨大的努力，也花费了大量的时间去学习，但这些迷失的探险者仍然无法找到可以用来果腹的食物，到最后往往只有死路一条；幸存下来的人，通常也是有赖于当地原住民的热情帮助。

伯克－威尔斯探险队的队员之所以会丧生，是因为他们从未模仿学习原住民的那些生存技术、传统知识。而原住民几千年来通过模仿那些在实践中被证明有效的方法，逐渐积累了很多适应当地环境的生存技术。比如，对待这些有毒的种子，他们会先去掉种子的外壳，再用水彻底清洗，最后用火烤熟，这样处理之后的种子，既营养又安全，是深受欢迎的美食。

其实，在当地原住民的"自然历史书"中，依然保留了大量模仿、总结下来的传统知识，如"如何游戏""有效的打猎技术""如何找到水源""如何处理有毒的蕨类、薯类和苏铁类植物""如何制作和使用渔网、篮子、房屋、盾牌、树皮舟、石制工具"等。澳大利亚原住民并非如考古学家一样认为的那样"技术简陋"，他们因拥有丰富的知识、经验可安全地生活于此。

所以，当人们面临各种复杂问题，特别是没有经验可取用时，模仿已经被证明是成功的实践方法，是最直接的应对策略。

如前文所述，模仿是人类的本性，也是常用的方法。在总结人类原始的模仿经验的过程中，我们应模仿谁更直接？选择哪些行为进行模仿呢？

首先，我们要找到模仿的对象。

找到模仿的对象并不难，因为那些获得了成功的人是很好识别的。这就是人们模仿的对象。如原始社会打到了最多猎物的猎人、采集了最多果实的妇女，大家一眼就能看出来，这些人就是模仿的对象。

例如，大洋洲土著部落的年轻女性，在学习如何采集根茎时，会留意谁带回来的根茎最多，谁的劳动强度最低，谁的速度最快，谁是其他妇女最羡慕的对象等，然后，她们会仔细观察这位"采集冠军"的特点，假设这些特点可能是获得成功的原因。比方说，她们可能发现采集冠军工作时穿了什么衣服，在一天的什么时间工作，用的木棒是软还是硬、是长还是短等。接下来，人们会去验证这些看到的特征是否有利于采集活动。根据反馈结果，逐渐排除掉不相关的，筛选出真正的成功经验，并最终形成知识，代代相传。也就是说，人类一直在成功者身上用"排除法"寻找成功的经验。

对于现代人来讲，也要找到那些成功的人士进行模仿学习，如技术骨干、有效的管理者、成功的企业家、优秀者等。无论每个人寻找的对象有多不同，但成功者积极向上、有梦想、有追求、有担当应是其共同特征。根据自己不同的成长路径，模仿对象可以不止一个，可以有很多个，就像我们每个人都有很多老师一样。找到模仿对象后，向他请教、学习，总结其成功经验为自己所用。

其次，寻找"最优解"直接采用。

模仿作为人类本性和固有的特性，是我们最低成本、最快速度，直接掌握有效知识和技能的路径。在一个稳定的环境中，若是人们长时间探索总结出来的方法已经接近"最优解"时，与其浪费资源去尝试新方法，不如直接去模仿现有的方法，这样做效果会更好。

"不要重新发明轮子"。在一个个体学习非常困难、试错成本很高的环境里，人们尝试新方法很可能会失败，而且每次失败都会付出惨重的代价。所以，最好的策略就是去模仿已经被证明是成功的方法。我们要站在巨人的肩上看世界。

再次，更为重要的是，我们要学习大规模合作的经验，建立规范，加强组织化协同。

罗伯特·博伊德提出的"累积性的文化适应"是人类区别于其他物种、能广泛合作最为重要的因素。模仿是社会规范文化适应的具体表现。

社会规范让群体大规模合作成为可能。

人类在狩猎—采集的各种环境中合作，如共同狩猎，为他人取水，替人收集柴火，替人点燃或照料火堆，为他人烹煮或加工食物，共同跳舞、唱歌等。在这些合作过程中，人们开始模仿、总结那些得益于合作的行为并将其规范化，以利更大规模的合作。大规模合作需要有力地监管和执行相关的规范和制度。

所以，那些总结出来的规范，就是模仿、进化后的集体适应性。

对于个体来讲，要接受规范管理，承担相应责任，参与到组织团队协作中去。

对于经营者、管理者而言，则应学习优秀的企业管理经验，建立自己企业的规范管理体系。例如，在精神层面，企业应建立使命、愿景、价值观；在商业层面，应建立战略、3~5年规划、年度重点任务；在组织保障层面，应建立组织架构、关键KPI、工作计划，以及激励机制；在执行层面，应建立考核、沟通及人才盘点和领导力提升机制等。

最后，模仿是人们最应该常常应用的学习方法。在模仿的学习中，找到成功者、发现最优解、模仿已经被证明的成功方法，都是我们模仿并应用于不同场景的策略，由此不断积累自己的适应力，并在积累过程中不断提升自己。

正如日本知名教育家斋藤孝所说，无论你做任何事情，都得从模仿入门，才能渐入佳境。

个人高效成长：10 法则

生存与发展是人类存在的基本规律。生存是基本，发展是更高级的生存。在求得生存与追求发展的过程中，人就会不断成长、进步。

人，力不如牛，走不若马，而牛马为用，何也？因"人能群，彼不能群也"。作为一个社会人，生活在社会大环境中，拥有良好的社会联系、社会关系，这对自己的成长和发展尤其重要。

"模仿是人类固有的天性和本能"。模仿是最直接、最快速获得别人的经验、智慧的方法，也是我们创造的第一步。

所以，人有发展之动力、有融入组织、融入环境的需要，并通过模仿习得千年的经验和智慧的途径。由此，我总结出个人成长的1020法则，这是一条有效路径，能帮助使用者高效成长与持续进步。

我们先来谈谈个人高效成长的10法则。

◇ 10 法则适用对象

40 岁以下的年轻人。

是的，你没有看错。我们把40岁以下定为年轻人。孔子在《论语·为政》

篇中讲人生为学进德中说"四十而不惑",意思是一个人活到四十岁,经历了很多事情,已经拥有了自己的判断力,不会被表象所迷惑,能够明白事物的本质与道理,能明辨是非、善恶,也能了解自己的优点与缺点。

反过来看,当一个人还没有到达这个年龄阶段时,我们会有一些不确定性、可塑性、好奇、探索不甘于平庸等,而这些正是年轻人的特点。所以,我们在个人成长的10法则中,就把40岁以下的人归于年轻人一类。

要实现个人高效成长,我们总结出三个假设条件。如果你认同这三个假设条件,那么10法则或许对你就有效。反之,如果你不认同,10法则或许对你就没有明显的效果。

◇ 10法则的假设条件

假设条件一:人人都想成功。

成功是每个人内心的渴望,是成年人最好的奖赏。

在人生的旅途中,每个人内心深处都有一份渴望,一份对未来的期许。这份渴望、期许就是每个人的梦想。追逐这份梦想,期待梦想照进现实,是我们一切动力的源泉。

最初拥有的梦想,或许仅仅是内心的一份欲望,一份毫无根据的自信而已。但所有的一切都从这里出发了。由此,开启人们追求梦想的人生旅途。

为了这个梦想,人们付出了大量的努力和坚持不懈的追逐。有阶段性的成功,也有阶段性的失败。喜悦、悲伤一路,但努力、激情不减。

成功的定义因人而异。

对于有些人来说,成功意味着事业有成、财富自由;而对于另一些人来说,成功意味着家庭幸福、天伦有乐;还有一些人则认为,成功就是成为行业专家、技术能手;更有一些人认为,成功就是平平凡凡、快乐简单地生活,凡此种种……

成功就是实现预期目标。

无论人们对成功如何定义,实质上都体现出成功就是实现人们心中的、预先规划的那个自己,一直期待的那个渴望和梦想。

所以,我们说:**成功就是实现预期的目标。**

在前面的章节里，我们讲到要先设定目标，在头脑中先有目标，然后用行动去实现它，即"先是，再成为"。先构筑一个远一点的目标、一个梦想，然后一步一个小目标，逐步实现这个目标。这是一条提高行动力的路径，也是我们的成功路径。

成功是一种习惯。

成功之路并非一帆风顺，而是充满困难、挑战、坎坷和起伏。正如前通用公司 CEO 杰克·韦尔奇所说："在成功的道路上，没有捷径可走。""成功是一部由坚持、热情和毅力编写的长篇故事。"《领导力的五个层次》的作者约翰·C. 麦斯韦尔（John C. Maxwell）同样如是说。

所以，成功的路上艰辛、挑战不断，需要每个人的耐心、毅力和坚持不懈。**正是因为成功是坚持不懈的行动，坚持这些行动，成功就成了一种习惯，而非结果。**

把成功变成一种习惯，是通往成功的行动策略。

成功路上需要同行者。

成功需要我们付出艰辛的努力和坚持不懈地奋斗。同样，每个人的自我实现需要他者给予机会。所以，成功的路上，我们还需要支持、协同和帮助，还需要分享。分享我们成功的喜悦、失败的教训等，以求共同成长。成功路上，与人同行。

假设条件二：经验是有用的。

"春分时节，果树嫁接""柳絮落，栽山药""清明前后，种瓜点豆""立夏栽稻子，小满种芝麻""白露种高山，寒露种平地""蚂蚁搬家，大雨要下""蚯蚓路上爬，雨水乱如麻""西北起黑云，雷雨必来临"……

以上这些农业谚语、天气谚语，在我国民间广为流传，无数个这样的经验积累和实践，指导了我们 2000 多年的农业生产活动，也创造出中华民族千年的农耕文明。

人类文明是人类经验、智慧几千年的积累和结晶，它记录了人类在不同历史时期的生活、劳动形式和思考方式，包含了人类文明的行为特征、核心价值和智慧，具有极其重要的实践指导价值。

科学家霍金曾说过："我们站在巨人的肩膀上。我们所知道的一切都是通过前人的努力和付出得来的。"

所以，人类积累的经验、智慧当然有用，它提供了我们可以用来指导方向的导航图。由此，我们可以模仿，可以学习，可以创造，从而推动我们不断向前。

其实，个人的人生路是经验铺就的成长路、荆棘路。谁拥有的经验多，就少走弯路，否则就多走弯路。"会者不难，难者不会"。一旦我们的经验教训积累多了，成熟起来，我们的人生之路就会顺畅起来。

那么，应如何积累经验呢？

我们就从原始人积累经验的学习场景中模仿、领悟其学习方式。模仿是人类最初的学习方式，也是我们意识里最擅长的学习方式。

原始人有四种场景式的学习：营火、水源、洞穴和生活实践。

第一种学习场景：营火，听故事的地方。

夜幕降临，狩猎一天的原始人结束劳作，回到洞中，大家围绕着篝火听老人家讲故事。

营火后来还演变成一种集体的舞蹈。原始人把平时劳作的场景编译成舞蹈，如把狩猎的各种动作要领编成舞蹈动作，让所有人都学习和模仿。

营火经过演变，最重要的形式就是现在的学习教室。老者、老师是我们学习的对象，他们拥有良好的经验。向老者学习、向老师请教依然是我们最重要的学习方式。

当然，成为别人的老师，人人趋之。做好一个学生，老师自然出现。

第二种学习场景：水源，交流沟通的地方。

人类生存离不开水，原始部落中会有专人去寻找水源。寻找水源的人需要与人交流讨论，探索着去完成使命。重大事情共同研讨、决策、小组讨论，也是现代人从原始祖先那里学来的经验。

关于重大事情的讨论，群策群力，已然成为组织管理的机制设计。如公司治理的董事会机制，决定企业重要事项；国家治理立法、执法与监督的权力分离，都是利用集体经验、集体智慧的力量来决定重大影响事项。

作为个体而言，有机会要主动参与到相关事项的决策中，学习别人的经验，并努力贡献自己的智慧。

第三种学习场景：洞穴，回顾思考的地方。

原始人回到洞穴，开始思考这一天的行动轨迹，哪些做得好、哪些做得不好，明天要做什么,去哪里寻找食物和水源。自己和自己交流、对话、反思的过程就是独立思考,给自己时间把知识内化。

这种方式,我们今天常称为反思、复盘。对于个体来讲,每天留出一些时间,我在前文提出过 8=6+2 的工作时间安排,即每天 8 个小时的工作时间,用 6 个小时来完成正常工作,1 个小时左右来完成重要的工作,还留 1 个小时来总结、复盘。只有通过总结、复盘,我们才能更高效地内化知识,形成自己内在的知识体系和经验。

古希腊哲学家苏格拉底有一句著名格言:"未经总结的人生不值得活。"从中足见总结的意义重大。

第四种学习场景:生活实践,在构造中学习。

原始人把通过以上三种场景学习到的知识、技能,放在生活劳作中去实践和检验。只有通过自己实践验证,用"排除法"寻找成功的经验,并代代相传形成集体的共同知识,让所有人都拥有了更多、更好的经验,最终凝聚成人类的智慧和文明。

让经验赋能实践,并在实践中发展经验。

终身学习、终身成长。

以上四种场景的学习,如若能寻找到合适的模仿学习对象,主动将学习到的经验应用于自己的工作实际中,将促进个体高效成长。

假设条件三:遍地是同学,遍地是对手。

随着商业竞争的不断加速,跨行业合作、跨界竞争已成普遍现象。作为职场人的竞争早已热辣滚烫。

又一个极度的竞争词语——内卷,悄无声息地席卷了我们的工作和生活。内卷,早已不是网络流行语,而是我们极度竞争的现实。

嘴上说着在摸鱼,背地里偷偷考证;你不下班,我不下班,"加班"频繁;"部门墙"高耸,协作难以上青天……无休止地内卷。不仅如此,加入职场竞争还有一些新物种:数据化、智能化、AI 等一大众智能者。

成功压倒成长,同伴彼此 PK,职场人精疲力竭。

诚然,我们都知道,竞争是社会进步的动力之一,竞争追求更好、更优秀、更卓越。但肤浅的内卷、竞争并非高效能人士的行动动机。所以,在激烈竞争中,

员工是岗位的主人

要成为高效成长的职场人，我们首先需要弄明白真正的竞争对手是谁。

在弄明白真正的对手是谁之前，我们来分析一下历史上的竞争对手。

秦朝末，烽烟四起，有几位对手闪亮登场，嬴政、赵高、刘邦和项羽。

秦始皇嬴政（前259—前210），我国历史上第一个专制主义中央集权国家——秦朝的建立者，我国第一位称皇帝的君主。

赵高（？—前207），秦朝政治人物，历侍秦始皇、秦二世和秦王子婴三代君主，沙丘之变和望夷宫之变的主谋、策划者。我国历史上第一个篡政乱国的宦官。

刘邦（前256—前195年），中国历史上杰出的政治家、战略家，汉朝开国皇帝。

项羽（前232—前202年），秦朝末年军事家，楚国名将项燕的孙子。与刘邦争霸天下，兵败乌江，自刎而死。

看一看，这几位对手的年龄，嬴政比赵高约大1岁，比刘邦大3岁，他们作为对手，年龄相差不过5岁。而项羽呢？也加入了这一群年长者的争霸中，他足足比嬴政小了27岁，比他真正的对手刘邦也小了24岁。项羽能加入天下的争霸，除了他的个人能力，我猜应该还有他的家世庇护，毕竟他是楚国名将项燕的孙子。

但最终，刘邦夺得天下，项羽失败自刎。从年龄上看，项羽年轻、小一辈，能参与上一辈的天下争霸，已经证明了自己的能力和家世背景。但年轻、冲动、自满、缺乏耐心、感性大于理性，少了些许对手刘邦的老成练达。

例如，彭城之战中，项羽大胜刘邦，抓走了刘邦的老婆吕雉和他的父亲刘太公。为了迫使刘邦投降，项羽特意找人把凄惨的刘太公带到两军阵前，并告诉刘邦，假如你不投降，就把你爹给活活煮死。

刘邦是怎么处理的呢？他竟然说：你我皆在楚怀王手下共事，咱们二人虽然不是一家人，但也情同手足，那么我的父亲就是你的父亲，既然你要煮死自己的父亲，我也不能拿你怎么样，那就请你看在兄弟的份上分我一杯羹吧。

两军阵前对垒，绝不输气势，刘邦深谙此道。他的回答赌赢了，救了自己的父亲，也救了自己的霸业，这就是年长者的老练与智慧。

从这一点上看，项羽不是刘邦的对手。

因此，从秦末几位对手来看，竞争对手的年龄相差一般在10岁左右。项羽小了 20 多岁能参与争霸，是因为有家世背景支持。但最终落败，或许就输在年轻、冲动、不成熟上。

我们再来看三国时期的几个对手。曹操（155—220）、刘备（161—223）、孙权（182—252）。孙权和其他几人相比最小，与他们相差 20 岁以上，但孙权承继了他的父亲孙坚（155—192）和兄长孙策在江东打下的基业。曹操、刘备、孙坚等对手年龄相差不过五、六岁。

明末清初的几位对手：朱由检、李自成、爱新觉罗·多尔衮，他们的年龄相差也不过 10 岁以内。

朱由检（1611—1644），明崇祯皇帝，明朝第十六位皇帝，也是明朝作为全国统一政权的最后一位皇帝。

李自成（1606—1645），陕西米脂县人，明末农民起义军领袖，大顺政权建立者。

爱新觉罗·多尔衮（1612—1650），清初杰出的军事家、政治家。1638 年，授奉命大将军，统兵入塞攻明。后在松锦之战中立下卓越战功。拥立福临为帝，自己为摄政王。1644 年，统兵入关，联合吴三桂击败李自成农民军，迁清都于北京，随后派兵南下，相继灭李自成、张献忠及南明弘光、隆武、绍武政权，逐步确立清朝对全中国的统治。乾隆皇帝评价其"定国开基，成一统之业，厥功最著"。

回到现代职场，我们常常看到这样的竞争场景，在招聘会现场，一个班级的同学共同竞争一个岗位。同学就是竞争者。

当然，为了避免同学成为竞争对手，很多学校在学生就业时，让其回到原籍所在地，通过地域的划分来进行人力配置，减少竞争。

但是，作为一名职场人，我们应该清晰地认识到，与你竞争的人，就是与你相差 10 岁左右的（或者 ±5 岁左右）。这一群人与你的年龄相似、学历相似、经历相似，如若个体仅以年龄、学历、经历进行竞争，很难有竞争优势，所以，更多的是"内卷化"竞争。

当然，如果一个人有能力参与到比自己大 20 岁的群体里竞争，恭喜你已经具备了超出你年龄段的突出能力了。但在竞争中，如若没有其他加持，很有可能你会落败，就如落败于项羽般的年轻。所以，在这种竞争环境下，要特别提醒自己，要避免年轻的弱点。

另外一种场景是,一个人更多地参与比自己小近 20 岁的年龄段群体里的竞争。这在年龄上就已经落后了,比你小近 20 岁的人具备的优势你可能荡然无存,因此你的成效不会好。

比如,直播带货销售场景(非网上产品推广活动),大多数情况下,主播多是年轻人。很多上了年纪的老板们(年龄一般都比普遍的直播带货人员大 15 岁,甚至大 20 岁以上),看到年轻人直播带货风生水起、热闹非凡,自己也挺身而出,搞直播。结果,喧闹一阵后,效果并不理想。

人与人之间的竞争是人生中不可避免的一部分。我们在勇于参与竞争的同时,首先要清楚在与谁竞争,竞争的究竟是什么。通过以上分析,我们认为,与我们竞争的主要是年龄相当、相差 10 岁(或者 ±5 岁)左右的人。分析这群人的特征,我们需要构建自己的比较优势,从而形成自己的竞争优势。

◇ 10 法则的结论

根据我们的定义,10 法则适用于 40 岁以下的年轻人。前面分析了个人高效成长的 3 个假设:第一,人人都想成功;第二,经验是有用的;第三,遍地是同学、遍地是对手,并了解了相差 10 岁左右年龄的对手的竞争现象。相信善于总结的你,已经有了个人高效成长 10 法则的结论。

个人高效成长的 10 法则:结交比自己年长 10 岁左右的人做朋友。

我们要特别指出:其一,这类朋友当然是积极上进之人;其二,"年长 10 岁左右的朋友",其年龄范围可以扩大到 15 岁左右;其三,这类朋友可以不止一个,越多越好。

"结交比自己年长 10 岁左右的人做朋友"之所以能助力个体高效成长,我们有以下几方面的分析。

不是一个竞争年龄段。

比自己年长 10 岁以上的人,多数情况下不在一个竞争年龄段。

我们在前面分析过,与自己同台竞争的,常常年龄相差在 10 岁左右,或者说 10 岁以内。若真有这样年长自己 10 岁以上的人与你竞争,在后期竞争中,要么这些年长的对手会早早退场,要么会在某种场景下调整。这样的案例很多,大家可以在历史长河中去找一找。

正因为大家不是一个竞争年龄段，相互之间更有合作、协同的内在需求。

正常情况下，年长 10 岁左右的人比你拥有更多参与分配资源的机会。

据哈佛大学的研究，人的一生，平均有 7 次决定人生走向的机会。从 22~75 岁，两次机会间隔 7～10 年。

第一次机会：择业。约 23 岁。

俗话说，男怕入错行，女怕嫁错郎。第一份工作决定了你的起点。当我们还是一张白纸的时候，择业的方向决定了你今后 5 年左右的人生方向。

第二次机会：立业。约 30 岁。

三十而立，小有成就，有方向。有一定的人生经历，能够认清自我，主动愿意在自己努力的方向上投入。

第三次机会：创业。约 37 岁。

投资界有个统计数据，投资成功的项目，其创始人大约在 37 岁。一般前面还有两次失败的创业经历。

所以，这时期的人，经历、阅历及能力都很丰富，掌握一定的资源，有强烈的创业意愿。当然，所谓创业，并非一定就是自己开公司或者经营一门生意，而是通过此前的积累，可以为自己创造更高的自我价值。在多数情况下，成功的职场人已是企业中的高管。

这个阶段，常常是人生的分水岭。

第四次机会：成长。约 45 岁。

工作经验极为丰富，职位保持在中高层，甚至决策层。在稳定的基础上追求突破和成长的机会。

同时，提供机会，帮助别人，成就自己。

第五次机会：关系。约 52 岁。

很多人到这个年龄时，开始喜欢提前过退休生活，每天按部就班地上下班，只求能够安稳混到退休。所以这个重要的突破人生瓶颈的机会就被白白浪费掉了。

应整合社会资源，把更多机会留给后辈，培养他们。

第六次机会：教练。约 59 岁。

这时的你有极其深厚的人生阅历、丰富的人生经验，把这些经历、经验分享给他人，帮助他人成长，培养继任者、接班人。

同时，保持年轻态。保持学习成长心态，融入当下，依然期盼未来。

第七次机会：健康。约 67 岁。

到了这个年龄，几乎所有人都会把健康放在首位。这个时候能够让自己保持更加健康的身心状态就是一种人生最大的幸福。

同时，可以学习一两项新技能，如书法、音乐、绘画、手工等。做一些想做的事情，安享天伦之乐。

正因为我们有 7 次决定人生走向的机会，既我们拥有 7 次成功的机遇时段。当一个人处于这一机遇时段时，他就会拥有比刚过去的时段更多的资源。如果你运用 10 法则，结交他们做朋友，你就拥有了处于更高机遇时段的朋友。这些朋友有比你同时段的人更多的支配资源的地位和权力。由此，你也就拥有了比同时段的人多得多的资源先机。

同时，当这些年长我们 10 岁以上的人看到一个年轻人（相对他而言）渴求上进的样子，或许他会看到自己当年成长的影子，帮一帮年轻人，心理上就是帮助当年的自己。

年长者也需要年轻者来完成基础工作。

年长 10 岁的人，在这 7 次机会里，多数已经处于管理岗位。管理者的主要职责就是带领团队完成工作任务。对于管理者而言，他需要一群下属来完成工作，甚至是一些基础工作。由此构成了管理者 + 执行者的团队。若管理者年长一些，更有经验，执行者年轻一些，更有闯劲，这个团队的配合就更好，相互之间的优势发挥就更有效。

管理者要完成任务，首先要组建团队。任何一个团队的建设都会经历四个阶段，即组建、形成、发展及成熟。若有朋友关系的年长管理者与年轻执行者在同一个团队中，因他们之间存在认同和深度的了解，就更利于统一团队认识、共同完成目标任务。

再者，在带领团队完成工作的过程中，管理者拥有指挥权、组织权、监督权及奖惩权。这些法定的权力是管理者履职必需的。但要有效地履职，管理者还需要有良好的激励和沟通能力，才能更好地调动下属努力完成工作。正是因为管理者需要频繁地与下属执行团队沟通，若上下级在心理上已经建立起朋友关系，则沟通成本更低、效率更高。

所以，10法则的协作模式，对年长者和年轻者都有利，可助双方高效成长。

◇ 10法则的真正内涵

个人高效成长的10法则是结交比自己年长10岁的人做朋友。它有3个假设：人人都想成功；经验是有用的；遍地是同学，遍地是对手。

前面我们还分析了结交比自己年长10岁的人做朋友，因双方不在一个竞争年龄段，年长者多一些经验、需要年轻者完成工作任务；年轻者渴求上进，需要在完成工作的任务过程中提升能力，不断成长。10法则有利于双方协作、共同进步。

这里，我们来探讨一下10法则的真正内涵。

假设你和你的对手的经验值相当，我们把你的经验值设定为基准线。一个积极上进比你年长10岁的人，其经验值我们设定为高出基准线10个单位。

现在，比你年长10岁的人与你是朋友，你们常常在一起生活、工作。作为朋友，当然会讨论各种问题，工作、生活、家庭、婚姻、时事、政治、经济、文化、音乐、艺术等。在讨论的过程中，你们肯定都会发表各自的看法、观点及处事策略等。每个人的看法、观点、处事策略自然会是他经验的总结和提炼。

在朋友之间无数的相处、讨论的过程中，年轻者自然会接触到年长者的经验及智慧。前面我们假设年长者的经验值为10，年轻者能接触到其经验，打个折为9个单位吧。

好多事情因年轻者并没有如年长者那样经历过，能接触到的年长者的9个经验值，会有一些不能理解的东西，又打个折，能理解的经验值为5。

在能理解的经验值中，年轻人还能转化为自己可用的，再打个折，也就3个经验值。

在这可以应用的3个经验值中，有实践应用场景，可以让年轻人用得出来的，可能就只有1个经验值了。

就这1个经验值可以用。记住，这1个可用的经验值是年轻人那一众对手没有的，是这个年轻人在年长者身上习得的。

关键点来了。拿到年长者1个经验值的年轻人，回到他原本的竞争场景中，是的，回到他原本的竞争场景中，那里多数竞争对手的经验值都是基本线。当这个年轻人拥有多出的 1 个经验值时，就拥有了超出基本线 1 个经验值的优势。相对于平平坦坦的基准线，高出 1 个经验值的年轻人立在那里，犹如标杆、灯塔、鹤立鸡群。竞争优势立马显现。

所以，我们总结出的 10 法则，结交比自己年长 10 岁的人做朋友，再回到自己原本的竞争场景，优势明显，竞争力突出。

这就是个人高效成长的有效路径。

个人持续进步：20 法则

◇ 20 法则适用对象

40 岁以上的老年人。

我们把 40 岁以上的人定义为老年人。我们所谓的老年人并非指年龄，更多的是指这个年龄阶段的人经历老练、理性、成熟、经验丰富、有自己的独立思考。

但这个年龄阶段的人也有他们的苦恼。知识结构相对老化，常常固执己见，接受新事物敏锐度差，不上进者逐渐会落后。

所以，40 岁以上的人，要想跟上时代，同样需要持续进步。我们总结出的 20 法则，就是帮助这群老年人持续进步。

应用 20 法则保持持续进步，我们也提出了三个假设条件，认同这些假设条件，20 法则对你就有效，反之，效果就会打折扣。

◇ 20 法则的假设条件

假设条件一：人人都想年轻。

除了小孩想快快长大、成熟外，那些已经长大、成熟的人，几乎都想留住青春、想变得更年轻。美容、美颜、强身、健体，无一例外地是人在渴求更年轻、更健康、更有活力。

衰老是所有生物都逃不出的宿命。英国研究人员研究了人体一些器官的衰老退化时间，肺活量、大脑从 20 岁开始缓慢下降；女性到了 35 岁，乳房的组织和脂肪开始丧失；心脏从 40 岁开始衰老，肾脏从 50 岁开始老化，肠从 55 岁开始老化，肝脏 70 岁才会变老。

对抗衰老和延缓衰老，甚至追求长生不老，是人类孜孜以求、永恒的追求。

秦始皇命令徐福率领数千名童男童女前往东海寻找长生不老的药物。嘉靖皇帝曾命令大臣深入研究长生不老的方法，甚至亲自参与炼制丹药，来延长自己的寿命。

《山海经》中的"蓬莱"，《西游记》中的"蟠桃园"，这些在传说、小说中的神秘地方，都是追求长寿和不老的象征地，饱含期许。

追求年轻态、长生不老不仅在古代流行，在现代也是这样。随着生命科学的发展，人们追求年轻的心愈演愈烈。一些科学家通过实验，揭示了一些有关细胞逆生长的关键机制，为还原年轻细胞提供了新的线索。另一些科学家通过稀释血液，让老年人的身体指标变年轻了。有科学家甚至说，没有任何证据表明我们不能长寿，不能保持年轻。

哈佛大学心理学教授 Bailey 曾进行过这样的实验：从养老院召集了 40 多位身体健康的老人，分为了 A、B 两组；A 组老人要求他们假想自己年轻了 20 岁，B 组老人保持正常。

一周以后发现，A 组老人的各项生理指标明显改善了，B 组则无明显变化。Bailey 据此推测，年轻的心态在一定程度上可以延缓衰老。

这个实验同样揭示了一个事实：把自己想得年轻一些，我们的身体会跟着年轻。

青春、朝气、自信、活力、动力、适应力、好奇、尝试、热情、创新、风华正茂、花样年华……这些都是年轻的代名词，哪一个词语都会让人有春风满面、赏心悦目之感。

所以，追求年轻，人人都想。想一想都能触发身体的年轻态，万一能回到年轻呢。

假设条件二：知识是会更新的。

现代人都知道一个事实：人类对宇宙起源、宇宙运行的认识、相关知识一直都在更新。

从盘古开天辟地的神话故事开始，人们就开始探讨宇宙的起源。于是，最早的哲学家诞生了，他们通常将世界的来源归结为自然界中的某种物质、元素或者物质的属性。中国古代认为，万物都是由"金、木、水、火、土"五种元素演变而成，古希腊哲学家泰勒斯提出水是万物之源，万物皆从水中产生，而后又复归于水。

哲学家们继续研究，发现将宇宙的来源归因于某一种或几种元素，提出了"原子论"的思想，目前的自然科学就是从这一思想发展延伸出来的。大爆炸理论、波理论、圈理论等都是科学解释宇宙的人类的认知和知识。

"地心说"是托勒密于公元二世纪提出的宇宙结构学。他在《伟大论》中提出，宇宙有11层天，各行星都绕着一个较小的圆周上运动，而每个圆的圆心则在以地球为中心的圆周上运动。日、月、行星除作轨道运行外，还与众恒星一起每天绕地球转动一周。托勒密的天体模型流行1400多年，因为它符合当时的主流认知；他的圆周轨道不同的组合正好预言了行星的运动位置，与人们的实际观测数据相吻合；同时地球不动的说法也符合基督教信仰，对当时人们的生活也是一种安慰。

直到1543年，波兰天文学家哥白尼出版了《天体运行论》，系统地提出了日心体系。哥白尼认为，地球不是宇宙中心，而是一颗普通行星，太阳才是宇宙中心，行星运动的一年周期是地球每年绕太阳公转一周的反映。月球是地球的卫星，它在以地球为中心的圆轨道上每月绕地球转一周，同时跟地球一起绕太阳公转。地球每天自转一周，天穹实际上不转动，因地球自转才出现日月星辰每天东升西落的现象。

对于今天的人们来说，哥白尼的日心学说也有缺点和错误，太阳只是太阳系的中心天体，不是宇宙中心；行星轨道是椭圆的，运动也不是匀速的。

地心说、日心说是人类认识宇宙的过程，这些认知、知识很好地解释了人们当时的观察和实际情况，并指导了人们的生活。

从人类对宇宙的认识过程，我们可以看到，人类的认识、知识一直都在更新，一直在重建，只是人类的知识、文明有积累，人类才能站在前人的臂膀上看世界而已。

知识不是绝对真理，是相对正确。

从另一个方面讲，知识从来就不是绝对真理，甚至是错误的认知。

与科学一样，知识有一个表项是正确的，比如当它与愚昧相对时。但多数时候，它并不等同于真理，它只是探索真理的一门学科，是人们探求本源真理、不断追求进步和自我否定的过程，受人类思想水平、生产力水平及认识水平、历史条件等的限制。一般情况下它只是相对正确。所以，知识有历史性、特殊性和相对正确性。当它出现错误时，这种错误是被宽容的，因为探索的过程就是不断认识错误、纠正错误、不断进步的过程。

日心说否定地心说，这就是进步，因为更接近真相；相对论让我们对牛顿的经典物理学有了新的认识；从"绝对时间""四维空间"到无时论，都是关于时间观的基本理论，让我们也重新思考对时间的理解。

知识的迭代更新周期不断缩短。

联合国教科文组织曾经做过一项研究，结论是：信息通信技术使人类知识更新速度的加速。在18世纪，知识更新周期为80～90年；19世纪到20世纪初，缩短为30年；20世纪60～70年代，一般学科的知识更新周期为5～10年；到了20世纪80～90年代，许多学科的知识更新周期缩短为5年；而进入21世纪后，许多学科的知识更新周期已缩短至2～3年。

根据这个迭代速度，若是生于18世纪，人们在一生中可以愉快地掌握所有的现有知识；生于20世纪，人们在一生中最多只能掌握其一半的知识；而生于21世纪，人们在一生中掌握的知识可能还不足以应对现实生活的需求。

所以，对于每一个应用知识的人来讲，知识的力量不在于它的储备，更在于它的更新与运用。

知识是我们认知的过程。

正因为知识是我们认知的过程，在科学发展提速、未知多于已知、瞬息万变的知识经济时代，知识的更新迭代比以往任何时代都快，昨天还"正确的"知识，今天可能已经失去应用场景，变得"不正确"了、行不通了，怎么办？

面对知识的快速迭代，我们要对已知的知识永远保持谦逊，对未来和未知永远保持乐观和兴趣。宽容知识的更新、变迁，同时也要学会知识的迁移。

知识是动词，是学习的行动。

这是一个知识如海的时代，你要有能力鉴别知识。别人的知识对你来讲可能只是信息。你要去知、去识、去处理、去提炼，甚至把它变成"公理化"。现代知识的高级形态是公理化。通过几条简单的公理，可以推出无限多的命题，可以解决许多问题，公理化的知识更能指导行动。

一个人对知识的"去知、去识"的行为，已说明知识是一个"动词"，而非"静止的名词"。

"去知、去识"的知识行动可能会产生这样一个结果，即我们对自己过去已有的"知识"重新认识、重新启动。正是这种重新启动，清除过时的认知，加入新的元素，让人利用新知识去应对新场景。

储备知识本来就是解决当下场景、当下问题的一种技能，对未来的问题和不确定性，我们应始终保持知识的实时更新。

假设条件三：当下有苦，未来有希望。

几乎每一句励志名言都有"苦"的内涵。

"勤能补拙是良训，一分耕耘一分才。"华罗庚说。

韩愈在《进学解》中说："业精于勤，荒于嬉；行成于思，毁于随。"

"宝剑锋从磨砺出，梅花香自苦寒来。"《警世贤文·勤奋篇》如是说。

"天才就是无止境刻苦勤奋的能力。"

"勤奋者废寝忘食，懒惰人总没有时间。"

"骐骥一跃，不能十步；驽马十驾，功在不舍；锲而舍之，朽木不折；锲而不舍，金石可镂。"荀子《劝学》中这样说。

"使我达到目标的奥秘，我唯一的力量就是我的坚持。"微生物学家、化学家巴斯德这样说。

"勤劳一日，可得一夜安眠；勤劳一生，可得幸福长眠。"达·芬奇也这样说。

在这些名言警句中，我们看到，若想有成、有获、安心，无一不需要当下努力，甚至于一生持续地努力勤奋。

我们常常看到运动员站在领奖台上高举奖牌、手捧鲜花，开心喜悦地接受万众的掌声和祝福，哪知其背后日复一日训练的艰辛和努力。

自律、坚持、严以律己、束身自修、恪守不渝、砥砺德行，每一个词语都是成功者的行动要领，都有对当下本我的约束，自我的意识和超我的监督。"逼一逼自己就会成长。"这些都包含着对当下行动"有苦"的深刻认知，而后还能坚守行动的自觉。

◇ 20 法则的结论

根据我们的定义，20 法则适用于 40 岁以上的老年人。前面我们分析了 20 法则的 3 个假设：第一，人人都想年轻；第二，知识是会更新的；第三，当下有苦，未来有希望。

通过这 3 个假设的阐释，我们洞悉了人们对年轻、青春生活态的孜孜以求、锲而不舍。了解了知识是持续更新的，我们知道得越多，我们未知的东西就越多，应时时保持对未知、未来的谦虚学习心态。追求持续成长的人，每一个当下都是靠自律，都需要承受苦痛的修炼，笃定未来，始终保持理想信念的乐观主义。

我总结的 20 法则如下。

个人持续进步的 20 法则：结交 20 岁左右的人做朋友。

根据 20 法则的定义，如果你是 40 岁，应该结交哪个年龄段的人做朋友？答案是 20 岁。

如果你是 50 岁，应该结交哪个年龄段的人做朋友？答案是 20 岁。

如果你是 60 岁，应该结交哪个年龄段的人做朋友？答案是 20 岁。

如果你是 70 岁，应该结交哪个年龄段的人做朋友？答案是 20 岁。

如果你是 80 岁，应该结交哪个年龄段的人做朋友？答案是 20 岁。

是的，20 法则是希望年长者始终有 20 岁左右的年轻朋友。因为 20 岁的年龄段就是青春，就是未来，生机勃勃，斗志昂扬。对于年长者来讲，与年轻人交往，耳濡目染地相处，从而保持良好的学习心态和持续的进取心。具体分析如下。

年轻是生命活力的状态，年轻拥有未来。

"世界是你们的，也是我们的，但是归根结底是你们的。你们青年人朝气蓬勃，正在兴旺时期，好像早晨八九点钟的太阳。希望寄托在你们身上。"这是毛泽东在莫斯科接见中国留学生时的讲话。

是的，年轻人有朝气，青春活泼，有希望、有未来。

年轻人作为社会生产的主力军，年轻人的身体正处在人一生中的巅峰，无论是思维还是反应速度都要比年龄大的人反应快。他们承担了主要的社会财富创造。特别是在现代，可以说年轻人撑起了这个新时代。少年强则中国强，这终究是年轻人的时代。

年轻人追逐时尚潮流，代表新趋势。从虚拟社交、素食主义、零废弃生活、人工智能、区块链到生物技术和可穿戴设备，年轻人追求精神消费，推崇充满活力的生活方式，对新技术和创新的兴趣持续高涨，这些都为年轻人赋予了积极向上的活力和生命力。

追逐时尚、积极向上，也是老年人曾经的青春代名词。看着这些年轻人时尚、活泼与激情的青春生活，老年人仿佛回到了青春时代，自己也年轻了。

向年轻人学习真实。

老年人阅历丰富、经验多，多了一些处事的圆润，却少了一些真实。而年轻人恰恰相反，他们就特别真实。

真实，是人们最纯朴的内心祈求。

年轻少了一些框框条条，敢于创新。

年轻人开放、创新、勇于尝试，愿意面对风险并追求自己的梦想，这种创新精神、创业精神也是他们的一大特点。他们探索未知领域，挑战传统，挑战规则，不被经验所束缚，不断尝试新的方法、新的机遇，寻求技术、商业与生活的变革，这是年轻人赋予社会持续发展的最为骄傲的新生力量。

老年人追求稳定，不愿意尝试、试错，或许在新时代就错过了机会。而年轻人不怕失败、敢于尝新、追求创新，他们不断在重塑着我们的社会、经济、科技及人们的生活方式，这为未来的世界带来更多的可能性。

所以，与年轻人保持接触，就有持续参与社会创新的新机会，会持续进步。

永远结交 20 岁左右的人做朋友，保持青春、保持活力，年长者将再次启动年轻态的按钮，持续进步。

1020 法则的应用

年轻人开放、青春，乐于接受新事物，对一切都充满兴趣；但随着年龄的增长，经历的事情越多，年轻人会变成老年人。有些老年人封闭、固执，对变化充满恐惧，日复一日地在自己熟悉的生活模式里打转，不再成长。

年轻人充满朝气、有希望，但缺乏经验。而我们的大脑是一个借由过往经验来预测未来的机器。年轻人需要更快积累经验、更快成长。老年人有经验，但少了些朝气和冲劲，需要注入年轻的青春气息来保持成长。1020法则就是年轻人与老年人各自需求最好融合的策略。

前面我们已经对10法则、20法则进行了讲解。那么，如何应用呢？

◇ 10法则的应用

我们先谈谈10法则的应用，其实，**10法则一直被秘密使用。**

我讲了很多年个人成长的1020法则。每次讲到10法则时，总有学员会举手说很多真实的案例，这些案例中有企业、单位、个人，还有创业者。但很多成功人士会大肆宣传成功之道的表面部分，核心的部分却不会多讲。

有一次我在一个商会讲课，当讲到10法则时，商会秘书长立马站起来说，某汽车销售集团当年发家时，就有一个比老板年长15岁的人支持他。企业经营前两年的订单都是他给的。

所以，不用举再多的例子。有一个事实是：应用10法则成长起来的人，大家都是秘密使用的，不想被外人知道。

因此，大家可以自行去应用、实践10法则，你的案例将会更精彩。

◇ 20法则的应用

关于20法则的应用，诚恳地讲，比10法则的应用难很多，心理阻碍也大很多。

让一个经验丰富、老成练达的成功人士与年轻人打成一片，甚至是他看不上的年轻人，确实相当困难。老成练达的成功人士当下经历的苦很多，心理上的阻碍也非常大，若能躬身向年轻人学习，融入他们，就很难得，就能继续促进自己成长。

1020法则怎样应用，应用后效果怎样？

"你要知道梨的滋味，你就得亲口吃一吃"。

第 8 章

职场问答

员工是岗位的主人

为什么要拥有2~3项技能

先讲一个笑话吧。一只老鼠妈妈带着一群小老鼠在外面散步，忽然迎面来了一只张牙舞爪的大花猫。小老鼠吓得瑟瑟发抖，根本迈不开步。老鼠妈妈急中生智，竖起鼠毛，用尽全身力气，对着大花猫"汪汪"叫了两声。大花猫被吓得转身就跑。

老鼠妈妈回过头，对惊魂未定的小老鼠们说："孩子们，你们现在知道学好一门外语有多么重要了吧！"

其实，在工作中，多几项技能更重要。

◇ "有……能力，还有……能力"

前面我们讲过，知识是会更新的，而且更新速度还越来越快。稍不留神，你所拥有的那点技能就过时了，就不适用于新环境了。

就像网络上的主播卖货。董宇辉一出来，改变了主播卖货的方式，即通过卖文化来卖货。他在卖文化的时候，有时还忘记了卖货，居然那些粉丝还买账，火得不得了。

是的，卖货还跟文化有关，这就是直播的新技能。有人说董宇辉是卖货里最有文化的，是文化里最会卖货的。

"有文化，还会卖货。"这是一个很有意思的评语。我认为，这还是一个指导职场能力方向的评语。"有……能力，还有……能力""会干……，还会干……能力"，这应该成为职场人培养自己2~3项综合能力的行动指引。

自从抖音、小红书、视频号成为人们最重要的交流、沟通方式以来，把生活场景、工作内容搬上网，在网络上宣传个人、宣传公司已成为工作常态。这在很大程度上要求一个人不仅要成为工作能手，还要成为一个会宣传的推广者，或者你的工作有时需要与做宣传的人一起合作（这种合作在以往的工作场景中是不需要的）。这种新的工作场景就需要多种技能了。这种新的工作场景就是"有……

能力，还会……能力"真实的、新的工作场景。

有人可能会说，没关系，我还是只干好自己的那点事，拍视频宣传的事，找同事合作即可，我不需要去学习。

或许上面的场景，我们可以找到合作的同事。

但另外一个场景，我们就不得不多学几项技能了。

什么场景？

职业转型，或因不确定性的工作变动。

某个高速路的收费站，因实行ETC电子收费，裁撤好多收费员，其中一位大姐哭着喊着说，自己只会做这份工作，其余都不会，生活怎么办？

所以，在VUCA时代（易变性、不确定性、复杂性、模糊性），未来商业竞争的不确定性及技术变革带来的冲击，使很多工作很难像以前那样有更长的稳定期。对大多数职场人来讲，某一份工作很可能只是一个阶段的工作，而非一生的职业。职业转型、变换工作，甚至短时间变换工作都可能会成为职业人普遍的行为。

因此，为下一份工作准备一些必要技能是非常必要的。

当然，如果你做好了自己更长期的职业规划，这一份工作技能、工作经历会成为你下一份工作的阶梯，多几项职业技能就是很好的积累。

克服拖延的有效方法

减肥行动泡汤，每周健身活动搁浅，微博好久不更新，看书学习还没有开始，家务也懒得做。领导布置的任务，还有两天期限，明天再做吧。今天就不去见客户了，有个新电影刚上线，还是先去看看电影吧。

以上的场景，常常出现在我们的日常生活中。

明明有很多事情要做，但还是忍不住闲聊、水群、刷手机，告诉自己"玩一会再开工"；明明制订好了学习和锻炼的计划，但总是"三天打鱼，两天晒网"，才坚持几天就不了了之；明明下定决心"不能荒废时间"，但依然把时间消磨在娱乐和发呆中……

◇多巴胺的学习和强化机制

在一般人看来，以上这些是拖延的习性。仔细分析，人们喜欢做的事情，大多数都是短期就会反馈成果的事，如刷手机"反馈"的快乐，马上就能收到。人们为什么喜欢追求即时反馈的事情？为什么对长期付出（反馈较迟）的事情会拖延，甚至不想做？

这就涉及人类大脑的底层原理：多巴胺的学习和强化机制。

多巴胺是一种神经递质，用来在神经元之间传递信息。在大脑中，多巴胺的分泌和信息传递有多条不同的路径，每条路径叫作一种"通路"，把不同的脑区连接起来，起到不同的作用。有一条通路叫"中脑—边缘通路"。它有一个更为熟知的名字：奖赏回路。

为什么叫奖赏回路呢？因为当这条通路被多巴胺激活时，它就会带给我们强大的动力，让我们充满激情，特别想立刻行动。这也是多巴胺最核心的作用：为我们提供动机，激励我们行动。这也是多巴胺常与爱情、快乐、幸福等联系在一起的原因。

我们平时所说的"多巴胺"，比如：热恋促进多巴胺分泌，喝奶茶促进多巴胺分泌，刷短视频促进多巴胺分泌……指的都是这条通路。

在传统认知里，人们知道"多巴胺与快感相关""多巴胺为我们提供快乐"，心理学家新的研究表明：**"多巴胺为我们提供动力"**。

"快感"与"动机"都是大脑的奖励机制。快感是快乐、开心和愉悦感，动机是让我们"更加想要做某件事"的冲动。这两者经常同时出现，但它们其实是不同的。比如，有人在考研复习的过程中，花了几个小时终于弄明白了几个知识点，他非常开心，但同时也觉得很累，不想再复习，这就是一个高快感、低动机的例子。

有没有高动机、低快感的例子呢？

当然有。"上瘾"就是一个典型的高动机、低快感的现象。

现代人闲暇无事时，常常会刷视频，打开一个又一个网页又关上，一遍遍地上滑和下拉手机。问他究竟看了什么，他又不知道到底看了什么，但一刷就是二三个小时。这就是典型的"上瘾"。沉迷于某一事物时，我们可能感觉不到快乐，但就是控制不住。

传统的观点认为，多巴胺同时调控了快感和动机。但心理学家肯特·贝里奇（Kent Berridge）和特里·罗宾逊（Terry Robinson）在1989年研究发现，当降低多巴胺浓度时，小鼠的愉悦感几乎没有变化，但是动机明显变弱了，变得没有那么想要去行动了。

肯特和特里的研究发现，我们的快感是由大脑中一系列的"享乐热点"调控的。这些"享乐热点"非常小，并且藏在好几个不同的脑区内部。它们由另一套复杂的机制调节，跟多巴胺一点关系都没有，即使在"享乐热点"的位置提高多巴胺浓度也不会带来快感的上升。

前面所说的刷视频上瘾现象，它让我们有动力刷视频，原因就在于这些刷视频的行动奖励刺激了我们的奖赏回路，我们有动力去做，但我们并不怎么快乐，因为它不是"享乐热点"。我们内心深处知道它们并不重要，只是在浪费时间，但就是控制不了大脑。

◇ 节能大脑的四种行动机制

那么，什么东西会带给我们快乐呢？一个理论认为，它与我们的认知目标密切相关。当你认为一个东西是重要的，并且你得到了它，或者离它更进一步，你就更容易感到快乐。而我们会以为多巴胺为我们提供了快乐，一个可能的原因是在进化过程中，对我们生存有利的事物往往能同时带来快乐，即它们能够同时激活奖赏回路和"享乐热点"。两种感受结伴而来。

我们来看一看，与我们进化有关的、对我们有利的事物究竟有哪些？它们是怎样带给我们快乐的？

其实，人类大脑的反应机制已经告诉我们，趋利避害的选择原则就是我们大脑最本质的指导原则。当然，研究人们对大脑的反应机制并不是趋利避害这个结论那么简单。我们总结出以下大脑的四大特点，以及大脑行动的机制。

一是大脑是一个节能器官，它首先是求存，而不是求知。

求存，就是"活下去，并且繁衍"，这是生命体最基本的本能，是生命进化写进基因里的机制。

生命体的一切行动都需要消耗能量。从进化的角度讲，想要更好地活下去，就需要对摄入和储存的能量进行更高效、更合理的管理。这就是驱动大脑不断进化、保持节能的动力。

所以，人们总喜欢做简单的事情，不喜欢挑战，不喜欢动脑，因为这些活动都需要消耗大量的能量，不符合我们"活下去"的基因的内在要求。求知学习是需要消耗大量能量的，不符合求存的内在需求，所以从内在上讲，人们是不愿花更多能量去学习、行动的。为了不思考，大脑什么都做得出来。

现代人很容易长胖，原因也是我们的节能基因在起作用，现代人每天摄入的食物量早已超过生命生存的正常需求水平，"活下去"的节能基因自然就会将其储藏起来，以备不时之需。人因此就长胖了。

二是大脑总会倾向于维持现状、保持稳定。

因为稳定状态是能量消耗最低的状态。节能的大脑当然不会放过这一天然的节能模式。

大脑的稳定性体现在三个方面：确定性、一致性、适应性。

确定性是指大脑希望未来是可以根据过往的经验进行预测的，尽量减少模糊性和不确定。比如，销售类工作的不确定性大，好多人不会选择这一职业；而办公室文员的工作相对确定一些，所以应聘者就多一些；体制内的工作过去被称为"铁饭碗"，就是因为稳定性高得多；创业与就业相比，就业稳定性高，创业更不确定，所以创业者寥寥。

知识的结构化、标准化，工作技能的步骤化等都是利用了人类大脑喜好的确定性。

所以，我们把技能设置成一步一步地、确定的工作步骤，人们就更容易接受。通过培训，人人都可以掌握。这样也就提升了群体的总体技能水平。在前面的章节里，我们总结出技能＝步骤，就是利用了大脑喜好确定性的缘由。

一致性是指大脑希望接收的信息跟内在的模型是一致的，尽量减少矛盾和冲突。当人们接收到的外部信息与自己的内在认知不一致时，就会产生所谓的"认知失调"，就会感到困惑。怎么办呢？因为行动已经发生了，这时人们只能调整自己的认知，从而让认知能够和行动保持一致，也就是使自己的行为合理化。

"吃不到葡萄，就说葡萄是酸的"，就是典型的认知失调后调整自己的认知行为。考试成绩不好，与自己的愿望不一致，人们就会找一些理由如天气太热、考题太偏、考试那天身体不好等来调节认知，以满足内外一致性的需求。

关于适应性，是指大脑希望我们的生活模式是稳定不变的，一旦发生变化，它就想尽量恢复原状，因为保持原来的状态是消耗能量最低的。当大脑识别到一个偏离常态的"异常"时，会调动资源去想方设法处理这个异常，让我们的状态回归常态。

大脑的适应性告诉人们，当你想改变自己时，大脑始终会有一个力，把你往回拉，抵消你的努力和行动。 每一个新习惯的养成都是自己在跟大脑的适应性做斗争。

所以，好习惯的养成不可能一蹴而就，你只能通过缓慢的、日复一日地微调去改变自己的常态，让大脑一步步适应新的模式，它才能代替旧常态，建立一个新常态。

三是大脑的预测机制，让人们的行为更加符合和反映外部世界。

这部分内容我们在前面的章节已经讲过。**预测就是我们大脑最重要的信息加工方式。**

大脑会通过调节神经元之间的连接，把外部的环境信息尽可能储存起来。如果大脑发现一个刺激总是反复出现，它就会把对应的神经元节点优先级调高；发现两个信息总是经常被联系起来，就在它们之间创建一条更短的通路；等等。

大脑的预测加工可以分为两部分：第一部分是通过每一天、每一分、每一秒的信息输入不断微调大脑内部的行为模型，以便更好地符合和反映外部世界；第二部分是通过这个行为模型对我们每天会遇到的情况、做出的反应和结果进行预测，通过预测和对比检验行为模型的有效性。

这种"对化、检验、调整、预测"一定会消耗能量。根据大脑的节能原则，大脑一定会把一些熟悉的信息变成"自动化加工"，以节省能量，而对另一些不熟悉的信息进行"控制性加工"。显然，大脑是希望把更多的行为转变为自动化加工，当需要的时候，能够调动更多的资源，更好地处理重要的问题。

由此，我们可以看出，**我们要形成一些好的习惯，并把它们"打包"起来，当对应场景触发时，大脑会按照相应的列队，轻而易举地调用。** 这是大脑最舒服、最省力的状态，也是大脑最自然的状态。这也是我们反反复复讲技能步骤化的原因。要建立结构化的技能步骤，让大脑可以随时自动调用，从而提高工作效率。

如果要形成新习惯，意味着大脑必须有意识地去"控制加工"，用新的行为去代替旧的行为，慢慢地去改变大脑，把旧的自动化加工，更换成新的自动化加工。

这是一个与大脑本能对抗的过程，需要刻意行动和重复的过程。

四是大脑的反馈机制，它是大脑的动力系统。

大脑以完成任务、获得奖励的方式来强化我们的行动，为我们提供动力，让我们知道什么事情是可以做、应当做的。正如我们前面所说的奖赏回路。

为什么人们喜欢甜食，几乎所有人都对甜食没有抵抗力？就是因为糖分是身体最容易直接使用的能量来源（能量是人活下去的本质需求）。因此，奖赏回路对糖分（能量）是最敏感的。当大脑监测到你正在摄入糖分，它就会激活奖赏回路，给我们带来动力，激励我们摄入更多的甜食。

大脑的节能机制、维护与稳定机制、反馈机制告诉我们为什么做一些事情。

喜欢甜食、物质奖励或者人际关系的加强和巩固，有助于人们活下去，与大脑的节能、储能相关；刷手机、看新闻、刷短视频、满足好奇心等，有助于我们获取更多关于周围环境的信息，从而更好地适应环境。这些都是人类生存进化的结果，做这些事情消耗的能量低，符合进化需求，它能同时激活人们的"享乐热点"和奖赏回路，我们的大脑是有意愿这样做的。

所以，大脑的行动机制及多巴胺的奖励原则告诉我们，人们总是会找到（记住：是找到了）那些对生存有利的行为（当然是节能的行为），然后给它们打上标记，让我们拥有更强的动力去实施，从而能够更好地"趋利"，这就是大脑的本能行动。

当然，如果你完全遵守大脑的本能来行动，你就会受制于外面世界设下的"甜蜜陷阱"，你大脑的奖赏回路就会过于依赖外在的奖励，缺乏足够的锻炼和刺激，自主产生多巴胺的能力变低了。它会让你感到越来越无聊、空虚，变得越来越短视，久而久之，人们就会缺乏动力，对什么事情都提不起兴趣，只想满足眼前的利益和娱乐，不想考虑长远的事情。拖延症或许由此产生。

◇克服拖延的行动方法

大脑是根据行动机制进行指挥的。节能、稳定、反馈就是大脑的行动机制。这些行动机制因进化的原因，一定是追求低能量、确定性、一致性、适应性及行动的奖励的。

正因为如此，人们拖延的行为同样是受大脑指挥的，它也一定是符合大脑行动机制下的拖延。

我们可以审视一下：大多数人拖延时做的事项，正是替换了我们该做而没有做的重要事项，这些正在做的事项多数都符合不消耗太多能量、有适应性，同时也是即时反馈的快乐事项，即刷手机、看新闻、满足好奇心等各种各样的"信息甜点"事项。

如果回答是肯定的，那么克服拖延的有效方法也就浮出水面了。根据我们的经验，有以下三个方法可以建立大脑行动的新常态，让大脑以为是"耗能较低"的行为，从而形成新的积极行为模式。

方法一，把大任务划分成小任务。

有一种拖延现象是任务压力大，完成不了，感觉自己没有能力完成。若把大任务划分成小任务，在一定程度上就可以解决这个问题。

把大任务划分成小任务，这是一个最基本的管理方法。我们在前面章节也讲过，把总目标分解成小团体目标、细目标，甚至行动计划，这就能执行了。大任务划分为小任务之所以有效，是因为它符合我们大脑原始的行动机制，即时奖励机制。

每一个小任务都是我们能力范围可以完成的任务。当我们完成了一个小任务后，我们的大脑就会得到快感。如果这时设定一些对自己的小小奖励，大脑喜欢的低能耗奖励、及时的奖励，如休息、闲聊、看电影等，我们的快感就会增加，动力就会随之提升。

当完成一个任务后，我们就更接近下一个小任务。记住，这里我们提到的更接近下一个小任务，而不是终极的大任务。因为完成每一个小目标都会得到奖励，奖励就会强化我们的动力。一点一点推高奖赏阈值，让大脑感受到动力而非压力，并希望付出更多的行动、更大的努力，去实现更可观的成果和收获。在这个过程中，我们就会不知不觉地提高能力，同时完成最终目标。

当然，我们设定的小任务应有一定的难度，如若难度太低，任务很容易完成，大脑短期奖励反馈机制会持续拉高我们的奖励阈值，这就不利于刺激、锻炼我们的奖赏回路，更不利于我们的能力提升和任务完成。

方法二，把任务纳入日程。

大脑喜欢稳定、确定，一件新任务的加入，大脑首先是排斥而非接纳。大多数情况下，被拖延的事情，人们只是在脑袋里想了想，觉得难，完成时间久，就放下了，并没有真正付诸行动。行动被大脑排斥掉了，拖延由此产生。

日程上的事情，自然是最近要做的事情。所以，当人们把任务纳入日程时，这些事情就在我们的大脑里打上标签，这是要做的事情，这符合大脑的一致性原则。行动力自然增加。

既然大脑把这个任务打上了"付诸行动"的标记，这个任务就是要做的，拖延不得。根据大脑的反馈奖赏机制，每一次付出的行动就会获取奖励，提升我们的行动力。同时，因为我们的动力，反过来提升我们的多巴胺水平，在下一次行动之前，因多巴胺水平的提升，大脑会提前为我们预支动力，让我们有能力和动力面对更大的复杂、艰难的任务。正因为如此，我们说拟定的小任务可以有一定的难度。

对"付诸行动"事项的标记，不仅会激活我们的多巴胺及奖励回路，当然也能锻炼我们的奖赏回路、大脑的预测机制，还会提前"兑现"它，把它变成促使我们去完成这项任务的动力。让我们做事不再拖拉、拖延，并实现更大的目标。

所以，**"把任务纳入日程"并非仅是一个小技巧，而是符合我们大脑运行机制的"付诸行动"的行动机制。**它不仅能解决拖延症的问题，更能积累我们的内驱力和成就感，从而积累更多的自信和追求更高目标的动力。

方法三，"把头开起来"。

"万事开头难"已经告诉我们，做任何一件事情，开始总是很难的。所以，我们在克服拖延这个问题上，建议要破这个难，无论如何都要"把头开起来"。

大脑的适应性行动机制告诉它：常态是最好的。它根深蒂固地希望停留在"常态"上，不去改变，不去打破现状。

所谓常态，比如，你习惯每天晚上12点睡觉，早上8点起床，这就是你的作息常态；你平时习惯久坐，不常运动，所以跑几分钟就气喘吁吁，这就是你的体能常态；你习惯每天吃多少饭，少吃一点就会感到饿，这就是你的饮食常态；等等。有些老师上班紧张，这是他们的常态，一放假，身体反而不适应。

大脑喜爱常态，让我们很难有效改变自己。因为一切偏离常态的行为对大脑来说都是异常的，都是需要纠正和修复的。

大脑喜爱常态，不喜欢意外，但一模一样、丝毫不变的生活，我们就喜欢吗？显然不是，我们不仅不喜欢，反而感到无聊和害怕。因为人类的进化史及我们的生活经验告诉我们：一成不变的生活是不好的，不利于我们的生存。试想：对于一个原始人来说，假如他一辈子的生活范围都在一片非常狭小的区域里，会怎样呢？一旦这个区域里的资源枯竭、遭遇猛兽或自然灾害，他生存下来的可能性就会非常小，因为他没有地方可以藏身和谋生。

因此，大脑在行为模型里会建立起一条非常重要的规则：我们不能局限在一成不变的环境里，必须时不时有一些新的刺激，有一些陌生的探索和反馈。换言之，大脑对环境的预测是生活的环境不会完全符合预测，其中必须有一部分是不符合预测的。因此，如果一切符合预测，大脑反而会觉得不舒服，因为这违背了更高层级的预测。

正是因为大脑的"不符合预测的预测"的需求，让我们有理由改变自己，有理由开始一些新探索。由此，我们可以"把头开起来"做一件事情，不再拖延。

根据前面"付诸行动"的激励，先"把头开起来"，也告诉我们的大脑，这是一个已经"付诸行动"的事情，大脑就会调动奖赏回路，启动动力机制，并开始形成新的秩序、新的常态。当大脑形成了新常态认识后，下一次启动时就有"熟悉"的感觉，认知就会流畅，就会减少分析、理解的能量，这符合大脑节能的习性。

"把头开起来"启动了大脑"不符合预测的预测"的高层级预测，同时也开启了"付诸行动"的奖赏回路，只要我们开始行动，并坚持做下去，新的常态就会代替旧的常态。这不仅解决了拖延的问题，而且更好地建立了好的心智行动模式，个人的自信心和行动力都会极大增强，从而更有能力去完成更大的目标和梦想。

员工是岗位的主人

你提涨工资，为什么老通不过

在职场中，涨工资是比较困难的。这有多方面的原因。

首先，公司的支付能力是最重要的方面。公司的财务状况和市场状况是影响工资调整的重要因素。如果公司财务紧张或行业市场处于低迷期，公司就可能没有足够的资金来提高工资。比如，在经济下行期，很多公司为了生存不得不冻结甚至降低工资。

其次，成熟的公司都有一套薪酬绩效评估体系，涨工资跟个人的表现和公司的评估体系有关。这套评估体系多是透明的，员工表现优秀，达到一定的标准，如连续两年绩效评估结果为优秀者，才有机会晋升或涨工资。可见，评估体系条件要求高、评估周期也比较长，这便造成了员工涨工资困难。

再次，工资增长也受限于企业文化和行业标准。在一些行业或公司，严格的级别制度和工资结构可能限制了工资的增长空间。而在一些以成本控制为核心的企业文化中，即使员工表现出色，工资增长也可能被限制在一个相对较低的水平。

最后，个人职业发展和市场竞争力也是涨工资的关键因素。员工如果缺乏持续学习和自我提升的能力，可能会在职场竞争中处于不利地位，从而影响涨工资。如果是一些替代性强的肤浅工作类型，公司也就没有动力提高员工工资。

上面分析的原因，都是不容易涨工资的一般原因。今天我们提出的问题是，你跟领导提涨工资，为什么老通不过？

就这个问题，上面的几个客观原因我们不再赘述。想一想，你是在什么场景下提出的涨工资？

干出业绩时，被更高级的领导表扬时，还是为公司做出重大贡献时？我想，如果是前面几种场景下，一般情况下，公司可能会给你公开表扬，或者一定的奖金、奖励等，涨工资的情况或许有，或许没有，这要结合上面所分析的公司所处的状况、绩效评估机制等。

如若员工想获得涨工资的机会，或者是更多涨工资的机会，除了做出业绩、被更高级的领导表扬、为公司做出重大贡献外，还有一个比较中肯、中规中矩的策略，可供大家参考。

这个策略就是始终向上级寻找：**"还有什么事情可干吗？"**

我们在前面讲过，在管理学中，有一个基本原理：责权利对等的等边三角形原理。在这个原理中，责任与权限、利益是相等的。也就是说，干多少事，就会赋予多少权力，也就是获得多少收益。职场人的收益最大的部分应该就是工资了。

所以，当你跟领导提出要涨工资时，领导头脑里思考的一定有：你干了多少事呀？×××干了好多事，工资还没有你高呢。如果领导头脑里有这个思考，你涨工资的事肯定通不过，不仅通不过，领导还会觉得你矫情，整天只想着涨工资，工作努力程度却不够。

如果我们换一个角度思考，责权利不是对等的吗？为什么天天跟领导说涨工资、涨工资，领导却不答应？不如这样，你经常向领导要工作干，说："领导，还有什么事情可以干，尽管分配给我。"

试想一想，领导听了你的这番话，一定会肯定你想干更多工作的态度，有机会他就会给你安排更多的工作了。既然干了更多的工作，责权利对等，不久，涨工资的机会就可能轮到你了。

有人可能会想，领导要是不知道这个责权利对等的管理原理，怎么办呢？

没有一个领导不知道这个责权利对等原则，即使他没有学习过，他也一定在应用。

相信你的付出会有回报的。

其实，我们谈的不是涨工资这件事，而是与业绩评估、业绩分配相关的前提业绩创造的主人翁态度问题。

只要拥有创造业绩的主人翁态度，并付诸行动，便能拥有享受更多业绩成果的机会。

如何高效协作地工作

组织因目标而存在。组织要完成目标，通过将大目标层层分解为小目标，落实到具体分工的人头上去执行、去完成。

分工的本质是切分任务、切分责任，当然也切分权力、切分利益。而组织是一个整体，目标最终也是一个大目标。要完成大目标，自然要整合不同的分工者，让他们有共同的目标，目标方向一致。由此，高效协作地工作就成了一项必不可少的经营管理实践活动。

如何高效合作，并形成良好的组织氛围，让团队创造高绩效？

◇提高协作的常规方法

常规的提高团队协作的方法有很多。

明确各自的分工和责任。明确各自的分工和责任，不模糊但可以有少许重叠，以利于不同风格同事之间的工作协作。在前面的章节里，我们重点讲过职责与分工，并提出了员工是岗位主人的观点。其目的都是明确责任，并让员工承担起来。

目标对齐。每个部门都有自己的目标，保持对其他部门的目标尊重，同样地，保持各部门与公司大目标方向一致，并为大目标的实现创造价值。目标对齐是管理过程，是最为重要的内容。无论是管理者还是一般员工，自己所做的工作与其他部门的关系，与组织大目标的关系，将决定你所从事的工作对组织的价值，当然最终也决定你的价值。所以，无论如何也要让自己的工作产生积极、正向的价值。

优化工作流程。建立并持续优化工作流程，减少不必要的流程损耗，以减少摩擦、提高协作效率。特别需要提出的是，流程建设一定要以客户为中心，以简单为表现，以专业为核心。这样建立起来的流程才能实现组织运营的目的。

建立良好的组织沟通渠道。比如，使用统一的办公软件有利于信息沟通的及时和信息的透明化；正常的工作例会、销售例会；还有一些员工生日会、员工团建活动等；当然，还可以建立总经理接待日、管理者专题会、专业研讨会等，这些都旨在互通信息、加强互信、融洽关系，以利于更好地工作协同。

◇关系法则的协作方法

以上四种方式是我们促进团队协作常规的管理措施和方法。根据我的实践经验，提出如下关系法则的协作方法与措施。

在多个部门建立更多的朋友关系，并对关系负责。

现代职场人，把工作和生活分得很开，工作是工作，生活是生活。很多人只愿意与同事结成工作关系，不想掺杂其他任何关系。这在一定程度上简化了同事关系，但也在一定程度上减少了人与人之间的人际交流和情感互动。

大家都知道，如果一个人是你的朋友，你会对他交代的事项更加认真地对待。曾经在职场私下听到过这样的话：你说的事，是私事还是公事，公事就公事公办，私事，那我想想办法。虽说这样的待事方式不妥当，但确实是事实。

国与国之间的关系，与领导人之间的私人关系有相当大的关系。

所以，公司里的多个部门应该建立更多的朋友关系。"朋友多了路好走"，即使你离开其中的一个部分，在公司依然有用武之地。

当然，既然是朋友关系，大家就要对这种关系负责。平时多做一些感情投资，为对方提供方便，等等。

除了工作上的交往，大家还可以有一些兴趣上的交流。比如，一起参加公司组织的活动，加入一些协会，如羽毛球协会、书法协会、摄影协会等，一起认识更多朋友。

充分利用上司的优势，管理上司。

关于如何管理上司，本书"进阶优秀者"相关章节里已经写得很明白了。在该章节里，我们提到，下属需要了解上司的长处，永远不要老挑上司的短处。上司的长处如果被释放出来，对于你的工作一定会有极大的帮助。利用上司的长处和优势，上司也会应付自如，而更愿意支持你。想想看，如果你天天挑上司的不是，上司也不自在，对你的支持当然不会充足。

下属要向上管理，就要合理利用上司的时间和资源。

时间的意义在于可以让信息流动顺畅，可以感受各自的期盼，时间最好的作用是能够带来机会，一个可以信任的机会。

上司的资源一定比下属的资源多，所以下属要利用上司的资源，这些资源一定可以让下属很容易获得绩效。

上司的资源最直接的功效就是为下属的工作提供帮助，每一个上司都希望他能够为公司的工作发挥作用，很多时候我们却忽略了这一点。

很多管理人员很得意于自己独自解决问题，很自豪于自己能完成任务，但是他们没有想到，也许借力会有更好的效果。一些成功的人总会认识到这一点，他们很会使用优秀者。正如"钢铁大王"安德鲁·卡内基的墓碑上刻着的这句话："这儿躺着的是这样一个男人，他深谙如何让比自己优秀的人为自己工作。"这是对卡内基最高的赞美。要想取得成功没有比这更好的方法。

当然，从上司那里获得了时间、资源等支持后，你最应该做到的就是：应用这些资源去做事即可，不拖沓，完成任务。

给身边的同事带来好处，帮助他们创造业绩。

有人说，我跟同事关系不好也没有关系，我有业绩就好了。从某种角度上说这句话有一定道理。彼得·德鲁克在《卓有成效的管理者》一书中说，如果没有业绩的话，那么在工作中的人际关系上，亲切的谈话与热情的态度都是没有意义的，不过是用来掩饰淡薄的人际关系罢了。相反，如果给身边的人都带来好处的话，即使是说了一些失礼的话，也不会破坏人际关系。

德鲁克在这段话里强调了业绩的重要性。同时，他也强调了同事之间的关系不应是淡薄的，应该是相互成就的紧密关系。

分工、协作是组织管理的基本模式，也是实现规模化量产的组织方式。良好的同事关系是促进目标达成的润滑剂，目的肯定是创造业绩。所以，职场的人际关系一定要为这个目的服务。

所以，我们与同事保持良好的朋友关系，能帮助对方实现业绩，这是出发点，也是归结点。

帮助同事提升业绩是一个积极且有益的行为，这不仅能增强团队凝聚力，还能促进整个团队的成功。那么，如何做呢？以下建议，可供参考。

首先，共同构建和维护一个积极的、支持性的工作环境，让同事产生归属感和价值感，形成相互尊重、信任、合作的工作氛围。

其次，你要了解同事的需求与困难。特别需要明确的是，他们需要哪些支持或资源，以便更准确地提供帮助。

再次，你可以分享你的知识与经验，包括行业知识、关键技能及项目经验等。必要时，你们还可以举办定期的经验交流分享会。

最后，还要协作与互补。可根据同事间的优势和劣势，主动补上对方的弱项，形成团队无弱项的整体，这样，大家就会感到相互的存在价值与互相支持的力量。

还有重要的一点，同事间的反馈与鼓励。要及时给予同事正面和建设性的反馈。当同事取得进步时，要给予肯定和表扬；当同事遇到挫折时，要提供鼓励和支持。反馈的具体化和针对性更能帮助同事明确改进方向，从而创建一个良好成长的积极氛围。

以上是我们在实际工作中总结出来的高效协作的工作方法。你可以尝试着去做，并总结出适合自己的方法，以指导自身的工作和成长。

后记

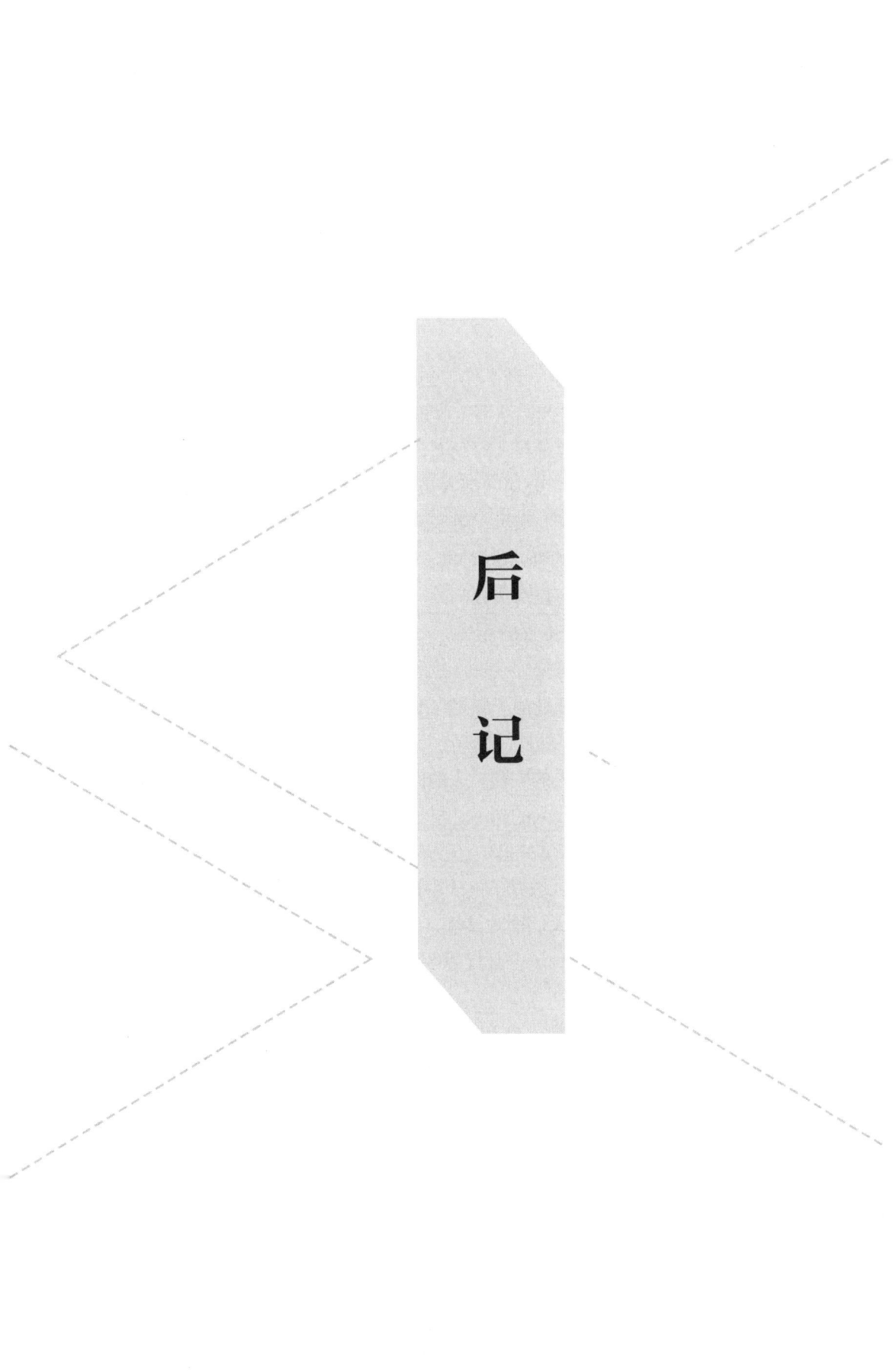

写给同路人

写下最后一段话，画上句号，多年总结的心得可以与大家见面，轻松了不少，但并非释然。

多年前，我开始从事管理工作，包括行政管理、人力资源管理、市场管理及企业经营管理，到后来开始从事企业管理培训、管理咨询服务。在这些工作中，才发现管理最核心的内容是与人打交道，是自我管理。

与人打交道首先是与公司内部人员打交道。如何平等相处？如何与上级相处？如何表达自己的需求？当然，更多的是如何与他人配合一起完成任务？

与人打交道还有一个重要的对象，就是与外部合作者打交道、与客户打交道。合作者需要什么？客户购买我们的产品是解决什么问题？他们真正的痛点是什么？他们为什么购买我们的产品？

所有这些问题汇集一起，焦头烂额没有更好的答案时，我总在想，所有这些问题都是人发起的，都是为了满足人的需求而产生的。人，其实是核心，解答了人的问题，不就解答了这些问题吗？

于是，我开始思考人的问题。**人的问题，才是真正的大旋涡。**

人很复杂。关于现代人的起源，科学家们、历史学家们到现在都还在争论，究竟是智人进化，还是外星来客，还没有定论。

人有七情六欲，什么场景下他表现出最真实的一面，他的需求、他的愤怒、他的快乐、他的悲伤，人们很难读懂。甚至他也很难知晓自己的行为背后的真正动因。优秀的人在各种场合都优秀吗？高尚的人在各种场合都有高尚的行为吗？

事实告诉我们，不是。"人呀，你要认识自己"，这句古希腊德尔菲神庙上的留言穿越千年不朽，依然令人懵懂。

人要完成任务，每一个人都在努力完成任务——生命的运动任务，都在完成职场规定的任务，这是生命的生存与发展的需求？还是心理感受的需求？还是兼而有之？

在完成这些任务、经历无数事情后，人积累了经验，通过文化适应，让种群成为拥有经验的群体，集体进化和发展。人成了使用经验的动物。面对新事物，

后 记

新环境，经验又成了我们的阻碍。于是，发展成了人们逃脱经验的阵痛表达。幸运的是，我们在一次次阵痛中重生了，成长了，发展了。

正是为了成长和发展，就算人的研究是一个个大大的旋涡，我也小心翼翼地思考人的成长问题。鉴于职场生命周期对一个人的生命的重要影响，我选择了个体在职场的表现，以及如何成长作为本书的主要内容。人人都可选择掌握自己的生命，"员工是岗位的主人"就是其权力在职场的本来体现。

相关内容都在本书的各个章节里，不再赘述。但让我依然惴惴不安的是，好多经验总结是通过我的眼总结出来的，是我眼里的虚幻世界。每个个体都是独一无二的，都有自己观察世界的眼光和眼界。或许你有更好的经验、更高的成就。因此，我只想让书中的观点能给你多一个看外界的角度。如果你的更多、更好的观察成果，能让我们的不同观察累积成一个多彩的世界，纵使虚幻，也更绚烂。人生不就是追求绚烂、追求更有意义吗？

幸运的是，我在书中总结的一些方法、策略，比如员工是岗位的主人、职责事项化、OKR-PM目标路径法则及个人高效成长的1020法则等已经被一些公司、管理者，以及一批批追求成长的创业者、年轻人采用，并取得不错的成绩和进步，这让我很是欣慰。能对企业经营管理有益、对个人成长有益，能让更多人受益，正是我写这本书的目的。

每一个人都是站在前人的肩膀上。本书引用了众多学术界、科学界的研究成果，心理学、生物学、神经网络学科、社会科学、管理学等，也引用了一些企业的成功经验。感谢这些学术界、科学界的前辈，感谢这些企业家的成功经验，感谢他们的智慧和贡献，感谢他们给予的启迪和思考。

科学有用，但并非真理。科学的进步只是一步步更加接近真理。而经验有用，经验也会过时。书中总结的措施、方法，我希望对你有启迪、有帮助。随着你的成长，或许3年后、5年后再回头看，在过去成长的岁月里，这些措施、方法刚好在某个时候、某个场景启迪过你、帮助过你。那是你的幸运，这也是对我的奖赏。

我以为，你的成长经历，当是又一个精彩的个人成长案例。我希望，你的精彩也可以提炼，总结成大家可参考的行动步骤，也可以启迪他人。

做一遍、思考总结一遍、再向他人宣传一遍，一件事做三遍，就有三次成长经历。

"一件事做三遍。"我想，这也是高效成长的方法吧。

感　　谢

能够完成这本书的写作，我要特别感谢我的家人和朋友，感谢你们的支持。

感谢一直支持和陪伴我的家人，让我能够在管理咨询行业一直走下去。

感谢一起与我战斗的团队，我们在服务客户的过程中，共同创造了无数精彩案例，并总结出可行的经验。

感谢《领袖的风采-691期》的班委团队，是你们"孜孜以求"的催书、督促和鼓励，让我能够把它创作出来。

感谢我的朋友：张振华、陈春发、钱少君、刘波、杨勇、陆小虎、谭志勇、董锋华、王莉、徐向东、何毅、李红、李茂苗、李小庆、何灵、王释德、李青刚、周国繁等，是你们的支持、鼓励、肯定和反馈，让我更有信心创作。

感谢李青刚提供的书法作品《员工是岗位的主人》《先是，再成为》让本书与作品相映生辉。

感谢书中所有提到的学术界前辈，感谢他们的智慧成果，让我们可以站在他们的肩膀上看世界。

感谢共同参与到这本书项目里的所有工作人员，谢谢大家的努力。

参考文献

[1] 周三多，陈传明，刘子馨，等．管理学原理与方法［M］．7 版．上海：复旦大学出版社，2023．

[2] 人力资源社会保障部教材办公室．企业人力资源管理师［M］．北京：中国劳动社会保障出版社，2020．

[3] 史蒂芬·柯维．高效能人士的七个习惯［M］．20 周年纪念版．高新勇，王亦兵，葛雪蕾，译．北京：中国青年出版社，2010．

[4] 王志刚．绩效改进商业画布［M］．北京：电子工业出版社，2021．

[5] 王明，洪千武．OKR 管理法则［M］．北京：中信出版集团，2020．

[6] 张劭华，叶韬．敏捷绩效改进［M］．北京：电子工业出版社，2022．

[7] 约翰·惠特默．高绩效教练［M］．4 版．林菲，徐中，译．北京：机械工业出版社，2013．

[8] 罗伯特·博伊德．人类的价值［M］．袁冬华，译．杭州：浙江教育出版社，2019．

[9] 马歇尔卢森堡．非暴力沟通［M］．阮胤华，译．北京：华夏出版社，2018．

[10] 李睿秋．打开心智［M］．北京：中信出版集团，2022．

[11] 威尔·杜兰特，阿里尔·杜兰特．历史的教训［M］．倪玉平，张闶，译．北京：中国方正出版社，成都：四川人民出版社，2015．

[12] 克莱顿·克里斯坦森，泰迪·霍尔，等．与运气竞争［M］．靳婷婷，译．北京：中信出版社，2018．

[13] 理查德·格里格，菲利普·津巴多．心理学与生活［M］．王垒，王甦，等译．

北京：人民邮电出版社，2018.

［14］John E.Dowing. 理解大脑［M］. 苏彦捷，等译. 北京：中国轻工业出版社，2020.

［15］泰勒·本－沙哈尔. 幸福的方法［M］. 汪冰，刘骏杰，倪子君，译. 北京：中信出版集团，2024.

［16］彼得·德鲁克. 卓有成效的管理者［M］. 珍藏版. 许是祥，译. 北京：机械工业出版社，2009.